WOLFGANG KEIM

ERZIEHUNG UNTER DER NAZI-DIKTATUR

WOLFGANG KEIM

ERZIEHUNG UNTER DER NAZI-DIKTATUR

Band I

Antidemokratische Potentiale, Machtantritt und Machtdurchsetzung

WISSENSCHAFTLICHE BUCHGESELLSCHAFT
DARMSTADT

Einbandbild: Süddeutscher Bilderdienst.

Die Deutsche Bibliothek – CIP-Einheitsaufnahme

Keim, Wolfgang:
Erziehung unter der Nazi-Diktatur / Wolfgang Keim. – Darmstadt: Wiss. Buchges.
Bd. 1. Antidemokratische Potentiale, Machtantritt und Machtdurchsetzung. – 1995
(WB-Forum; 98)
ISBN 3-534-80151-2
NE: GT

Gedruckt auf säurefreiem und alterungsbeständigem Werkdruckpapier
Gesamtherstellung: Wissenschaftliche Buchgesellschaft, Darmstadt
Printed in Germany
Schrift: Wilke, 9.5/10.5

ISBN 3-534-80151-2

Inhalt

Vorwort

Vorliegende Darstellung ist das Ergebnis einer über 10jährigen Auseinandersetzung mit der Thematik, die für mich – als Kriegskind – zugleich lebensbedeutsam geworden ist. Am Anfang standen Erschrecken über die Verwicklungen meiner eigenen Disziplin in den Faschismus und Zorn über die Abwehrhaltung vieler gleichaltriger Kollegen; erst allmählich begriff ich, daß diese Abwehrhaltung aus spezifischen Sozialisationsprozessen resultiert, die unmittelbar mit dem Thema selbst zusammenhängen. Bedeutsam geworden ist für mich aber auch die Entdeckung einer „anderen", durch die Nazis verdrängten Pädagogik; die Auseinandersetzung mit ihr hat mein Selbstverständnis als Pädagoge entscheidend verändert.

Im Verlaufe dieses Forschungsprozesses habe ich vielfältige Anregungen und Unterstützung erfahren; ich nenne zuerst Klaus Himmelstein, mit dem mich eine über 10jährige intensive freundschaftliche Zusammenarbeit verbindet. Stellvertretend für viele andere nenne ich weiterhin Hildegard Feidel-Mertz, Hans-Jochen Gamm, Otto Geudtner, Hans Hengsbach, Karl-Christoph Lingelbach, Gerd Radde, Dieter Riesenberger und Sibille Westerkamp; einige von ihnen haben das Manuskript kritisch gelesen, wofür ich mich besonders bedanke. Daß aus der Beschäftigung mit der Thematik eine umfangreichere Gesamtdarstellung entstehen konnte, verdanke ich in wesentlichem Maße der solidarischen Unterstützung durch meine Mitarbeiterinnen und Mitarbeiter, vor allem Evelyn Tegeler, Maike Eggemann, Uli Schwerdt und Claudia Mellin, ebenso der Geduld Regine Jägers mit immer neuen Textfassungen und Korrekturen. Schließlich, aber nicht zuletzt wäre die Arbeit ohne Anteilnahme, Rat, Ermutigung und vielfältige Entlastung durch meine Frau Uschi so nicht zustande gekommen. Ich widme das Buch meinem Sohn Michael.

Paderborn/Bad Oeynhausen
im September 1994

Wolfgang Keim

Pädagogenschaft und deutscher Faschismus – ein Problemaufriß

Der Faschismus stellt für die Pädagogik unvermindert eine Herausforderung dar, und zwar nicht nur wegen unübersehbarer rechtsextremistischer und neofaschistischer Tendenzen in der Bundesrepublik, sondern auch wegen der bis heute nur unzureichend bearbeiteten NS-Vergangenheit des Faches wie der Profession. Die damalige Pädagogenschaft hat das Nazi-Regime nämlich nicht nur erduldet, sondern es mit ermöglicht, vielfältig unterstützt, sich teilweise sogar an seinen Verbrechen beteiligt und nach 1945 jede Mitverantwortung und Mithaftung jahrzehntelang geleugnet. Die sog. Zweite, also die inzwischen in Führungspositionen aufgerückte Kriegs- und Nachkriegsgeneration streitet zwar mehrheitlich nicht mehr jede Beteiligung kategorisch ab, relativiert jedoch deren Bedeutung. So konnte bis heute ein Gesamtüberblick über den tatsächlichen Anteil des Faches und seiner Repräsentanten am Funktionieren der Nazi-Diktatur noch nicht gewonnen werden und eine von Rechtfertigungszwängen freie Auseinandersetzung höchstens in ersten Ansätzen und nur für kurze Zeit – vor dem Zusammenbruch der ehemaligen DDR – in Gang kommen.

Unzureichende Informationsmöglichkeit kann heute keinesfalls mehr als Entschuldigung für Nicht-Wissen gelten. Liegt inzwischen doch eine breite Literatur zum Thema vor. Bilanziert man sie, kommt man zu einem ausgesprochen bedrückenden Ergebnis: Renommierte Erziehungswissenschaftler haben 1933 zusammen mit vielen Vertretern und Vertreterinnen aus Lehrerschaft, Erwachsenenbildung, Sozialpädagogik und außerschulischer Jugendarbeit den Machtantritt der Nazis ausdrücklich begrüßt; die Nazifizierung der Schule und anderer Bildungseinrichtungen vollzog sich im wesentlichen reibungslos; rassistische und vor allem politisch begründete Degradierungen und Entlassungen wurden hingenommen, zum Teil sogar mitgetragen, weil damit zugleich unbequeme pädagogische Denkansätze und Richtungen verschwanden. Daß die betroffenen Kollegen und Kolleginnen in ihren Lebensrechten willkürlich beschnitten, ja in gravierendem Ausmaß verfolgt wurden, scheint die Mehrheit der verschont Gebliebenen kaum gekümmert zu haben. Entsprechend wenig Anteilnahme fanden die wegen ihrer angeblich nicht-arischen Herkunft erst stigmatisierten, dann separierten, später deportierten und schließlich ermordeten Kinder und Jugendlichen. Doch damit nicht genug: Sonder- und Sozialpädagogen bzw. -pädagoginnen waren im Rahmen von Hilfsschule, Jugendhilfe und Fürsorgeerziehung an Selektionsprozessen zumindest im Zusammenhang mit zwangsweiser Sterilisation, also an Nazi-Verbrechen, aktiv beteiligt. Selbst Himmlers Programm zur Züchtung eines Herren- *und* eines „führerlosen" Arbeitsvolkes während der Okkupationspolitik in Polen und der Sowjetunion wäre ohne pädagogische Mithilfe unmöglich in Gang zu setzen und durchzuführen gewesen, sei es auf der Ebene der Schulverwaltung, der einzelnen Schule oder von Sondermaßnahmen wie Osteinsätzen des Land- und des Reichsarbeitsdienstes.

Aber auch dies ist erforscht: daß es unter Pädagogen und Pädagoginnen Widerstand, oppositionelles und nicht-angepaßtes Verhalten gegeben hat, wenigstens auf der Ebene individueller Hilfe. Durch die Exilforschung der letzten Jahre und aus autobiographischen Berichten kennen wir einzelne Opfer des NS-Regimes, können sie als konkrete Menschen wahrnehmen: z. B. Kinder und Jugendliche, die aus ihren Schulen entlassen wurden, später emigrieren konnten oder von den Nazis in Vernichtungslager verschleppt und dort ermordet worden sind, aber auch Lehrer und Lehrerinnen, die für verfolgte Kinder und Jugendliche Schulen eingerichtet haben, sei es im jüdischen Bildungswesen, Exil oder sogar im KZ; nicht zuletzt Erwachsenen- und Sozialpädagogen und -pädagoginnen, die auf vielfältige Weise Überlebenshilfe für Verfolgte geleistet haben.

Es stellt sich die Frage, wie eine Berufsgruppe, die sich an humanistischen Traditionen und Werten orientierte und das kindliche und jugendliche Eigenrecht gegenüber außerpädagogischen Ansprüchen betonte, sich in ihrer Mehrheit so leicht für die inhumanen Ziele der Nazis funktionalisieren ließ. Haben diese doch aus ihren Absichten nie einen Hehl gemacht. Ganz offensichtlich sind hier andere Einstellungen und Haltungen maßgeblich und letztendlich dominanter gewesen als die auf Gesittung und auf Persönlichkeitsentfaltung, auf Kindorientierung und jugendliche Selbstbestimmung hinzielenden Traditionen. Welche Einstellungen und Haltungen aber waren dies, wo kamen sie her und wie haben sie sich nach dem 30. Januar 1933 ausgewirkt? Was hat die widerständigen, oppositionellen und nicht-angepaßten Pädagogen und Pädagoginnen von der Mehrheit ihrer Kollegen und Kolleginnen unterschieden?

Diese Fragen stehen im Mittelpunkt des vorliegenden *ersten* Bandes einer auf zwei Bände hin konzipierten Gesamtdarstellung der Pädagogik unter der Nazi-Diktatur. Ihre Beantwortung erfordert eine grundlegende Auseinandersetzung mit den in der Pädagogenschaft vor 1933 verbreiteten Denkstrukturen, mit Grundzügen des deutschen Bildungs- und Erziehungswesens sowie mit den ökonomischen und gesellschaftspolitischen Umbrüchen seit dem Ersten Weltkrieg, vor allem der Weltwirtschaftskrise. Der Analyse liegt die Hypothese zugrunde, daß es in der damaligen Pädagogenschaft Berührungspunkte bis hin zu weitreichenden Affinitäten zur NS-Ideologie gab und daß die Nazis davon profitieren konnten, während die 1933 entlassenen, verfolgten und vertriebenen Repräsentanten und Repräsentantinnen Positionen vertraten, die den Vorstellungen der Nazis grundsätzlich widersprachen. Zwar dürfte gerade die Weltwirtschaftskrise eine kaum zu überschätzende Rolle bei der nationalsozialistischen Machtdurchsetzung auch im Erziehungswesen gespielt haben, allerdings nicht – wie vielfach angenommen – als *Ursache* von Faschismusanfälligkeit, sondern eher als *Katalysator* für bereits vorhandene Dispositionen. Druck und Gewalt der Nazis hätten vermutlich allein nicht ausgereicht, zumindest nicht, um das Erziehungswesen so rasch und reibungslos gleichzuschalten. Entscheidend dafür muß vielmehr eine ausgeprägte Bereitschaft in Schule, Hochschule, Erwachsenenbildung und Sozialpädagogik gewesen sein, sich gleichschalten zu lassen bzw. sich selbst gleichzuschalten.

Im folgenden *zweiten* Band geht es dann um den Anteil der Pädagogenschaft an der rassistischen, militaristischen und sexistischen Politik der Nazis im Zeichen von Kriegsvorbereitung, Krieg und Holocaust einerseits, um Widerstand und Exil andererseits. Damit verbunden wird ein Überblick über das voll entwickelte nationalsozialistische Erziehungswesen mit seinen Einrichtungen und Funktionen wie auch eine Darstellung des jüdischen Bildungswesens als

Lernort einer Erziehung zum Überleben inmitten einer feindlichen Umgebung. Abschließend wird auf die Frage nach dem Umgang mit dem Faschismus in der Pädagogik nach 1945 ausführlicher eingegangen.

Nicht nur von seiten führender deutscher Politiker, sondern auch von Pädagogen, Pädagoginnen, Erziehungswissenschaftlern und -wissenschaftlerinnen wird seit Jahrzehnten die Frage nach dem *Sinn* und dem *Nutzen* einer *Auseinandersetzung mit der NS-Zeit* gestellt; in bezug auf die Pädagogik sind mir vor allem vier Aspekte wichtig:

Erstens läßt sich anhand der Thematik exemplarisch zeigen, daß Pädagogik nicht *an sich* und *von selbst* eine an ethischen Zielen orientierte Disziplin wie ein auf Mitmenschlichkeit und humanes Handeln hin ausgerichtetes Berufsfeld darstellt, daß sie vielmehr sogar in entgegengesetztem Sinne für Ziele funktionalisiert und mißbraucht werden kann, die zu Recht mit dem Begriff der Barbarei umschrieben worden sind. Die Analyse der raschen und relativ reibungslosen Gleichschaltung des Erziehungswesens nach dem 30. Januar 1933 ist geeignet, für Gefahren zu sensibilisieren, denen Pädagogik als Wissenschaft wie als praktisches Handeln stets ausgesetzt war und ist.

Zweitens hat die nur unzureichend stattgefundene Auseinandersetzung der Pädagogik mit ihrer NS-Vergangenheit dazu geführt, daß belastete Traditionen nach 1945 fortgeführt worden sind und sich heute als problematisch erweisen. Dies gilt sowohl für die in der Bundesrepublik lange Zeit dominante Geisteswissenschaftliche Pädagogik als auch für die weithin unkritisch rezipierte Reformpädagogik. Beide sind durch ihr Arrangement mit dem Faschismus zumindest in Teilen diskreditiert und lassen ihre Eignung für eine explizit demokratische Erziehung ohne grundlegende Revision als fragwürdig erscheinen. Umgekehrt sind nach den Zweiten Weltkrieg die 1933 verdrängten demokratischen Traditionen weithin vergessen worden, so daß sie inzwischen so gut wie unbekannt bei uns sind. Nicht nur die Tatsache ihrer Verdrängung durch die Nazis, sondern vor allem ihr überwiegend demokratisches Selbstverständnis verpflichten dazu, sie wieder anzueignen, ggf. auch fortzuführen. Sowohl zur Revision diskreditierter als auch zur Wiederaneignung verdrängter Traditionen bedarf es der generellen Auseinandersetzung mit dem Verhältnis von Pädagogik und deutschem Faschismus.

Drittens sind mit der Entmachtung des NS-Regimes im Jahre 1945 pronazistische Einstellungen und Haltungen der überwiegenden Mehrheit der damaligen Pädagogenschaft existent geblieben und dürften in vielfältigen Transformationen sowohl in der alten Bundesrepublik als auch der DDR nach- und weitergewirkt haben und immer noch weiterwirken. Entsprechendes gilt für die HJ-, die BDM- und die Reichsarbeitsdienst-Sozialisation der im Nationalsozialismus aufgewachsenen Kinder und Jugendlichen wie auch die Prägung der Kriegs- und Nachkriegsgeneration, deren Eltern vor 1945 überwiegend Träger und Trägerinnen des faschistischen Herrschaftssystems und seines Vernichtungskrieges gewesen sind. In welchen Formen sich Vorstellungen vom Herrenmenschentum, von Führer-Gefolgschafts-Prinzipien, vom Kampf ums Dasein oder von nationaler Identität im Bildungs- und Erziehungswesen, bei seinen Repräsentanten und Repräsentantinnen, in erziehungswissenschaftlichen Diskursen bis hin zu disziplininternen Machtstrukturen erhalten haben, ist bislang noch nicht untersucht worden. Immerhin sind die heute für das Erziehungswesen Verantwortlichen zum überwiegenden Teil Kinder von Tätern und Mitläufern. Aufklärung und Durcharbeitung solcher Zusammenhänge scheinen ohne eine von Abwehr und Rechtfertigung freie historische Vergewisserung kaum möglich.

Viertens werden Pädagogen und Pädagoginnen einen sinnvollen Beitrag zur Bearbeitung von Neofaschismus und Rechtsextremismus bei Kindern und Jugendlichen in der heutigen Bundesrepublik besser leisten können, wenn sie bereit sind, sich mit der NS-Vergangenheit ihrer eigenen Disziplin und ihrer eigenen Profession zu konfrontieren. Läßt sich doch bei einer solchen Auseinandersetzung nachvollziehen, wohin bestimmte Einstellungen führen können und welches unendliche Leid daraus für die Betroffenen erwachsen kann.

Solche Überlegungen waren auch für vorliegende Gesamtdarstellung zur „Erziehung unter der Nazi-Diktatur“ erkenntnisleitend; den Anstoß dazu gab die Beobachtung, daß insbesondere in der jüngeren Generation vielfach zwar Bereitschaft und guter Wille zur Auseinandersetzung vorhanden sind, aber grundlegendes Wissen über die wesentlichen Zusammenhänge fehlt. Tatsächlich liegt inzwischen eine kaum überschaubare Fülle von autobiographischen Erfahrungsberichten, von wissenschaftlichen Untersuchungen zu

Teilaspekten, von Regional- wie Einzelfallstudien vor, nicht jedoch ein Gesamtüberblick, der die Vermittlung grundlegender Fakten mit Problemorientierung verbindet. Diese Lücke soll hier geschlossen werden. Ziel dieses wie des folgenden Bandes ist es, eine allgemeinverständliche, theoriegeleitete Gesamtdarstellung auf der Grundlage des aktuellen Forschungsstandes vorzulegen, die sowohl die Täter- als auch die Opferperspektive, die herrschende wie die verdrängte Pädagogik in gleicher Weise berücksichtigt. Zum ersten Mal, soweit ich sehe, werden dabei sehr unterschiedliche Bereiche des Erziehungswesens wie Schule, organisierte Jugend, Erwachsenenbildung, Sozialpädagogik und Hochschule mitbehandelt, was nicht nur einen breiten Überblick, sondern auch die Herausarbeitung *gemeinsamer* Grundtendenzen wie *unterschiedlicher* Formen der Nazifizierung ermöglicht.

Die Darstellung stützt sich vor allem auf vorliegende autobiographische wie wissenschaftliche Literatur und wertet sie problemorientiert aus. Berücksichtigt wurden sowohl verallgemeinerbare statistische Befunde, Auswertungen zeitgenössischer Dokumente als auch Zeitzeugen- und Zeitzeuginnenaussagen; letztere stellen für Teilaspekte wie den Widerstand, aber etwa auch die Frage nach den Verarbeitungsweisen des Faschismus eine besonders wichtige Quelle dar. Teilweise konnte – vor allem für die Erwachsenenbildung – auch auf eigene Archivstudien zurückgegriffen werden. Bezüglich der *Zitierung* sei angemerkt, daß Texte aus der Zeit vor 1945, soweit möglich und sinnvoll, nach vorliegenden Quelleneditionen zitiert werden, um zur eigenen Lektüre der Leser und Leserinnen anzuregen. Diesem Ziel dienen auch die zahlreichen *Literaturhinweise* in den Klammern.

Schließlich noch ein Hinweis auf prinzipielle Schwierigkeiten mit der *NS-Terminologie*. Die Nazis haben eine Fülle von Begriffen in manipulativer Absicht verwendet. Dies gilt bereits für „Nationalsozialismus", „Drittes Reich" oder „Machtergreifung". Zwar werden diese Bezeichnungen insbesondere von der jüngeren Generation kaum mehr in diesem propagandistischen Zusammenhang wahrgenommen, trotzdem ist ein sensibler Umgang mit der Sprache des deutschen Faschismus nach wie vor unverzichtbar, dies vor allem, wo Begriffe in verharmlosender (z. B. „Reichskristallnacht") oder mit menschenverachtender Tendenz gebraucht werden (z. B. „Menschenmaterial"). Im Interesse der Lesbarkeit werden jedoch Anführungszeichen nur dort gesetzt, wo dies unumgänglich scheint; ansonsten wird auf die Klarheit und Eindeutigkeit des Kontextes vertraut.

I. Grundlagen nationalsozialistischer Erziehung und Erziehungspolitik

Die Analyse des Verhältnisses von Pädagogik und Nationalsozialismus erfordert vorab eine Erläuterung von Grundzügen der NS-Ideologie und daraus sich ergebender Konsequenzen für Erziehung und Erziehungspolitik. Denn erst vor diesem Hintergrund lassen sich einerseits Affinitäten und Schnittmengen zum Faschismus im damaligen pädagogischen Denken sinnvoll zuordnen und bestimmen, andererseits aber auch grundlegende Differenzen zwischen beiden verdeutlichen.

Aussagen zur nationalsozialistischen Erziehungspolitik finden sich bereits in dem von Gottfried Feder stammenden Parteiprogramm der NSDAP vom 25. 2. 1920. Sie unterscheiden sich allerdings kaum von denen anderer Parteien: „jedem fähigen und fleißigen Deutschen das Erreichen höherer Bildung und damit das Einrücken in führende Stellungen zu ermöglichen", „Ausbau unseres gesamten Volksbildungswesens", Anpassung der Lehrpläne an die „Erfordernisse des praktischen Lebens", Einführung einer Staatsbürgerkunde in der Schule sowie „Ausbildung besonders veranlagter Kinder armer Eltern ohne Rücksicht auf deren Stand oder Beruf auf Staatskosten" (Art. 20); darüber hinaus: „Hebung der Volksgesundheit ... durch den Schutz der Mutter und des Kindes, durch Verbot der Jugendarbeit, durch Herbeiführung der körperlichen Ertüchtigung mittels gesetzlicher Festlegung einer Turn- und Sportpflicht, durch größte Unterstützung aller sich mit körperlicher Jugend-Ausbildung beschäftigenden Vereine" (Art. 21, zit. n. Kühnl 1977, S. 107). Bereits zeitgenössische Kritiker haben diese Zielvorstellungen als „schmählich dürftig und unoriginell für eine Partei" bezeichnet, „die umwälzend zu sein behauptet", und haben auf das darin enthaltene „Höchstmaß an allgemeinen Redensarten, an Verschwommenheit und inneren Widersprüchen" hingewiesen (so August Siemsen 1931, zit. n. Schnorbach 1983, S. 45). Abgesehen davon hat die NSDAP in der Phase ihres Aufstiegs zur Massenpartei vor und nach 1930 im Interesse der Verbreiterung ihrer Basis bildungspolitische Versprechungen wenigstens teilweise den jeweiligen Adressatengruppen angepaßt, also z. B. im katholischen Köln die Einführung der *Simultanschule* gefordert, in Mitteldeutschland dagegen den evangelischen Elternbündlern die Vertretung ihrer *konfessionellen* Grundsätze versprochen. Als derartige widersprüchliche Aussagen ganz offensichtlich dem Ansehen der Partei zu schaden begannen, wurde im Januar 1931 durch „Anordnung" im „Völkischen Beobachter" verfügt, künftig alle Verlautbarungen über Erziehungsfragen vor Veröffentlichung durch den NS-Lehrerbund überprüfen zu lassen (vgl. E. Müller 1931, S. 414).

Um Klarheit über die wirklichen Ziele der Nazis zu gewinnen, ist von ihren Kritikern schon lange vor 1933 gefordert worden, „den kulturpolitischen Willen der deutschen Faschisten aus dem ganzen Wesen ihrer Bewegung, aus ihren gesamtpolitischen Absichten zu erklären und herauszulesen" (ebd., S. 413), d. h., ihn vor dem Hintergrund der NS-Ideologie zu analysieren. Dafür bot sich damals und bietet sich heute vor allem Hitlers – während seiner Festungshaft in Landsberg 1924 verfaßte, 1925/26 erstmals erschienene, in einer Gesamtauflage von etwa 10 Mill. Exemplaren gedruckte – teils autobiographische, teils programmatische Schrift „Mein Kampf" (M.K.) an. Sie stammt zwar aus der Frühzeit der NS-Bewegung, ist jedoch in ihren Grundaussagen nie revidiert worden und enthält direkt wie indirekt zentrale Aussagen zu Fragen der Erziehung, und zwar sowohl bezüglich ihrer Ziele als auch ihrer Methoden.

Die NS-Ideologie stellt kein stringentes System, eher ein Konglomerat von Wertvorstellungen, Leitbildern, Überzeugungen, Ressentiments und Forderungen dar. Sie entstammen einem breiten Spektrum völkischen Denkens, das in der Entstehungszeit der NSDAP unmittelbar nach dem Ersten Weltkrieg weit verbreitet war (vgl. Mosse 1991). In ihrem Mittelpunkt steht der *Rassebegriff* und die darauf aufbauende *Rassenlehre*. Deren Anhänger bezogen sich vor allem auf zwei Theoretiker des 19. Jahrhunderts, nämlich auf Joseph Arthur Graf Gobineau (1816–1882) und auf Houston Stewart Chamberlain (1855–1927).

Der französische Diplomat und Schriftsteller *Gobineau* hatte in seinem „Versuch über die Ungleichheit der Menschenrassen" (1853–1855) einen Zusammenhang zwischen Rasse und Menschheitsgeschichte hergestellt und in der Rassenreinheit das Kriterium für Aufstieg und Verfall von Kulturen gesehen. „Die Geschichte zeige, so Gobineau, daß Völker durch Rassenreinheit die Macht erlangt hätten und durch Rassenmischung gestürzt worden seien" (Mosse 1991, S. 101). In der arischen sah er die zu seiner Zeit reinste Rasse, die er allerdings noch in Indien lokalisierte; erst spätere Rassentheoretiker haben sie in Mittel- und Nordeuropa angesiedelt. – *Chamberlain*, gebürtiger Engländer, der seine Wahlheimat in Deutschland fand und ein damals viel gelesenes Buch über „Die Grundlagen des 19. Jahrhunderts" (1899) geschrieben hatte, identifizierte dann arisch mit germanisch bzw. mit deutsch und unterschied zwischen kulturaufbauenden Rassen, allen voran der arischen, sowie kulturzerstörenden Rassen, zu deren Prototyp er die Juden machte. Geschichte wurde bei ihm zum erbarmungslosen Rassenkampf, bei dem sich die Besten und Stärksten durchsetzen – eine Sichtweise, die auf dem im ausgehenden 19. Jahrhundert weit verbreiteten *Sozialdarwinismus* basiert; dieser übertrug Darwins Lehre von der natürlichen Auslese im Tier- und Pflanzenreich auf das soziale Zusammenleben der Menschen und somit auf die Gesellschaft. In Chamberlains „Grundlagen" geht es dementsprechend um den Überlebenskampf zwischen arisch-germanisch-deutscher und jüdischer Rasse, der mit allen der Gesellschaft verfügbaren Kräften geführt werden müsse.

Vor allem Chamberlains Buch, das damals im deutschen Sprachraum von zahlreichen völkisch-antisemitischen Gruppierungen rezipiert worden war, bildete die Grundlage für Hitlers Rassenvorstellungen (vgl. M.K. I, Kap. 11; II, Kap. 2). Auch er unterschied zwischen sog. Herrenvölkern als kulturtragenden *und* sog. Sklavenvölkern als kulturunfähigen bzw. kulturzerstörenden Rassen. Den Herrenrassen ordnete er die sog. Arier, insbesondere die Germanen, zu, den Sklavenrassen die Slawen, Neger, Indianer und vor allem die Juden. Aufgrund ihrer kulturaufbauenden Leistungen und Fähigkeiten sollten die Herrenrassen, besonders die arische, Herrschaftsrechte ausüben, umgekehrt Slawen, Neger, Indianer und Juden nur den Status von Arbeitssklaven beanspruchen können. Ganz im Sinne des Chamberlainschen Rassenkampfes müsse sich die arisch-germanische Rasse ihre Herrschaftsposition erst erobern, dabei vor allem eine „Blutsvermischung" vermeiden, weil diese ein Absinken des „Rassenniveaus" zur Folge habe, was wiederum „Ursache des

Absterbens aller Kulturen" sei (ebd., S. 324). Ebenso sollte der Einfluß sog. minderwertiger Erbträger der *eigenen* Rasse nach Möglichkeit ausgeschaltet werden, um so die „erbbiologische Gesundheit" zu verbessern.[1] Hier wie dort lagen die Ansatzpunkte für Forderungen zur Verbesserung der Rassensubstanz: einerseits auf dem Wege der Ausgrenzung, Entrechtung und schließlich Ermordung sog. Fremdrassiger, insbesondere von Juden, Sinti und Roma, andererseits durch sog. rassenhygienische Maßnahmen gegen die „Minderwertigen" der eigenen Rasse (z.B. Heiratsverbot, Sterilisation und Euthanasie, vgl. Kap. II.4).[2]

Bei der Diskriminierung der *Juden* als minderwertig und als negativer Gegenpol zu den Ariern folgte Hitler ganz offensichtlich wiederum Chamberlain. Zugleich stand er damit in der Tradition des sich seit Ende des 19. Jahrhunderts in Österreich und Deutschland zunehmend verstärkenden Antisemitismus.[3] Dieser fungierte gesamtgesellschaftlich als eine Art Erklärungsansatz für gesellschaftliche Übel unterschiedlichster Art bzw. für Formen der Unterprivilegierung, des Zu-kurz-gekommen-Seins, darüber hinaus als „ein Verfolgungsmodell von besonderer Einprägsamkeit" (Gamm 1990, S. 57). Dementsprechend wurden alle negativ belegten Erscheinungen der damaligen Gegenwart wie Materialismus, Pazifismus, Sozialismus, Marxismus, Liberalismus, aber auch ungezügelter Kapitalismus mit den Juden in Zusammenhang gebracht. Hitler beschreibt, wie er während seiner Wiener Zeit vor dem Ersten Weltkrieg zum Antisemiten geworden ist (vgl. M. K., S. 58 ff.); vermutlich hat der Antisemitismus auch für ihn persönlich eine kompensatorische Funktion erfüllt (vgl. z.B. Fest 1973, S. 63 ff.). „Mein Kampf" ist voll von zumeist haßerfüllten Tiraden gegen die Juden, ja enthält eindeutige Vernichtungsphantasien; das dabei benutzte Vokabular stammt vielfach aus dem Bereich der Parasitologie (vgl. Thamer 1986, S. 120).

Die NS-Rassenlehre verband sich mit einer rassistisch begründeten Vorstellung von *Volk* und *Volksgemeinschaft*, aus der Juden und andere sog. Fremdrassige ausgeschlossen wurden:

„Staatsbürger kann nur sein, wer Volksgenosse ist. Volksgenosse kann nur sein, wer deutschen Blutes ist. ... Kein Jude kann daher Volksgenosse sein" (25-Punkte-Programm der NSDAP von 1920, zit. n. Kühnl 1977, S. 105).

Dem hohen Stellenwert völkischer Reinrassigkeit und erbbiologischer Gesundheit entsprechend wurde dem Staat als oberste Aufgabe die Verbesserung der „völkischen Rassensubstanz" zugewiesen. Die diesbezüglichen Passagen aus „Mein Kampf" lassen besonders deutlich das Menschenbild Hitlers erkennen, das im krassen Widerspruch zu abendländischen Vorstellungen von Menschenwürde und Humanität steht. So ist etwa von „Rassenkreuzungen" und „-mischungen" bei Tier *und* Mensch die Rede, wird im selben Zusammenhang vor „einer weiteren Bastardisierung" gewarnt oder aber werden Menschen, die dem rassistischen Ideal Hitlers nicht entsprechen, als „Mißgeburten zwischen Mensch und Affe", als „Degeneraten" und „Produkte" abgewertet (M. K., S. 444 f.). Hitler gab sich bei der Beschreibung der rassistischen bzw. – wie es damals mit verschleiernder Tendenz hieß – der „rassenhygienischen" Aufgabe des zukünftigen völkischen Staates nicht mit allgemeinen Richtlinien zufrieden, sondern legte vielmehr genau fest, welche – nämlich die reinrassig arischen und erbbiologisch gesunden – Menschen die Pflicht haben sollten, viele Kinder in die Welt zu setzen, um auf diesem Wege die „rassische Substanz" des Volkes zu verbessern, welche anderen – nämlich z. B. nach rassistischen Kriterien Minderwertige oder Kranke – auf Kinder verzichten müßten. Der menschliche Zeugungsakt verkommt dabei zum Teilelement eines Zuchtprogramms, vergleichbar dem von Hunden, Pferden und Katzen (vgl. ebd., S. 446 ff., 492 f.).

Im Kontext solcher rassistischen Aufgaben des neu zu schaffenden völkischen Staates finden sich bezeichnenderweise auch Hitlers „Erziehungsgrundsätze des völkischen Staates". Beide Themenkomplexe werden ausdrücklich miteinander verknüpft: Der „ersten Aufgabe des Staates, im Dienste und zum Wohle seines Volkstums" die „besten rassischen Elemente" zu erhalten, zu pflegen und zu entwickeln, wird als zweite Aufgabe die richtige Erziehung der „jungen Sprößlinge" an die Seite gestellt (ebd., S. 451 ff.).

Bevor darauf näher eingegangen wird, sind noch einige Elemente der NS-Ideologie zu erwähnen. Aus der rassistischen Definition von Volk und Volksgemeinschaft resultierte deren Struktur als streng hierarchisch aufgebauter *„Führerstaat"*, in dem – nach (pseudo-)germanischem Vorbild – „den besten Köpfen die Führung und der höchste Einfluß" sowie die „Autorität jedes Führers nach unten und (seine) Verantwortung nach oben" gesichert werden sollten (ebd., S. 493, 501). „Führerstaat" meint dabei dem patriarchalen Selbstverständnis der NS-Ideologie entsprechend immer zugleich einen von Männern bestimmten Staat. Die Geschlechtsrollenverteilung innerhalb der faschistischen Volksgemeinschaft entsprach damit dem überkommenen, auch in der Weimarer Republik erst ansatzweise in Frage gestellten Geschlechterverhältnis. In schärfstem Gegensatz zu jeder Art von Humanismus bestimmte sich der Wert jedes einzelnen nach seiner Funktionstüchtigkeit für die völkische Gemeinschaft, gemäß dem faschistischen Grundsatz: „Du bist nichts, dein Volk ist alles."

Da der Widerspruch von Kapital und Arbeit in der NS-Volksgemeinschaft aufgehoben werden sollte, wurden die von der Arbeiterschaft lange und schwer erkämpften Einrichtungen zur Vertretung ihrer Interessen wie insbesondere die Gewerkschaften nicht mehr benötigt – ihre Zerschlagung im Mai 1933 war von daher nur logische Konsequenz. Die Bezeichnungen „Nationalsozialismus" und „Nationalsozialistische Deutsche Arbeiterpartei" dienten lediglich Propagandazwecken. Sie sollten der Arbeiterschaft suggerieren, daß die NS-Partei nationale und wahrhaft sozialistische Ziele miteinander verbinde, obwohl sie in Wirklichkeit von Anfang an die Zerschlagung der organisierten Arbeiterbewegung intendierte. Dies gilt auch für den in der Regel als „links" etikettierten Otto-Strasser-Flügel, der – als Gegenmodell zum bürgerlich-parlamentarisch regierten kapitalistischen System – einen „organischen Ständestaat" propagierte (vgl. Kühnl 1977, S. 124). Wenn der Nationalsozialismus trotzdem von Anfang an Züge enthielt, die man als sozialrevolutionär bezeichnen könnte, dann weniger aufgrund seiner Ideologie, als vielmehr aufgrund des Massencharakters der NSDAP und der ihr angeschlossenen Verbände bzw. der von ihnen praktizierten Formen der Selbstdarstellung und Inszenierung im Rahmen von Massenversammlungen, Aufmärschen etc. (vgl. Broszat 1986, S. 37).

Als letztes Element der NS-Ideologie ist deren *imperialistischer Charakter* hervorzuheben – in der NS-Terminologie als „Recht des Volkes auf Lebensraum" bezeichnet. In „Mein Kampf" wird die Notwendigkeit einer Expansionspolitik abgeleitet aus der rapiden Bevölkerungszunahme der Deutschen. Hitler diskutiert in diesem Zusammenhang mehrere Modelle, wie z. B. Geburtenkontrolle oder innere Kolonisation, letztendlich scheint ihm jedoch die militärische Eroberung neuen Lebensraums, und zwar im Osten, als die einzig vernünftige und gangbare Lösung. Dabei konnte er wiederum auf ein – bereits seit dem Kaiserreich, insbesondere der Zeit des Ersten Weltkrieges – weitverbreitetes Gedankengut zurückgreifen, das auch in der Weimarer Republik wirksam blieb. Erinnert sei an Hans Grimms 1926 erstmals erschienenen und vielgelesenen Roman „Volk ohne Raum", in dem allerdings Afrika die Ausweichperspektive bildete. Hitler war sich durchaus darüber im klaren, daß das von ihm avisierte Ziel der Lebensraumerweiterung im Osten „nur unter Kampf zu erreichen war", wollte diesem „Waffengange ... aber ... ruhig und gefaßt ins Auge" sehen (M. K., S. 153).

Zusammenfassend lassen sich aus den rassistischen Grundannahmen Hitlers folgende *zentrale Elemente der NS-Ideologie* ableiten:
erstens die sozial-biologische Unterscheidung von Menschen nach ihrer angeblich rassischen Herkunft und Wertigkeit in wertvolle und in minderwertige mit unterschiedlichem Anspruch auf Lebensrecht;
zweitens die Fiktion einer reinrassigen und erbbiologisch gesunden Volksgemeinschaft als oberster Wert und zugleich Staatszweck, die es herzustellen galt auf dem Wege von Züchtung und Auslese;
drittens die Vorstellung einer auf dem Führer-Gefolgschafts-Prinzip basierenden Volksordnung mit hierarchisch-elitären und zugleich patriarchalen Strukturen und schließlich
viertens der Anspruch des Herrenvolkes auf Lebensraum, der notfalls gegenüber den als minderwertig deklarierten Völkern mit militärischer Gewalt durchzusetzen war.

Das Konstrukt der reinrassigen und erbbiologisch gesunden Volksgemeinschaft bildete die Grundlage für Diskriminierung, Vertreibung und Ermordung von Juden, Sinti und Roma, für die Versklavung sog. minderwertiger Völker wie Polen und Russen, nicht zuletzt für sog. eugenische bzw. rassenhygienische Maßnahmen bis hin zur Vernichtung sog. lebensunwerten Lebens. Aus dem Führer-Gefolgschafts-Prinzip resultierte die Ablehnung demokratischen, liberalen, sozialistischen und marxistischen Gedankengutes als undeutsch und schließlich aus dem Anspruch auf Lebensraum die imperialistische Stoßrichtung des faschistischen deutschen Staates.

Die nationalsozialistischen *Erziehungsgrundsätze* und *-prinzipien* basieren auf denselben Vorstellungen: angefangen bei der – zur ersten Aufgabe des Staates bestimmten – „Erhaltung, Pflege und Entwicklung der besten rassischen Elemente" sowie deren Züchtung zu wertvollen Gliedern „für eine spätere Weitervermehrung" (M. K., S. 451), über die Neubewertung des Verhältnisses von geistiger, körperlicher und charakterlicher Erziehung bis hin zu den bereits in „Mein Kampf" fixierten Grundsätzen für Sport und Geschichtsunterricht sowie der Orientierung am Heer als der „höchsten Schule vaterländischer Erziehung" (ebd., S. 459).

Wie konnte man „wertvolles Glied für eine spätere Weitervermehrung" und zugleich der faschistischen Volksgemeinschaft werden? Unabdingbare Voraussetzung dafür war aufgrund der skizzierten Prämissen *rassische „Gesundheit"* bzw. *„Blutreinheit"* (ebd., S. 475 f.). Dementsprechend wurde bereits im Frühjahr und Sommer 1933 zunächst noch über die Unterrichtsministerien der Länder per Erlaß „Vererbungs- und Rassenkunde" als „Kernstoff" und „Leitlinie" aller Fächer eingeführt (Zymek 1989, S. 191). In den späteren neuen Richtlinien aller Schultypen bildete Rassenkunde tatsächlich eine Art fachübergreifendes Prinzip.

Mit der rassischen Reinheit eng verbunden sein sollte die körperliche Gesundheit, der Hitler – in Umkehrung traditioneller Erziehungsvorstellungen – absolute Priorität einräumen wollte; an die zweite Stelle setzte er die charakterliche und erst an die dritte die wissenschaftliche Schulung. Aus der Vorrangstellung körperlicher Ertüchtigung folgte die Aufwertung des *Sportunterrichts* – kein Tag, „an dem der junge Mensch nicht mindestens vormittags und abends je eine Stunde lang körperlich geschult wird", wobei Hitler dem Boxen – natürlich nur für Jungen – besondere Bedeutung einräumte zur Förderung von Angriffsgeist, „blitzschneller Entschlußkraft" und „stählerner Geschmeidigkeit" (M.K., S. 454). Dieselbe Gewichtung von körperlicher, seelischer und geistiger Erziehung, wenn auch mit anderen Schwerpunkten, galt für die Erziehung der Mädchen, deren Ziel – dem geschlechtsspezifischen Rollenverständnis entsprechend – die kommende Mutter zu sein hatte.

Neben dem Sportunterricht geht Hitler in „Mein Kampf" ausführlicher nur noch auf den *Geschichtsunterricht* ein; auch er sollte funktionalisiert werden als „Lehrmeister für die Zukunft und den Fortbestand des eigenen Volkstums". Dabei propagierte er eine „Weltgeschichte ..., in der die Rassenfrage zur dominierenden Stellung erhoben wird" (ebd., S. 468). Hinweise auf andere Fächer gehen über Allgemeinplätze nicht hinaus, z. B. die Klage, daß „im Zuge unserer heutigen materialisierten Zeit" die „wissenschaftliche Ausbildung sich immer mehr den nur realen Fächern" zuwende, also der Mathematik, Physik, Chemie etc. und dabei die humanistischen vernachlässige; beispielhaft nennt Hitler griechische und römische Geschichte (ebd., S. 469 f.).

Schließlich finden sich in „Mein Kampf" bereits Hinweise auf eine für alle verbindliche staatliche *nachschulische Erziehung*, die für die männliche Jugend in der militärischen Ausbildung gipfeln sollte. Letztere zielte darauf ab, „den körperlich bereits tadellos vorgebildeten jungen Menschen nur mehr in den Soldaten (zu) verwandeln" (ebd., S. 459). Dabei konnte Hitler auch hier an lange militaristische Traditionen, etwa die Vorstellung vom Militär als Schule der Nation, anknüpfen. Dem Führer-Gefolgschafts-Gedanken entsprechend waren es gerade die Prinzipien des absoluten Gehorsams und des bedingungslosen Befehlens, die das Militär als „Schule" in diesem Sinne geeignet erscheinen ließen, wobei der Rekrut – in Umkehrung rechtsstaatlicher Prinzipien – lernen sollte „zu schweigen, nicht nur, wenn er mit Recht getadelt wird, sondern ... wenn nötig, Unrecht schweigend zu ertragen" (ebd.).

Mit nachschulischer – später erweitert auf außerschulische – Erziehung war jedoch noch etwas anderes, über die traditionelle militärische Ausbildung weit Hinausgehendes gemeint, nämlich *Um-* bzw. *Formationserziehung* in einer totalitären Bewegung (vgl. Scholtz 1985). Als Vorbild dafür fungierte die SA, die zumindest in ihrer Anfangszeit weit mehr war als nur Saalschutz oder Schutzabteilung, vielmehr – wie Hitler bereits in „Mein Kampf" ausdrücklich feststellt – Erziehungsmittel der nationalsozialistischen Bewegung. Als solche hatte sie neben aller körperlichen Ertüchtigung der Festigung der nationalsozialistischen Idee und der „Disziplin im höchsten Ausmaß" zu dienen (M.K., S. 603) sowie „dem einzelnen die Überzeugung seiner Überlegenheit ein(zu)impfen" (ebd., S. 611 f.); dagegen sollte sie weder eine Art Wehrverband noch eine Geheimorganisation sein. „Umerziehung" erfolgte dabei vor allem durch ständige Mobilisierung und Reproduktion von partei-, später regime-konformer Gesinnung und deren Kontrolle. Die dafür nötigen Ausdrucks- und Interaktionsformen (Paraden, Demonstrationen, Rituale) trennte Hitler geschickt „aus verschiedenen gesellschaftlichen Bereichen (Militär, Arbeiterbewegung, Kirche, Werbung) von den ihnen traditionell zugeordneten Inhalten ab" und machte sie „der Agitation für das zu erwartende ‚Dritte Reich' und damit dem emotionalen Konsum von Sehnsuchtsgefühlen und Omnipotenzphantasien verfügbar" (Scholtz 1985, S. 27). Dieses Muster diente später als Vorbild für alle anderen Organisationen mit einem (Um-)Erziehungsanspruch, insbesondere für Hitler-

Jugend (HJ), Bund Deutscher Mädel (BDM) und Reichsarbeitsdienst (RAD), wobei – wie im einzelnen noch zu zeigen sein wird – Lager und Kolonne die adäquaten Mittel des Nazifizierungsprozesses darstellten (vgl. Bd. II).

Erziehung im nationalsozialistischen Verständnis spielte sich damit nicht mehr in erster Linie in Elternhaus und Schule ab, sondern in einer Vielzahl von Partei- und Staatsorganisationen mit ausdrücklichem Propaganda-, Schulungs- und Erziehungsanspruch. Der „Herrenmensch" war, wie es Dagmar Reese formuliert hat, „umgeben von einem ganzen Netz eigens für ihn errichteter Organisationen, die sämtliche seiner Aktivitäten und alle Phasen seines Lebens umschlossen und gestalteten" (Reese 1989, S. 25). Sie sollten zugleich verhindern, daß der heranwachsende junge Mensch überhaupt zur Entwicklung eigener Vorstellungen oder gar Ausbildung eigener Identität gelangen konnte. Was diese Organisationen im Gesamtzusammenhang nationalsozialistischer Erziehungspolitik leisten sollten, wird besonders deutlich in Hitlers berühmt-berüchtigter Reichenberger Rede von 1938:

„Diese Jugend, die lernt ja nichts anderes, als deutsch denken, deutsch handeln, und wenn diese Knaben mit 10 Jahren in unsere Organisation hineinkommen und dort oft zum ersten Male überhaupt eine frische Luft bekommen und fühlen, dann kommen sie 4 Jahre später vom Jungvolk in die Hitlerjugend, dort behalten wir sie wieder 4 Jahre und dann geben wir sie erst recht nicht zurück in die Hände unserer alten Klassen- und Standeserzeuger, sondern dann nehmen wir sie sofort in die Partei, in die Arbeitsfront, in die SA oder in die SS, in das NSKK usw. Und wenn sie dort 2 Jahre oder 1 1/2 Jahre sind und noch nicht ganze Nationalsozialisten geworden sein sollten, dann kommen sie in den Arbeitsdienst und werden dort wieder 6 und 7 Monate geschliffen, alles mit einem Symbol, dem deutschen Spaten. Und was dann nach 6 oder 7 Monaten noch an Klassenbewußtsein oder Standesdünkel da oder da noch vorhanden sein sollte, das übernimmt dann die Wehrmacht zur weiteren Behandlung auf 2 Jahre und wenn sie nach 2, 3 oder 4 Jahren zurückkehren, dann nehmen wir sie, damit sie auf keinen Fall rückfällig werden, sofort wieder in die SA, SS usw., und sie werden nicht mehr frei ihr ganzes Leben!" (zit. n. Kanz 1984, S. 241).

Daß Erziehung für die Nazis etwas qualitativ anderes bedeutete als im bis dahin üblichen Verständnis, zeigt bereits die NS-Terminologie: „Rassesinn" und „Rassegefühl" sollten „instinkt- und verstandesmäßig in Herz und Gehirn" *„hineingebrannt"* (M.K., S. 475 f.), „kerngesunde Körper" *„herangezüchtet"* (ebd., S. 452), Nationalgefühl in die noch bildungsfähigen Köpfe „*hineingehämmert*" (ebd., S. 474); Jugendliche „*geschliffen*" und später „*behandelt*" werden (s. o.); dazu paßt der Begriff „rassische Qualität des gegebenen *Menschenmaterials*" (ebd., S. 451). Mit Erziehungs- und Bildungsvorstellungen, die von kindlichem und jugendlichem Eigenrecht ausgehen, haben solche Beschreibungen nichts mehr zu tun. In der Tat passen als Bezeichnungen dafür eher „Formierung", „Prägung", „Züchtung", „Zurichtung" oder „Verhaltensregulierung"; anstelle von Pädagogik: „Un-Pädagogik" (Blankertz 1982, S. 272). Das Einbrennen der SS-Rune in den Oberarm jedes neuen SS-Mitgliedes wie auch das Einbrennen einer Nummer in den Oberarm jedes KZ-Häftlings kann als Symbol solcher Prägung verstanden werden, und zwar sowohl im Zusammenhang mit Auslese- als auch Ausmerzeprozessen.

Zu Recht ist darauf hingewiesen worden, daß im *nationalsozialistischen Erziehungsverständnis* insbesondere mit der seit dem ausgehenden 18. Jahrhundert fundamentalen Vorstellung gebrochen wurde, „daß es eine Phase im menschlichen Leben geben müsse, in der man sich auf die künftige Rolle als Erwachsener nicht nur im Eigeninteresse, sondern auch im Interesse der Weiterentwicklung der Gesellschaft zunächst einmal vorbereitet und eben deswegen von unmittelbarer Ausbeutung verschont bleibt" (Lingelbach 1991, S. 59). Statt dessen wurden im Rahmen ständig kontrollierter Organisationen und Institutionen permanent fremdbestimmter jugendlicher Enthusiasmus und totale Einsatzbereitschaft produziert, und zwar auf die aus der NS-Ideologie resultierenden Zielvorstellungen hin, zu denen schon früh „Krieg" an zentraler Stelle gehörte (vgl. ebd., S. 59 ff.).

II. Affinitäten, Schnittmengen und Differenzen zur NS-Ideologie – deutsche Pädagogik vor 1933

Das Ausmaß der NS-Verbrechen, aber auch ideologische Verblendung haben es Pädagogen und Pädagoginnen nach 1945 schwergemacht, einen eigenen Anteil am Zustandekommen wie am Funktionieren der NS-Herrschaft zu erkennen. Lange Zeit wurde deshalb in der Erziehungswissenschaft wie der historischen Forschung generell von „Verführung“ und „Machtergreifung“ gesprochen und zur Erklärung auf Belastungen der Weimarer Republik wie Versailler Vertrag, Inflation und Weltwirtschaftskrise verwiesen. Wie noch zu zeigen sein wird, gehörten die als Beamte und Angestellte tätigen Pädagogen und Pädagoginnen tatsächlich zu den von den Brüningschen Notverordnungen zu Beginn der dreißiger Jahre besonders schwer Betroffenen. Trotzdem war die faschistische Krisenlösung nicht zwangsläufig, sondern Konsequenz antidemokratischer, antiliberaler, militaristischer, imperialistischer und sogar rassistischer Einstellungen und Haltungen in breiten Kreisen der deutschen Gesellschaft. Sie resultierten wiederum aus weit ins 19. Jahrhundert zurückreichenden gesamtgesellschaftlichen Bedingungen, hatten also strukturelle Ursachen. Dies ist zumindest das Ergebnis historischer Forschungen seit den sechziger Jahren, die sich vor allem mit den Namen des Hamburger Historikers Fritz Fischer (1973) und des Bielefelder Sozialhistorikers Hans-Ulrich Wehler (1973) verbinden. Letzterer hat insbesondere auf das Mißverhältnis von fortgeschrittener ökonomischer Modernisierung und nicht gelungener sozialer und politischer Demokratisierung in Deutschland im letzten Drittel des 19. Jahrhunderts hingewiesen und daraus spezifische Grundzüge deutscher Politik und gesellschaftlicher Strukturmuster abgeleitet, die sich vom Kaiserreich bis in die Weimarer Republik erhalten und schließlich zur Machtdurchsetzung des Faschismus in entscheidender Weise beigetragen haben: „Anfälligkeit für autoritäre Politik“, Demokratiefeindschaft, „Einfluß vorindustrieller Führungsgruppen, Normen, Wunschbilder"; „Zähigkeit der deutschen Staatsideologie", „Mythos der Bürokratie"; „Überlagerung von ständischem Gefälle und Klassengegensätzen"; „Manipulation des politischen Antisemitismus" usf. (Wehler 1973, S. 238 f.).

Entsprechende Einstellungen und Haltungen lassen sich auch für den Bereich der Pädagogik nachweisen und haben sich hier als besonders belastend ausgewirkt. Dazu gehörten insbesondere die verfassungsablehnende, ja republikfeindliche Grundtendenz in Erziehungswissenschaft, Hochschullehrer- und Philologenschaft; weiterhin der starke Einfluß irrationaler, antiliberaler und antidemokratischer Elemente selbst in den zeitgenössischen Reformbewegungen; schließlich, aber nicht zuletzt ein – lange vor 1933 erkennbarer – utilitaristischer, teilweise rassistischer Grundzug der Pädagogik. Demokratische Potentiale innerhalb des Weimarer Bildungs- und Erziehungswesens hatten es von Anfang an schwer, sich dagegen zu behaupten. Sie verloren schließlich in der Endphase der Republik vollends an Einfluß, als wirtschaftliche und soziale Krisen die aufgeführten Tendenzen noch verschärften und radikalisierten; die Nazis waren die Nutznießer.

1. Antidemokratische Potentiale in Erziehungswissenschaft, Hochschullehrerschaft und Lehrerschaft

Im September 1932, als die Weimarer Republik durch Präsidialkabinette, permanente Reichstagsauflösungen und den sog. „Preußenschlag" bereits weithin zerstört und die Ernennung Hitlers zum Kanzler nur noch eine Frage von Monaten war, schrieb der an der Friedrich-Wilhelms-Universität zu Berlin lehrende Erziehungswissenschaftler Eduard Spranger (1882–1963), der damals zu den anerkannten Autoritäten der Pädagogik gehörte, einen Aufsatz mit dem Titel „Gegenwart – September 1932". Darin geht es um Möglichkeiten politischer Bildung angesichts der wirtschaftlichen, sozialen und parlamentarischen Krise vom Herbst 1932. Die damalige Krisensituation führt Spranger auf langfristige Folgen der Französischen Revolution und von ihr ausgehender Emanzipationsbewegungen zurück. Daraus seien nämlich nicht nur individuelle Gewissens-, Wissens- und Wirtschaftsfreiheit entstanden, sondern auch „egalitäre Demokratie", Parlamentarismus und der Parteienstaat, die zur „gesellschaftlichen Atomisierung des Volkes" geführt hätten (Spranger 1932, S. 191). Zwölfjährige Erfahrungen mit der Weimarer Demokratie zeigten, daß „häufige Wahlen nach diesem System ... das gefährlichste Mittel zur Volksverhetzung und Volksdemoralisierung" seien, daß sie „nicht nur das oberflächliche Schlagwort zur Herrschaft" brächten, „sondern die bewußte Lüge und skrupellose Ehrabschneiderei", ja daß sie „eine Saat von Bruderhaß im Innern des Volkes" säten, „die langsam weiterfrißt" (ebd.). Wenn sich je ein politisches System als ungeeignet erwiesen habe, dann der Parlamentarismus in Deutschland. Der Staat könne „nicht von den gegeneinander isolierten Einzelwillen her aufgebaut werden, sondern nur von gruppenhaften Lebensgebilden". Deshalb bezeichnet es Spranger auch als „einen Kardinalirrtum der Methoden politischer Erziehung ..., den einzelnen als solchen gleichsam unmittelbar staatsfähig machen zu wollen" (ebd., S. 193); vielmehr müsse er sich verstehen „als Mitträger und Glied seines Volkes" sowie der „ganzen vielgegliederten Volksordnungen ..., die in einem einheitlichen Staatswillen ihre letzte Bewußtheit und Handlungsfähigkeit" erhielten (ebd., S. 198).

Diese Gegenwartsanalyse vom September 1932 wurde Ende desselben Jahres in einem Sammelband „Volk – Staat – Erziehung" publiziert. Wie Spranger im Vorwort vermerkt, stehen seine dort abgedruckten Aufsätze, deren frühester aus dem Jahre 1916 stammt, in einem inneren Zusammenhang und haben eine durchgehende Linie. Dies gilt insbesondere für das ihnen zugrunde liegende Staats- und Gesellschafts-, verbunden mit einem entsprechenden Erziehungsverständnis, das bereits in der Vorkriegszeit entwickelt war (vgl. Himmelstein 1990). Alle Beiträge Sprangers zeigen seine grundsätzliche Ablehnung der mit der Weimarer Verfassung verbundenen politischen Verhältnisse sowie sein Festhalten an einem aristokratischen Staats- und einem antidemokratischen Volksbegriff. „Volk" bedeutet für ihn – unter Berufung auf Fichte – „ein überindividuelles Lebensgewebe", das „über den Staat als bloße gesellschaftliche Ordnung weit" hinausführt und durch die vier Faktoren „Blut, Arbeit, Ordnung, Gläubigkeit" zusammengehalten wird (Spranger 1932, S. 136). „Volkserziehung" muß dementsprechend „die Körperkraft des einzelnen ... pflegen, ... den Fortpflanzungswillen ... schützen" und für die „Gesunderhaltung" des Volkes im Sinne eines

Organismus sorgen, weil „Volk und Volkskultur … nur … leben …, solange sie im wörtlichsten Sinne durchblutet sind“ (ebd., S. 138). Daß ein solches Verständnis von Pädagogik mit einer Erziehung zur Mündigkeit, wie sie der demokratische Staat erforderte, nicht zu vereinbaren war, liegt auf der Hand; verlangte doch die Weimarer Verfassung den verantwortungsvollen Umgang mit verfassungsmäßig fixierten Rechten und Pflichten, dagegen gerade nicht die gliedhafte Einordnung des einzelnen in einen Volksorganismus oder die Befolgung ethisch-politischer Tugenden wie den „altpreußischen Ranggedanken“, „freien Gehorsam“ und das „Dienen … im Stile alter, unvergänglicher Ordensrittergedanken“ (ebd., S. 209 f.). Ebensowenig konnten Heer und Beamtentum im Sinne eines „staatlichen Standes“ (ebd., S. 198) Leitbilder der Republik sein oder die Frontkämpfergeneration mit ihren Aversionen gegenüber Novemberrevolution und Weimarer Staat als ideale Erziehergeneration in Frage kommen.

Eduard Spranger war kein Ausnahmefall unter den damaligen Kathederpädagogen, vielmehr lassen sich vergleichbare Positionen, die Bernd Weber „wenn nicht präfaschistisch, so doch allemal antidemokratisch“ nennt (Weber 1979, S. 269), bei vielen von ihnen wiederfinden, und zwar sowohl in ihren hochschulpolitischen Stellungnahmen als auch in ihren erziehungswissenschaftlichen Theorien. Sie erklären sich einerseits – wie im Falle von Spranger, aber auch von Theodor Litt (1880–1962) – aus einer an Hegel orientierten Vorstellung vom Staat als einer über den gesellschaftlichen Gruppen und Konflikten existierenden Wesenheit mit hohem sittlichen Eigenwert und damit autonomem Machtanspruch (vgl. Lingelbach 1987, S. 50 ff., 223 ff.). Andererseits nahmen sie völkische, jungkonservative und nationalrevolutionäre Ideen auf, die auf eine (*Wieder*-)Herstellung vorindustriell-ständisch orientierter „völkischer“ Gemeinschaft zielten; damit hoffte man, die Zerrissenheit des Parteienstaates überwinden zu können (vgl. ebd., S. 45 ff.). Solche Ideen bildeten – wie gesehen – einen wichtigen Bestandteil von Sprangers Reden und Schriften zur politischen Erziehung, spielten aber ebenso eine Rolle in den Erziehungstheorien und pädagogischen Konzepten beispielsweise Herman Nohls (1879–1960), Wilhelm Flitners (1889–1990) und Peter Petersens (1884–1952), worauf im Zusammenhang der pädagogischen Reformbewegungen zurückzukommen sein wird.

Die *politische Einstellung* der Pädagogik-Hochschullehrer entsprach der der übrigen *Professorenschaft*. Ihrer Verankerung im kaiserlichen Deutschland gemäß hatte sie die deutsche Kriegszielpolitik zwischen 1914 und 1918 mehrheitlich mitgetragen und nach der militärischen Niederlage parlamentarische Demokratie, Weimarer Verfassung wie Versailler Friedensvertrag vehement abgelehnt. Nicht einmal ein Zehntel aller Hochschullehrer fand sich 1920 nach dem Kapp-Putsch dazu bereit, einen Aufruf „Für die demokratische Verfassung" zu unterzeichnen – darunter als namhafter Pädagoge lediglich Paul Natorp (vgl. Weber 1979, S. 249). Dementsprechend gering war die Resonanz auf eine Initiative von Professoren zur Gründung einer „Vereinigung verfassungstreuer Hochschullehrer" im Jahre 1926. An deren Tagungen beteiligten sich 1927 114, 1931 59 und 1932 noch ganze 30 Kollegen – einziger Pädagoge unter den Sympathisanten und Mitgliedern war der in Freiburg lehrende außerordentliche Professor für Philosophie und Pädagogik Jonas Cohn (vgl. ebd., S. 253 f.). Dabei handelte es sich auch hier lediglich um sog. „Vernunftrepublikaner", die weniger aus Überzeugung, als aus pragmatischem Verantwortungsgefühl hinter den bestehenden Staat traten. Die übrigen bekundeten dagegen ihre Ablehnung gegenüber Weimar mit Feierstunden anläßlich der Wiederkehr des Tages der Reichsgründung am 18. Januar[1] oder zum Gedenken an die Schlacht von Langemarck. Diese Ablehnung kam auch durch die Mißachtung des 11. August als republikanischem Feiertag zur Erinnerung an die Verabschiedung der Verfassung zum Ausdruck; allerdings fiel dieser Tag in die vorlesungsfreie Zeit, so daß der Affront außerhalb der universitären Öffentlichkeit kaum bemerkt wurde (vgl. Abendroth 1984; Titze 1989, S. 216 ff.).

Die Gründe für diese Haltung der akademischen Elite gegenüber der Demokratie sind vielschichtig (vgl. Faust 1980, S. 44; Titze 1989, S. 220 ff.). Sicherlich spielten Ängste vor dem Verlust erworbener Privilegien eine Rolle; Ängste, die durch die – sehr begrenzte – Öffnung von Bildungschancen bei gleichzeitiger Arbeitslosigkeit von Akademikern in der Weimarer Republik geschürt worden sein dürften. Außerdem spiegelten sich darin auch Gefühle der Verunsicherung, zunächst angesichts der militärischen Niederlage, dann aber auch des Verlustes der vertrauten gesellschaftlich-politischen Ordnung und damit verbunden des raschen gesellschaftlichen Wandels, der zugleich mit einem Verlust an Eindeutigkeit der geistig-gesellschaftlichen Orientierung verbunden war. Jedenfalls hielt die Professorenschaft fast geschlossen an einem Staats- und Gesellschaftsverständnis fest, das mit demokratischen Vorstellungen kaum in Einklang zu bringen war. Dazu gehörten insbesondere die Idee eines starken Staates als Machtstaat, der einem über allen Interessengegensätzen liegenden „allgemeinen Ganzen" verpflichtet war, ebenso die Vorstellung von berufenen statt gewählten Führern und einer staatstragenden kulturellen Elite, deren Legitimation die akademische Weihe statt sog. rechnerischer Mehrheiten sein sollte.

Gemäß der bereits im Kaiserreich geübten Praxis gelang es der Professorenschaft auch in der Weimarer Republik, durch gezielte Habilitations- und Berufungsstrategien politische Abweichler weitgehend von Ordinariaten (heutigen C-4-Professuren), nach Möglichkeit sogar von jeder akademischen Lehrtätigkeit fernzuhalten. Deshalb überrascht es nicht, daß die Zahl demokratisch, sozialistisch oder pazifistisch eingestellter Hochschullehrer oder Dozenten verschwindend klein blieb; 1922 sollen an deutschen Universitäten etwa 50 Sozialisten gelehrt haben, die sich „nach wie vor in einer von den meisten Kollegen geschnittenen Außenseiterposition befanden" (Titze 1989, S. 217). In größerer Zahl konnten sie sich nur an der – von reichen jüdischen Bürgern gegründeten – Stiftungsuniversität Frankfurt/Main behaupten.

Wie stark der Druck der antidemokratisch und antiliberal ausgerichteten Mehrheit der Hochschullehrerschaft auf politisch „links" orientierte Kollegen während der Weimarer Republik noch immer war, belegt die Tatsache, daß es lange vor 1933 *Verfolgungen* und *Vertreibungen unliebsamer Hochschullehrer* gab; vielfach verband sich dabei mit der antidemokratischen und antiliberalen eine antisemitische Tendenz, nachweisbar bei den Aktionen gegen den Hannoveraner Privatdozenten für Philosophie Theodor Lessing und den Heidelberger Mathematik- und Statistik-Professor Emil Julius Gumbel. Der aus einer assimilierten jüdischen Familie stammende *Theodor Lessing* (1872–1933) hatte sich im Vorfeld der Reichspräsidentenwahl für die Nachfolge des 1925 verstorbenen Friedrich Ebert in einer Glosse kritisch zum national-konservativen Kandidaten Hindenburg geäußert, was ihm die haßerfüllte Verfolgung durch Presse, rechte Studentenverbindungen sowie Kollegen einbrachte und schließlich im Sommer 1926 zu seinem Ausschluß aus der Hochschule führte. Wenige Jahre später, Ende August 1933, wurde er im Marienbader Exil von gedungenen Mördern umgebracht und damit „das erste Opfer des deutschen Faschismus im Ausland“ (Zorn 1977, S. 18 f.). *Emil Julius Gumbel* (1891–1966), Sohn eines liberalen jüdischen Bankiers und scharfer Kritiker rechtsextremistischer Tendenzen, wurde bereits Mitte der zwanziger Jahre wegen pazifistischer Aussagen zunächst diszipliniert, 1932 verlor er auf Druck der nationalsozialistischen Studentenschaft die Lehrberechtigung. Unterstützung bei ihren Aktionen fanden die Heidelberger Studenten bei der konservativen Standesorganisation der Professorenschaft, dem Verband der Deutschen Hochschulen, dessen Vorstand u. a. auch Eduard Spranger angehörte. Aus dem Kreis der Pädagogik-Hochschullehrer ist schon während des Ersten Weltkrieges der damals in München lehrende *Friedrich Wilhelm Foerster* (1869–1966) aufgrund seiner pazifistischen Haltung von nationalistischen Studenten bedroht worden. Da diese Drohungen auch nach Kriegsende nicht nachließen, entschloß er sich bereits 1922 zur Emigration in die Schweiz, später nach Frankreich. Er gehörte dann von Frankreich aus zu den ersten und schärfsten Kritikern der NS-Bewegung (vgl. Pöggeler 1990).

In allen drei Fällen – Theodor Lessings, Emil Julius Gumbels und Friedrich Wilhelm Foersters – waren die treibenden Kräfte die *Studenten.* Ähnlich wie bei den Hochschullehrern dominierten von Beginn der Weimarer Republik an nationalistisch und antidemokratisch eingestellte Gruppierungen. Viele Studenten waren, teilweise noch als Schüler, 1914 mit Begeisterung in den Krieg gezogen und hatten gleich nach ihrer Rückkehr von der Front ein Studium aufgenommen, darunter „etliche, die in Zeiten der Monarchie ohne Studium Berufsoffiziere gewesen wären, dies aber in der Republikphase nicht mehr vermochten, weil die neue professionelle Reichswehr zahlenmäßig beschränkt war“ (Kater 1984, S. 26). Vielfach engagierten sie sich in Freikorps und beteiligten sich an Mord- und Gewaltaktionen gegen Mitglieder der Rätebewegung, der Arbeiterbewegung wie auch gegen jüdische Repräsentanten des öffentlichen Lebens; auch sie erfuhren dabei stille Duldung durch militärische Führung, Justiz, Bürokratie, Hochschullehrerschaft wie auch durch eine breite bürgerliche Öffentlichkeit. Sie erhielten darüber hinaus Unterstützung durch das starke studentische Korporationswesen, in dem völkische und nationalistische Bünde dominierten (vgl. Mosse 1991, S. 205 ff.). Demgegenüber hatten republikanische Studentengruppen – ähnlich wie in der Hochschullehrerschaft – kaum eine Chance, sich zu behaupten. Damit war eine „geistige Verfassung (geprägt durch Antirationalismus, Frontsoldatenmythos, völkischen Nationalismus, Antisemitismus und Verachtung des Weimarer Parteienstaates)“ (Titze 1989, S. 216) vorbereitet, die schon 1931 dem NS-Studentenbund (NSDStB) die absolute Mehrheit in den Hochschulen brachte, immerhin eineinhalb bis zwei Jahre vor dem Machtantritt der Nazis im gesamten Staat (vgl. ebd., S. 212 ff.).[2] Studenten- und Hochschullehrerschaft bestärkten sich wechselseitig in ihrer reaktionären Haltung.

Nicht erheblich anders als in den Hochschulen stellte sich zwischen 1918/19 und 1933 die personelle Situation im Schulbetrieb dar. Obwohl die SPD in Preußen während der gesamten Weimarer Republik die Regierung stellte, war sie in der zentralen Kultusverwaltung gar nicht, in den Provinzial- und Kreisschulverwaltungen nur relativ schwach vertreten, wie folgende Zahlen aus dem Jahre 1925 verdeutlichen:

„– von den 7 leitenden Stellen im Kultusministerium (KM): keiner SPD;
– von den 28 Ministerialräten: 2 SPD;
– von den 29 „Hilfsarbeitern“, d. h. Hilfsreferenten im KM: 3 SPD;
– von 82 Regierungs- und Schulräten: 6 SPD;
– von 531 Kreisschulräten: 50–60 SPD“

(Herrlitz u. a. 1993, S. 124).

Damit ist zwar nicht gesagt, daß alle übrigen Amtsträger Nicht-Demokraten gewesen sind, wohl aber, daß das reformerische Element, wie es damals zweifellos am stärksten von der SPD eingebracht wurde, in der bildungspolitisch aktiven Führungsschicht nur sehr schwach repräsentiert war.

Einstellungen und Haltungen der *Lehrer an höheren Schulen*, der Philologen, ähnelten denen der Hochschullehrerschaft (vgl. Hamburger 1974; Meier 1993 a).[3] Das Potential aktiver Demokraten war auch hier verschwindend klein. Ihre Ablehnung von Republik und Parteienstaat fand Zustimmung bei Schülern, Schülerinnen und Eltern, die ja fast ausnahmslos demselben bürgerlichen Milieu zugehörten. Begründet war diese Haltung zunächst einmal in der Tradition obrigkeitsstaatlicher Nationalerziehung im wilhelminischen Kaiserreich, die im Ersten Weltkrieg einen chauvinistisch-militaristischen und imperialistischen Charakter annahm, aber auch in einer spezifisch standespolitischen Frontstellung der Philologenschaft. Nachdem sie als Ergebnis eines langen Kampfes noch vor dem Ersten Weltkrieg die soziale und ökonomische Gleichstellung mit vergleichbaren höheren Beamtengruppen, insbesondere der Richterschaft, erreicht hatte, sah sie sich nach dem Ersten Weltkrieg mit Bemühungen der Volksschullehrer und Volksschullehrerinnen sowie ihnen nahestehender demokratischer Kräfte um Gleichstellung aller Lehrergruppen konfrontiert; dagegen setzte sie sich aufs heftigste und mit Erfolg zur Wehr. Diese Abwehrstellung wie auch die obrigkeitsstaatliche Traditionsbindung führte sie nahezu zwangsläufig an die Seite antidemokratischer und antiparlamentarischer Parteien bzw. gesellschaftlicher Gruppen.

Immerhin gab es – wie unter den akademischen Lehrern – auch unter den Philologen Gruppierungen mit tendenziell demokratischer, ja sozialistischer Ausrichtung; sie waren vor allem in dem bereits 1919 von Paul Oestreich, Fritz Karsen u. a. gegründeten Bund Entschiedener Schulreformer (BESch) organisiert, mit der „Neuen Erziehung" als eigener pädagogischer Zeitschrift. Doch letztendlich standen 4000 Mitgliedern des BESch rd. 30 000 Mitglieder des Philologenverbandes gegenüber!

Bezogen auf die gesamte Lehrer- und Lehrerinnenschaft bildeten allerdings auch die Mitglieder des Philologenverbandes nur eine Minderheit. Die Mehrheit stellten – neben den beiden größeren Gruppen katholisch-konfessionell organisierter Lehrer (25 000) und Lehrerinnen (20 000) – die im Deutschen Lehrerverein (147 000) sowie im Allgemeinen Deutschen Lehrerinnenverein (40 000) organisierten *Volksschullehrer* und *-lehrerinnen* dar. Letztere sahen sich in der Anfangsphase der Republik eher durch die linksliberale Deutsche Demokratische Partei (DDP) und die Sozialdemokratie vertreten, in Sachsen unterstützten sie sogar mehrheitlich die Reformpolitik der sächsischen Arbeiterparteien, auf dem Lande allerdings auch die Deutschnationalen oder das katholische Zentrum. Was sie mit der Weimarer Reformpolitik verband, waren in erster Linie standespolitische Ziele, also das Bemühen um eine Aufwertung der Volksschule, um die Akademisierung ihrer Ausbildung sowie die Anhebung ihrer Besoldung. Weitergehende politische Ziele, etwa eine gewerkschaftliche Ausrichtung oder ein Eintreten für demokratische Eltern- und Lehrermitbestimmung, wurden dagegen – abgesehen von Sachsen – nur von wenigen unterstützt. Diese gehörten vor allem der Arbeitsgemeinschaft sozialdemokratischer Lehrer (6000 Mitglieder) sowie der Allgemeinen Freien Lehrergewerkschaft Deutschlands und ihren Vorläufereinrichtungen (1500) an (statistische Daten, bezogen auf 1932, zit. n. Schnorbach 1983, S. 41 f.). Die relativ problemlose Faschisierung weiter Teile der Volksschullehrerschaft in der Krise Weimars deutet darauf hin, daß das demokratische Potential in ihr insgesamt auch vor 1930 nicht sehr weit entwickelt war. Soweit sie – sicherlich mehrheitlich – die Weimarer Republik bejaht hat, scheint sie deren „Grundgedanken ... auf das formelle politische System der parlamentarischen Demokratie und nicht auf die übrigen gesellschaftlichen Bereiche und Institutionen" bezogen zu haben (Klewitz 1987, S. 126); dieses Ergebnis aus einer Einzelfallstudie dürfte für einen Großteil der damaligen Volksschullehrer und Volksschullehrerinnen verallgemeinerbar sein.

Die Ablehnung des Weimarer Staates durch die alten Eliten in Hochschule und höherer Schule wirkte sich nicht erst nach 1930 negativ aus, sondern stellte von Anfang an eine Belastung für die Republik dar. Sie verhinderte in wesentlichem Maße eine demokratische Schul- und Hochschulreform und gab darüber hinaus antidemokratische Einstellungen an die nachwachsenden Führungsschichten weiter. Beschränkte sich die Ablehnung jedoch zunächst auf eine rein passive Haltung gegenüber dem Weimarer Staat, ging sie nach 1930 – wie in großen Teilen des Bürgertums insgesamt – zunehmend in Aktivitäten zugunsten antidemokratischer Kräfte, einschließlich der Nazis, über.

2. Die gescheiterte Schulreform

Angesichts der starken Vorbehalte gegenüber Weimarer Verfassung und Weimarer Demokratie wie auch angesichts der Schwierigkeiten, mit denen die Republik aufgrund der Kriegsfolgen von Anfang an zu kämpfen hatte, wäre für den Aufbau einer demokratischen Gesellschaft unabdingbar gewesen, die nachwachsende Generation in einem anderen Geiste als ihre Eltern zu erziehen. Insbesondere hätte sie die aus dem Gleichheits- und Mitbestimmungsgrundsatz der Verfassung resultierenden Prinzipien als positiv erleben, solidarisches Handeln statt obrigkeitsstaatliche Unterordnung erfahren, aber auch den vernünftigen Umgang mit Konflikten einüben und nicht zuletzt Völkerverständigung und friedliches Zusammenleben als hohe Werte schätzen lernen müssen. Dazu wäre eine grundlegende Schulreform notwendig gewesen, die jedoch nicht zustande kam.

Ansatzpunkte dafür bot die 1920 – nach harten bildungspolitischen Auseinandersetzungen – gesetzlich fixierte und in der Folgezeit zügig realisierte einheitliche *vierjährige Grundschule*. Deren Wert war jedoch hinsichtlich der Chancengleichheit bereits dadurch eingeschränkt, daß die Unentgeltlichkeit des Unterrichts sowie der Lernmittel laut Weimarer Verfassung (Art. 145) zwar für die gemeinsame Grundschule sowie für Volks- und Fortbildungsschulen gesichert war, nicht jedoch für das mittlere und höhere Schulwesen. Darüber hinaus wurde der integrative Effekt des gemeinsamen Schulbesuchs schon in der Grundschule dadurch gemindert, daß – verfassungsrechtlich abgesichert – Schüler und Schülerinnen weithin nach Konfessionen getrennt bzw. in weltlichen Schulen unterrichtet wurden. Vor allem bestanden die den Status und die Hierarchien reproduzierenden Mechanismen des höheren Schulwesens fort, die auch in äußeren Symbolen ihren Niederschlag fanden. Erkannte man doch den höheren Schüler nicht nur an seiner besseren Kleidung, sondern ebenso an seiner Schülermütze, die auch außerhalb des Schulgeländes getragen wurde und bei Jugendlichen aus Arbeitervierteln gelegentlich offene Aggressionen auslöste. Selbst die Schüler höherer Schulen wurden durch Form, Farbe, Bänder und Kordeln ihrer Mützen noch einmal nach Schultyp und Klassenstufe öffentlich gegeneinander abgehoben und konnten damit kaum ein Bewußtsein von Gemeinsamkeit, sondern nur von vielfältiger Differenz entwickeln (vgl. Zymek 1989, S. 179 ff.; Homann 1992, S. 95).

Entsprechende Erfahrungen machten im übrigen auch die Lehrer und Lehrerinnen von Volks- und Höheren Schulen, etwa im Rahmen unterschiedlicher Ausbildung akademischer bzw. nichtakademischer Art, in Form von unterschiedlichem Sozialprestige, vor allem aber unterschiedlicher Besoldung, die wiederum mit dem unterschiedlichen Wert ihrer Tätigkeit bzw. mit ihrer unterschiedlichen Ausbildung begründet wurde. Die nach 1925 eingerichteten Pädagogischen Akademien als quasi halbakademische Lehrerbildungsanstalten oder gar eine integrierte Lehrerausbildung blieben auf Preußen und wenige andere Länder beschränkt und bestanden zu kurz, als daß sie bewußtseinsverändernd hätten wirken können.

Der *inneren Demokratisierung des Schulwesens* wie auch der Förderung demokratischen Bewußtseins sollte die Einrichtung von Mitwirkungsorganen für Eltern, Schüler/Schülerinnen und Lehrer/Lehrerinnen dienen. Sie gelang allerdings nur in wenigen Ländern wie Hamburg und Bremen, zumeist auch nur für kurze Zeit (vgl. Herrlitz u. a. 1993, S. 23 f.). Die weitestgehende Form von Schülermitbestimmung enthielt der sog. Schulgemeindeerlaß der aus SPD und USPD zusammengesetzten Revolutionsregierung vom November 1918. Dieser Erlaß sah die Durchführung je einer Schülerversammlung pro Monat während der regulären Schulzeit vor, auf der die Schule betreffende wichtige Fragen zu diskutieren und Schulsprecher bzw. Schulsprecherinnen zu wählen waren. Der Sturm der Entrüstung gegen diese relativ vage gehaltene Verfügung als „unchristliche Ablehnung der Autorität“ zeigt, wie gering die Bereitschaft des konservativen Bürgertums war, über Grundfragen der Demokratisierung von Schule und Unterricht überhaupt nur mit sich reden zu lassen. Widerstand dagegen kam auch von großen Teilen der Gymnasiallehrerschaft und interessanterweise von vielen Schülern und Schülerinnen, die Mitbestimmung nie kennengelernt hatten und folglich darin nur etwas Unsinniges bzw. Zeit-Totschlagen sahen (vgl. Zymek 1989, S. 162 f.).

Ebenfalls Ablehnung erfuhr eine Erziehung zur Demokratie, wie sie der Art. 148 der Weimarer Verfassung – in sehr allgemeiner und unverbindlicher Form – nahelegte. Danach sollte „sittliche Bildung, staatsbürgerliche Gesinnung, persönliche und berufliche Tüchtigkeit im Geiste des deutschen Volkstums *und* der Völkerversöhnung ... in allen Schulen“ erstrebt, auf die Empfindungen Andersdenkender Rücksicht genommen und schließlich Staatsbürgerkunde in den Schulen als eigenes Lehrfach verankert werden (zit. n. Michael/Schepp 1993, S. 236, Sperrung W.K.).

Der Streit um die demokratischen Erziehungsziele, insbesondere in der höheren Schule, entzündete sich vor allem an der Frage: alte oder neue politische Symbole, an der Ausgestaltung der Verfassungsfeiern zum 11. August, am Fach Staatsbürgerkunde wie an der Ausrichtung anderer sog. gesinnungsbildender Fächer. Bei der Frage: alte oder neue politische Symbole war es z. B. für das preußische Kultusministerium schwierig, die Farben des Weimarer

Staates Schwarz-Rot-Gold gegen die des Kaiserreiches Schwarz-Weiß-Rot durchzusetzen. Verschiedentlich kam es sogar – wie z. B. wiederholt in Potsdam – zur Hissung schwarz-weiß-roter Fahnen auf den städtischen Schulgebäuden. Ebenso versuchten antirepublikanische Schulleiter die Durchführung von Verfassungsfeiern zu unterlaufen, indem sie „den Schülern durch die bereitwillige Annahme von Entschuldigungen das Fernbleiben" von diesen Veranstaltungen ermöglichten (vgl. Wittwer 1980, S. 301 ff.).

Von demokratischem Geist weit entfernt war die überwiegende Mehrheit der Schulbücher. So belegte Siegfried Kawerau, Gründungsmitglied des Bundes Entschiedener Schulreformer, in einer „Denkschrift über die deutschen Geschichts- und Lesebücher" (1927) anhand breiten Quellenmaterials deren antirepublikanischen, nationalistischen, teilweise chauvinistischen Grundcharakter, besonders sichtbar z. B. an der Darstellung der Kriegsschuldfrage und der Bewertung des polnischen Selbstbestimmungsrechtes. Selbst ein weithin als unpolitisch geltendes Fach wie die Geographie wies bereits zur Weimarer Zeit Affinitäten zur NS-Ideologie auf. Dazu gehörten die Betonung der „Liebe zu Scholle, Heimat und Vaterland", die ständige Thematisierung der abgetretenen Reichsgebiete und Kolonien wie auch die zahlreichen Hinweise auf Fragen des Auslandsdeutschtums (Heske 1988, S. 40). Nicht vergessen sei, daß im Biologieunterricht Sozialdarwinismus und sog. Rassenhygiene wichtige Unterrichtsinhalte darstellten und die Schulbuchautoren teilweise vor Auslese- und Ausmerzephantasien in bezug auf alles Kranke, „Abartige" und „Entartete" nicht zurückschreckten (vgl. Quitzow 1987).

Wie wir aus zahlreichen autobiographischen Zeugnissen von Betroffenen wissen, gab es darüber hinaus bereits lange vor 1933 offenen und versteckten Rassismus und Antisemitismus in der Schule. So berichtet Jitzchak Schwersenz über seine Schulzeit in einer Charlottenburger Volksschule zu Beginn der zwanziger Jahre:

> „Es verging kaum ein Tag, an dem wir (Schwersenz und ein weiterer jüdischer Schüler, W. K.) nicht von den Mitschülern behelligt wurden. Ständig hänselten und verhöhnten sie uns. Es wurden Spottlieder gesungen, und auf dem Schulhof rief man uns ‚Jude Itzig' nach. Der Heimweg war manchmal eine wahre Pein, oft wurden uns Steine nachgeworfen. Die redlichen Erklärungen unseres Klassenlehrers, Herrn Richter, daß ‚alle Menschen gleich und Juden auch Menschen' seien, hatte wenig Erfolg" (Schwersenz 1988, S. 13 f.).

Ansätze zu einer *demokratischen Schulreform* konnten sich nur in Regionen entwickeln, in denen die Arbeiterparteien über entsprechende parlamentarische Mehrheiten verfügten, wie in *Sachsen* und *Thüringen* zwischen 1919 und 1923. Anders als in Preußen, wo die SPD während der gesamten Weimarer Republik auf Koalitionen mit bürgerlichen Parteien angewiesen war, konnte sie hier während der Anfangsphase der Republik in Zusammenarbeit, zumindest mit Duldung der anderen sozialistischen Parteien eine konsequente Schulreformpolitik als Teil einer umfassenden Gesellschaftsreform betreiben. Zentrale Ziele waren dabei Einheitlichkeit, Weltlichkeit und Selbstverwaltung des Schulwesens sowie dessen innere Umgestaltung nach Prinzipien einer weitgehenden Schülerselbsttätigkeit. Diese Politik wurde in Sachsen von breiten Teilen der Volksschullehrerschaft unterstützt, von der Mehrheit der Philologen dagegen bekämpft (vgl. Poste 1993). Wäre die Entwicklung damals nicht durch die berühmt-berüchtigte Reichsexekution vom Oktober 1923 – angeblich wegen kommunistischer Regierungsbeteiligung – durch Reichswehrtruppen gewaltsam abgebrochen worden, hätten Sachsen und Thüringen zu Modellfällen demokratisch-sozialistischer Reformen werden können.

Auch in den Stadtstaaten *Hamburg*, *Bremen*, *Braunschweig* wie in der Reichs- und preußischen Hauptstadt *Berlin* – vereinzelt auch in anderen Regionen – gab es Schulreformansätze, die jedoch auf Einzelschulen beschränkt blieben (vgl. Amlung u. a. 1993). Besonders hervorzuheben sind die *Gemeinschafts-* (in Bremen und Hamburg) bzw. *Lebensgemeinschaftsschulen* (in Berlin). Dabei handelte es sich um Versuchsschulen im Rahmen der Volksschule; sie besaßen den Status ganz normaler staatlicher Volksschulen, übernahmen deren Ziele wie deren Lehrplan, konnten damit allerdings freier umgehen. Sie lagen durchweg in Arbeitervierteln, waren zumeist aus weltlichen Schulen (d. h. Schulen ohne konfessionellen Religionsunterricht, vgl. Kap. III, 2.b) hervorgegangen, orientierten sich mit ihrem Unterricht an Bedürfnissen und Interessen der Arbeiterkinder und bemühten sich um ein demokratisches Lehrer-Schüler-Verhältnis. Während die Hamburger und Bremer Gemeinschaftsschulen eher liberal-demokratisch ausgerichtet waren, verfolgten die Berliner Lebensgemeinschaftsschulen mehrheitlich eine demokratisch-sozialistische Tendenz. In Berlin gab es vor 1933 elf solcher Schulen (vgl. Radde 1987, S. 178 ff.; ders. u. a. 1993, Bd. 1, S. 93 ff., 118 ff. u. ö.).

Die damals bekannteste Berliner Reformschule mit demokratischer Ausrichtung war die von *Fritz Karsen* geleitete *Karl-Marx-Schule* im Arbeiter-Bezirk *Neukölln*[4], eines der wenigen Reformmodelle im Bereich des höheren Schulwesens (vgl. Radde 1973). Die Karl-Marx-Schule bildete in den zwanziger und frühen dreißiger Jahren eine Art Schulenkomplex mit zunächst einer Deutschen Oberschule und einer Aufbauschule. Letztere bot Volksschülern und -schülerinnen die Möglichkeit, nach der 7. Klasse auf eine Höhere Schule überzuwechseln und in sechs Jahren zum Abitur zu gelangen. Ebenso gehörten dazu sog. Arbeiter-Abiturienten-Kurse, in deren Rahmen begabte Volksschulabsolventen und -absolventinnen, die sich im Beruf bewährt und durch besonderes gesellschaftspolitisches Engagement ausgezeichnet hatten, in drei Jahren auf die Reifeprüfung vorbereitet wurden, ohne daß sie Schulgeld zahlen mußten; diese Kurse – eine Art Vorläufer des Zweiten Bildungsweges – bedeuteten für die damalige Zeit eine einmalige Errungenschaft. Unter gesellschaftspolitischem Aspekt verfolgten sie das Ziel, begabte junge Menschen aus der Arbeiterschaft so zu fördern, daß sie – den Intentionen der Weimarer Verfassung entsprechend – in verantwortliche gesellschaftliche Positionen gelangen konnten, um dort die Interessen der Arbeiterschaft zu vertreten.

3. Antiaufklärerische Elemente in den pädagogischen Reformbewegungen vor und nach dem Ersten Weltkrieg

Die Machtdurchsetzung des Faschismus in Deutschland ist schon früh auf antiaufklärerische und antirationalistische Denktraditionen zurückgeführt worden. Dabei hat man von einer „Zerstörung der Vernunft“ durch die Philosophie des deutschen „Irrationalismus“ (Lukács 1955), von „Kulturpessimismus als politischer Gefahr“ (Stern 1963; 1986) sowie von „antidemokratischem Denken“ (Sontheimer 1962; 1978) als maßgeblichen Faktoren „im Zersetzungsprozeß der Weimarer Republik“ gesprochen (ders. 1978, S. 14).

Die Entstehung solcher Denkstrukturen läßt sich auf das bereits erwähnte Ungleichgewicht zwischen fortgeschrittener ökonomischer *und* zurückgebliebener politischer wie sozialer Entwicklung in Deutschland im Zuge der Industrialisierung zurückführen. Die Reichsgründung von 1871 änderte daran nichts, zumal sich zwischen 1873 und 1896 ein langfristiger Konjunkturabschwung nicht nur auf Volkswirtschaft, Sozialverfassung und Sozialpolitik, sondern auch auf das politische Bewußtsein des Bürgertums negativ auswirkte. Waren doch in der vorangegangenen „stürmischen Expansionsepoche der industriellen Revolution ... die Ansprüche und die optimistischen Erwartungen gestiegen" und hatte sich ein höherer materieller Lebensstandard durchgesetzt, so daß die Enttäuschung und Erbitterung über die krisenhafte wirtschaftliche Entwicklung besonders groß war (Rosenberg 1967, S. 56 f.). Vor diesem Hintergrund fungierten irrationalistische, kulturkritische und völkische Denkmuster mit rückwärtsgewandten Vorstellungen von einer scheinbar „heilen" Welt vorindustrieller Lebensformen als Ausweg und Flucht aus der nicht bewältigten Gegenwart, während die damit verbundenen Feindbildprojektionen auf Liberale, Sozialisten und Juden – als angebliche Verursacher der Krise – von der eigenen Unfähigkeit zu demokratischen, wenigstens zu sozial verträglichen gesellschaftlichen Problemlösungen ablenkten.

Die deutsche Niederlage von 1918 führte zwar mit der Weimarer Verfassung zu Ansätzen einer demokratischen Entwicklung, sie waren jedoch nicht mehrheitsfähig, wurden vielmehr von breiten Teilen der Vorkriegs-, Kriegs- und Nachkriegsgeneration vehement abgelehnt und bekämpft, und zwar mit den bekannten, teilweise extrem zugespitzten Denkmustern. Sie fanden nicht nur Eingang in die NS-Ideologie, sondern prägten auch das öffentliche Bewußtsein und ebneten damit dem Faschismus in Deutschland überhaupt erst den Weg.

Daß an der Verbreitung solchen Gedankengutes – wie gesehen – das Bildungs- und Erziehungswesen, vor allem Schule und Hochschule, maßgeblichen Anteil hatten, ist inzwischen kaum mehr umstritten. Kontrovers diskutiert wird dagegen die Rolle jener pädagogischen Reformbewegungen, die – teilweise bis in die unmittelbare Gegenwart – als besonders wertvolle Traditionen gelten, wie die deutsche Reformpädagogik, die Jugendbewegung und die Neue Richtung der Erwachsenenbildung.

Ihr Grunddilemma läßt sich anhand von Herman Nohls bis

heute maßgeblicher Darstellung „Die pädagogische Bewegung in Deutschland“ (1933) ablesen. Darin werden die am Ende des 19. Jahrhunderts einsetzenden pädagogischen Reformbestrebungen als Teil vielfältiger kultureller wie sozialer „Bewegungen“ der zweiten Hälfte des 19. Jahrhunderts – z. B. Innerer Mission, Sozialismus und Frauenbewegung – wahrgenommen, zugleich als Lösungsansätze der durch die Entwicklung der Industrie, der Großstädte und der Arbeits- und Wohnverhältnisse entstandenen „neuen sozialen, sittlichen und geistigen Not unseres Volkes“ verstanden (Nohl 1933, S. 302). Primär war für Nohl dabei allerdings nicht die soziale, sondern die „geistige“ Not, die er auf eine Krise der gesamten Kultur zurückführte, wobei sein Kulturideal zweifelsfrei das einer vorindustriell-ständischen Gesellschaft gewesen ist. Die pädagogischen „Bewegungen“ sollten geistige Not und Kulturkrise „heilen“ und überwinden, und zwar durch ein am ständischen Kulturideal orientiertes neues Menschentum, das nicht zu trennen sei von einem „originalen deutschen Volkstum“. Damit hofften Nohl und andere zugleich, die Gegensätze zwischen den Ständen und Konfessionen, „die Deutschland zerreißen“, aufheben zu können (ebd., S. 309). Hier liegt der Schnittpunkt zur NS-Ideologie: in der Umschreibung gesellschaftlicher Zusammenhänge mit einem diffusen Kultur-, Geist- oder auch Seelenbegriff, in der Überschätzung der Pädagogik als universales Mittel zur Lösung der Zeitnöte, vor allem aber in der rückwärtsgewandten, völkisch-antidemokratisch ausgerichteten Vorstellung von einer besseren Gesellschaft. Nur aufgrund solcher mit den Nazis weithin gemeinsamen Sichtweisen damaliger gesellschaftlicher Verhältnisse wie auch von Übereinstimmungen bezüglich der Aufgabe von Pädagogik konnte Nohl schon 1932 – trotz Ablehnung faschistischer Agitation, Gewalt und Rassentheorie – dem Nationalsozialismus positiv anrechnen, „daß jenseits des politischen Tageskampfes auch er die seelischen und geistigen Kräfte als die entscheidenden gegenüber Wirtschaft und Politik erkennt und die Aufgabe der Zeit wieder als eine große Erziehungsaufgabe sieht: die Form des Menschen und des Volkes“ müsse „zuerst von innen her eine andere werden“ (Nohl, zit. n. Weber 1979, S. 313).

Die weitverbreiteten völkisch-antidemokratischen Denkstrukturen bei den damaligen pädagogischen Reformkräften gehen vor allem auf den Einfluß zweier Bestseller zurück, deren Autoren als

Protagonisten sog. *Kulturkritik* galten: Paul de Lagardes „Deutsche Schriften" (1878) und Julius Langbehns „Rembrandt als Erzieher" (1890) (vgl. Stern 1986). Sowohl Lagarde (1827–1891), Professor für Orientalistik an der Universität Göttingen, als auch Langbehn (1851–1907), mit einer gescheiterten Hochschulkarriere, waren gesellschaftliche Außenseiter, beide ganz offensichtlich auch – belastet mit ungünstigen Sozialisationsbedingungen – schwierige Menschen. Ihre „kulturkritischen" Schriften sind bis in die dreißiger und vierziger Jahre in immer neuen Auflagen erschienen, das Rembrandt-Buch allein mit insges. 150000 verkauften Exemplaren (ebd. S. 192). Typisch für die in beiden Publikationen artikulierte Kulturkritik ist die totale Verwerfung und Verdammung der damaligen Industriegesellschaft zugunsten einer angeblich „heilen" vormodernen, vorindustriellen, d. h. bäuerlichen Welt mit festgefügter ständischer Ordnung, einer aristokratischen Bildungselite und einer charismatischen politischen Führung, mit unhinterfragten und unhinterfragbaren Normen und Werten und einer einheitlichen, quasi natürlichen Religion. Damit verband sich totale Ablehnung von allem, was angeblich diese Ordnung zerstört bzw. zu deren „Zersetzung" geführt haben sollte wie Aufklärung, Liberalismus, Sozialismus und Parlamentarismus, zugleich aber auch die Suche nach Sündenböcken, zu denen vor allem Juden und Liberale gemacht wurden. Kulturkritik und Krisendiagnose haben Autoren wie Lagarde und Langbehn nicht daran gehindert, der deutschen gegenüber anderen Kulturen Überlegenheit und eine besondere Führungsrolle zuzuschreiben sowie daraus nationalistische und imperialistische Ansprüche abzuleiten. Der Erste Weltkrieg mußte vor diesem Hintergrund für viele als Erlösung und Ausweg aus der Krise erscheinen; militärische Niederlage, Novemberrevolution, Weimarer Verfassung, Republik und Versailler Vertrag dementsprechend als Enttäuschung und Entwicklung genau in die verkehrte Richtung. Daraus wiederum ist die starke Resonanz auf die Neuformulierung kulturkritischen Denkens durch die sog. Jungkonservativen um Arthur Moeller van den Bruck (1876–1924) in der Weimarer Republik zu erklären (vgl. Stern 1986, S. 223 ff.). Seine Vision eines „Dritten Reiches" trägt viele Züge der rückwärtsgewandten Projektionen Lagardes und Langbehns; Elemente davon sind auch in die faschistische Ideologie eingegangen, so daß es hier breite Überschneidungen und Affinitäten gegeben hat.

Der Einfluß kulturkritischen Gedankengutes auf die deutsche *Reformpädagogik* vor und nach dem Ersten Weltkrieg läßt sich auf verschiedenen Ebenen nachweisen. Zunächst einmal spielen auch hier die schon mehrfach genannten Affekte gegen die damalige Moderne wie Verstädterung, Vermassung, Bildungs- und Kulturlosigkeit durchgängig eine Rolle; ebenso ziehen sich gesellschaftspolitische Optionen *gegen* Liberalismus, Parlamentarismus und Demokratie, umgekehrt *für* völkische, nationalistische und antisemitische Ziele durch das entsprechende Schrifttum. Der durch sein Konzept des „Jena-Plans" bekannt gewordene Peter Petersen (1884–1951) hat solche Elemente zu einer Gesellschaftstheorie als Grundlage für sein eigenes Erziehungskonzept zusammengefügt. Dabei wird der bestehenden Gesellschaft, die bezüglich ihrer sozialen Strukturen als Zustand der Entfremdung erscheint, ein aus familialen Verhältnissen abgeleitetes Bild von „natürlicher" Lebens- und Volksgemeinschaft mit konservativ-ständisch-patriarchalen Zügen gegenübergestellt, in der die Menschen nicht durch Institutionen und künstliche gesellschaftliche Ordnungen voneinander getrennt sein, sondern unmittelbar als Menschen zueinanderstehen und sich als solche erfahren können sollten (vgl. Rülcker 1992).

Weiterhin spiegelt sich fast in der gesamten deutschen Reformpädagogik das ihr von Nohl zugedachte Aufgabenverständnis, Wegbereiterin neuer – gegen Moderne, Liberalismus und Demokratie gerichteter – Kulturformen zu sein. So nahm die Kunsterziehungsbewegung ausdrücklich Bezug auf Langbehns Forderung nach einer Erneuerung der Kunst im Sinne Rembrandts und einer entsprechenden, die damals moderne Kunst verneinenden künstlerischen Erziehung mit zugleich antiwissenschaftlichen und antirationalistischen Affekten (vgl. Stern 1986, S. 164 ff.). In der „Bewegung vom Kinde aus" wie der Jugendbewegung ist eine idealisierte Sichtweise von Kindheit und Jugend kaum zu übersehen, wie sie für Langbehn und später die faschistische Ideologie typisch war; beide haben Kindheit und Jugend besondere Kräfte zur Erneuerung der Gesellschaft zugesprochen. Weiterhin erinnert die Landerziehungsheimbewegung an die von Lagarde geforderte Eliteerziehung auf dem Lande, fernab von den Gefährdungen und Versuchungen der Großstadt; diese Forderung wurde später von den Nazis in Form der Nationalpolitischen Erziehungsanstalten (Napolas) in einer neuen Variante wiederaufgenommen. In der Mehrzahl der Landerziehungsheime verbanden sich elitär-aristokratische Züge mit einem patriarchalisch-autokratischen Führungsstil, teilweise – wie in den Lietzschen Heimen – auch mit einem stark nationalistisch-antisemitischen Milieu (vgl. Mosse 1991, S. 174 ff.); hier dürfte während der gesamten Weimarer Zeit kaum eine Erziehung zur Demokratie stattgefunden haben, so daß die Selbstgleichschaltung vieler Heime 1933 nicht überrascht. Ausnahmen bildeten z. B. die von Gustav Wyneken gegründete „Freie Schulgemeinde Wickersdorf“ bei Saalfeld in Thüringen und Paul Geheebs „Odenwaldschule“ bei Heppenheim an der Bergstraße (vgl. Kap. III. 2 g).

Die an der Kulturkritik orientierten Zielperspektiven haben Inhalte und Methoden reformpädagogischer Konzepte und Modelle mitbestimmt. Generell fällt die starke Gewichtung des Erziehungsaspektes gegenüber der Bildung auf. Im Mittelpunkt stehen Fragen des Schullebens, der musischen Erziehung oder des praktischen Lernens; wo neue Unterrichtsformen diskutiert werden, gehen sie tendenziell in Richtung auf Erleben, weniger auf Einsicht, Verständnis oder diskursive Fähigkeiten. Diese Gewichtung verdeutlicht Peter Petersens Jena-Plan-Konzept, in dem vorrangig die Atmosphäre in der Klasse als Schulwohnstube, das Schulleben mit Spiel und Feier oder die am Vorbild der patriarchalen Familie orientierte Schulordnung eine wichtige Rolle spielen. Durchaus Vergleichbares ließe sich für die Waldorf-Pädagogik Rudolf Steiners zeigen. Nicht, daß solche Aspekte von Schule unwichtig sind; problematisch ist ihre Übergewichtung, vor allem aber ihre beliebige Funktionalisierbarkeit, wenn sie – wie im kulturkritischen Zusammenhang – auf diffuse, antiaufklärerische Affekte und Gesellschaftsvorstellungen bezogen werden. Horst Dräger spricht in bezug auf die Erlebnismethode von einer „Instrumentalisierung der irrationalen Kräfte des Menschen für ihm selbst heteronome Zwecke“ und damit zugleich von der Gefahr des Subjektverlustes (Dräger 1992, S. 197); hier wiederum lag der Anknüpfungspunkt für die Nazis, die sich allerdings der Erlebnispädagogik vor allem im außerschulischen Erziehungsbereich bedienten (vgl. ebd.).

Insgesamt wird man der Reformpädagogik innovative Züge für schulische und außerschulische Erziehung nicht absprechen können. Sie war überwiegend auch weder faschistisch noch faschistoid; sie hat aber durch Anlehnung an kulturkritische Traditionen und Denkstrukturen sowie deren Übertragung auf den pädagogischen Bereich die Empfänglichkeit für antidemokratische Sichtweisen und Argumentationsmuster verstärkt und umgekehrt zur Entwicklung von Kritikfähigkeit, wie sie die Weimarer Republik benötigt hätte, kaum etwas beigetragen. Die These von Fritz Stern, daß „tausend Lehrer im republikanischen Deutschland, die in ihrer Jugend Lagarde und Langbehn", aber auch – so wäre zu ergänzen – Lietz und Petersen „gelesen und verehrt hatten, ... für den Sieg des Nationalsozialismus mindestens ebenso wichtig (waren) wie die Millionen von Mark, die Hitler von den deutschen Großindustriellen erhielt", scheint plausibel (Stern 1986, S. 344).

Selbst in Konzepten und Modellen aus dem Umfeld einer sich explizit demokratisch verstehenden Reformpädagogik, beispielsweise des 1919 gegründeten Bundes Entschiedener Schulreformer, läßt sich der Einfluß kulturkritischen Gedankengutes nicht übersehen. So stand *Fritz Karsen* (1885–1951), der durch sein – bereits erwähntes – Reformschulprojekt in *Berlin-Neukölln*, die *Karl-Marx-Schule*, bekannt geworden ist, zu Beginn der Weimarer Republik noch auf dem Boden einer individualistisch und kulturkritisch geprägten Erlebnispädagogik, hat dann aber bis Mitte der zwanziger Jahre diesen, von der Kunsterziehungsbewegung und der „Bewegung vom Kinde aus" beeinflußten Standpunkt grundlegend revidiert. Gerd Radde spricht in seiner Karsen-Biographie von einer soziologischen, „eine sozialistische Pädagogik implizierenden Wandlung" Karsens (Radde 1973, S. 46). Zwar benutzte er – wie andere sozialistische Pädagogen – den Gemeinschaftsbegriff weiter, füllte ihn jedoch mit völlig anderen, sozialistisch-demokratischen Inhalten (vgl. ebd., S. 105). Ausdrücklich distanzierte er sich etwa ab 1925 von rein reformpädagogisch begründeten Postulaten im Sinne von Ellen Keys „Vom Kinde aus!" zugunsten einer Schule der „Werdenden Gesellschaft", deren Bezugspunkt die Weimarer Demokratie war, die er allerdings in Richtung auf eine soziale Demokratie weiterentwickeln wollte. Dafür galt es, junge Menschen vorzubereiten, ihnen nicht nur demokratische Einstellungen *rein theoretisch* zu vermitteln, sondern sie möglichst auch zu demokratisch-sozialem Handeln zu befähigen. Dem entsprachen das Schulkonzept der Karl-Marx-Schule wie die dort bevorzugt praktizierten methodischen Verfahren der „Kollektivpädagogik" und der „sozialen Arbeitsschule". Vorbild dafür waren die frühsowjetische Arbeitsschule sowie die amerikanische Projektmethode John Deweys;

beide hatte Karsen im Rahmen ausführlicher Studienfahrten selbst kennengelernt. Ihr Hauptziel war die Erziehung aller Schüler und Schülerinnen zu solidarischer Verantwortung und demokratischer Teilhabe. Der demokratische Grundzug dieser Orientierung reichte von der durch Lehrer- und Schülerschaft gemeinsam vorgenommenen Aufstellung der Lehrpläne über die Verteilung spezifischer Arbeitsaufträge in der Klasse, selbständiger Gruppenarbeit bis hin zur anschließenden Präsentation und Diskussion der Arbeitsergebnisse. Inhaltlich spiegelte sich das politische Selbstverständnis Karsens wie vieler seiner Lehrerkollegen und -kolleginnen in der starken Berücksichtigung gesellschaftsanalytisch ausgerichteter Methoden und dem durchgängigen Bezug auf aktuelle gesellschaftliche Problemlagen, wobei Studienfahrten und Erkundungen vor Ort eine wichtige Rolle spielten.

Fast noch stärker als die Reformpädagogik stand die *Jugendbewegung* unter „kulturkritischem", d.h. völkisch-antidemokratischem Einfluß. Sie war in den neunziger Jahren, also etwa gleichzeitig mit der Reformpädagogik, als Protestbewegung insbesondere bürgerlicher Jugendlicher gegen ihre Eltern entstanden und hat sich in zwei Phasen entwickelt, dem „Wandervogel" der Vor- und den „Bünden" der Nachkriegszeit. Die *Wandervogel-Gruppen* vor 1914 bemühten sich um ein von der Erwachsenenwelt losgelöstes jugendliches Gemeinschaftsleben mit Fahrt, Lager und „Nestabend"; doch sosehr sie sich von der Welt der Eltern zu lösen und zu distanzieren versuchten, so wenig gelang es ihnen, deren ideologische Einstellungen und Haltungen zu überwinden. Die in den Wandervogel-Gruppen organisierten Schüler höherer Schulen achteten darauf, daß sie unter sich blieben, Volksschüler waren von der Mitgliedschaft ausgeschlossen, ebenso Juden. Mädchen mußten sich, wenn überhaupt zugelassen, mit spezifisch fraulichen und mütterlichen Rollen zufriedengeben. Diese Zugangs- und Rollenbeschränkungen spiegeln sich in der elitären, antifeministischen und antisemitischen Programmatik des Wandervogel-Schrifttums. Hinzu kamen noch eine stark nationalistische und militaristische Tendenz; sie mündeten in die Kriegsbegeisterung von 1914, die auch die Wandervogel-Gruppen erfaßte (vgl. Berg 1991, S. 132 ff.).

Ebenso blieben die *„Bünde"* der Nachkriegszeit, die nicht selten von ehemaligen, inzwischen erwachsenen „Wandervögeln" geführt wurden, mehrheitlich den im Bürgertum verbreiteten gesellschaftspolitischen Einstellungen verhaftet, und zwar in doppelter Hinsicht: Sie lehnten Republik, Weimarer Verfassung und Versailler Vertrag entschieden ab und engagierten sich statt dessen für die Wiederherstellung oder Neugestaltung eines starken Machtstaates bis hin zu „Lebensraum-" und rassistischen Volksgemeinschafts-Konzepten. Zugleich orientierten sie sich an einer Idee von „Bund" als elitärer Gemeinschaft mit aristokratischen Zügen und einer auf dem persönlichen Charisma eines Führers beruhenden „Führer-Gefolgschafts-Struktur" (Reulecke 1989, S. 101), wie sie z. B. auch für die Hitler-Jugend charakteristisch wurde. Zwar bildeten die bündischen Gruppen unter den damaligen Jugendorganisationen mit ihren rund 51000 Mitgliedern nur eine Minderheit „von wenig mehr als einem Prozent" (ebd., S. 100), sie hatten jedoch eine starke Ausstrahlungskraft auf die gesamte damalige Jugend, trafen vielfach auf entsprechende Einstellungen in anderen Teilen der organisierten Jugend, etwa bei den konfessionellen Verbänden (vgl. Götz von Olenhusen 1987). Ähnlich wie die deutsche Reformpädagogik stellten sie Dispositionen, d. h. Denkweisen, Leitbilder und Lebensformen bereit, „an die der Faschismus anknüpfen, die er zum Teil integrieren konnte und die einen erheblichen Teil seiner ‚idealistischen' Seite ausmachten" (Klönne 1990, S. 109).

Demokratische Widerlager gab es in der deutschen Jugendbewegung nur wenige, hauptsächlich in den *sozialistischen Jugendorganisationen*. Eine Minderheit der durch den Wandervogel sozialisierten Jugendlichen hat sich nach 1918 in pazifistischen Vereinigungen engagiert, den Kontakt zur Arbeiterbewegung gesucht oder als Lehrer und Lehrerinnen an demokratischen Reformschulen der Weimarer Zeit gewirkt (vgl. Alfken 1978). Von den sozialistischen Jugendorganisationen ist vor allem auf die der Sozialdemokratie nahestehende *"Kinderfreunde"*-Bewegung unter der langjährigen Leitung des in Berlin-Neukölln als Stadtschulrat tätigen Kurt Löwenstein (1885–1939) zu verweisen. Hier sind bewußt eine Erziehung zur demokratischen Verantwortung gepflegt und – etwa im Rahmen der jährlich durchgeführten sozialistischen *Kinderrepubliken* – demokratische Formen der Selbstverwaltung mit Lagerparlament und -präsident praktiziert worden. Sie basierten auf einem Konzept demokratisch-sozialistischer Pädagogik (vgl. Löwenstein 1976, S. 235–278; Brandecker u. a. 1989, S. 15–47). Dagegen bekämpfte der *Kommunistische Jugendverband* zwar die Grundlagen der damaligen bürgerlichen Klassengesellschaft, unterschied sich jedoch bezüglich seiner eigenen – autoritären und militanten – Strukturen kaum von denen der konträren bürgerlichen Gruppierungen, nicht zuletzt aufgrund seiner Ausrichtung am jeweiligen Kurs der KPD, die sich ihrerseits wiederum an den Kursschwankungen der KPdSU orientierte.

Das für Reformpädagogik und Jugendbewegung Gesagte gilt entsprechend für die *Neue Richtung der Erwachsenenbildung*, deren Anfänge bis in die Vorkriegszeit zurückreichen. Ihre führenden Theoretiker, Robert von Erdberg (1866–1929) und Walter Hofmann (1879–1952), hatten damals die noch vorherrschend extensive, auf bloße Verbreitung von Kulturgütern hin ausgerichtete Massenbildung kritisiert und statt dessen intensive und individualisierende „Volksbildung" gefordert, damit der „alten" eine „neue" Richtung von Erwachsenenbildung gegenübergestellt. Dieses Konzept fand schon während des Krieges, vor allem aber nach Niederlage und Revolution Eingang in zahlreiche Denk- und Programmschriften der sich entwickelnden „Volkshochschulbewegung"; Herman Nohl zufolge leitete sie „den gleichen Prozeß von der Erwachsenenseite" her ein, „den die Jugend von sich aus begonnen hatte" (Nohl 1933, S. 315). Und eben darin liegt ihre Problematik; beschränkten sich doch deren Protagonisten nicht auf die Einrichtung von Volkshochschulen mit neuen Bildungskonzepten und -methoden, sondern verbanden damit die bereits bekannten kulturkritischen und völkischen Zielvorstellungen. Zwar bejahten z. B. Robert von Erdberg, Walter Hofmann, aber auch Theodor Bäuerle (1882–1956), Werner Picht (1887–1956) und Wilhelm Flitner (1889–1990) als führende Repräsentanten Weimarer Erwachsenenbildung den neuen Staat, sie füllten jedoch seinen demokratischen Verfassungsanspruch mit den ihnen vertrauten, lange vor 1918 entwickelten antidemokratischen Denkmustern. Dies verdeutlicht die Verwendung des Begriffes „Volk" in dem von ihnen immer wieder formulierten Imperativ „Volk-Bildung durch Volksbildung". Auf die Verfassung bezogen stellt Volk als Träger der Volkssouveränität eine gesellschaftliche Größe mit gesetzlich fixierten Formen der Repräsentation und Partizipation dar, bei den Vertretern der Neuen Richtung aber eine Art natürlicher bzw. metaphysischer Wesenheit, die sich jeglichem rationalen Zugriff entzieht. „Diese Differenz erklärt, warum in der Neuen Richtung viel von Gemeinschaft gesprochen, aber wenig von Gesellschaft begriffen wurde", ebenso die typische „Überschätzung des Einflusses von Erwachsenenbildung auf gesellschaftliche Entwicklungen" (Fischer 1988, S. 29f.; vgl. Langewiesche 1989, S. 339ff.). Die Gemengelage von unrealistischen und zugleich ausgesprochen problematischen Ansprüchen führte schließlich die Repräsentanten Weimarer Erwachsenenbildung mehrheitlich dazu, die Realisierung ihrer Ziele von den an die Macht gelangten Nazis zu erhoffen, obwohl sie deren Propagierung von Gewalt bzw. deren militanten Antisemitismus größtenteils ablehnten.

Bezeichnend für das fast durchgängige Selbstverständnis von Neuer Richtung und Volkshochschulbewegung war ihr Verhältnis zur Arbeiterschaft. Diese wurde zwar als zentrale Bezugsgruppe der zu leistenden Bildungsarbeit anerkannt, ohne daß man sich jedoch auf ihre tatsächlichen Interessen- und Problemlagen einzulassen bereit war. Forderungen der Arbeiterschaft beispielsweise nach gleichberechtigter Mitbestimmung bei der Gestaltung des Wirtschaftslebens oder gar Änderung der bestehenden Eigentumsordnung als solcher wurden nicht als Ausdruck gesellschaftspolitischer Konflikte zwischen Lohnarbeit und Kapital wahrgenommen, sondern – dem kulturkritischen Ansatz entsprechend – als „Krankheitserscheinung ... in den elementarsten Bezirken des Volkslebens" (Flitner 1927, S. 162f.). Sie ließen sich angeblich nur dadurch „heilen", daß man die „gesunde" Volksgemeinschaft wiederherstellte; das sollte Hauptaufgabe der Volkshochschule sein. Hier konnten die Nazis später anknüpfen; bekanntlich war die Zerschlagung von Arbeiterbewegung und Gewerkschaften sowie die Zwangsvereinigung von Unternehmern und Arbeitern in der Deutschen Arbeitsfront (DAF) einer ihrer ersten Gewaltakte.

Entsprechendes gilt für das Verhältnis Weimarer Erwachsenenbildung zur damaligen Frauenbewegung und deren Emanzipationsbemühungen. Statt Emanzipation forderte Nohl, daß „sich die Frau auf ihre eigene Leistung im Kulturganzen besinnt", nämlich „ihr innerstes Wesen, die Mütterlichkeit, in dieser Not zur Auswirkung kommen zu lassen und in die große Gesellschaftsordnung noch einmal alle jene Kräfte einzuführen, die den geistig-sittlichen Untergrund der Familie gebildet haben" (Nohl 1933, S. 304). Von daher verwundert es kaum, daß es in der Neuen Richtung – ähnlich wie im Zusammenhang mit Reformpädagogik und Jugendbewegung – fast ausschließlich Männer waren, die über Reformkonzepte von Erwachsenenbildung diskutiert haben, Frauen dagegen – wie z.B. im Hohenrodter Bund, dem Diskussionsforum der Neuen Richtung – lediglich „die patriarchalisch bestimmte Funktion hatten, den Lebensstil auf einen gewissen Ton zu stimmen, eine familiäre Atmosphäre zu schaffen" (Fischer 1988, S. 36). Auch an diese Struktur des Geschlechterverhältnisses konnten die Nazis bruchlos anknüpfen.

Über solche Berührungspunkte und Schnittmengen zur faschistischen Ideologie bei damals führenden Repräsentanten der Neuen Richtung weit hinausgehend hat es bereits nach 1918/19 extrem völkische Konzepte von Erwachsenenbildung mit teilweise rassistischen Tendenzen gegeben, z.B. innerhalb der sog. *Bauernvolkshochschulbewegung*. Sie ist in den zwanziger Jahren von Heinrich Himmler nicht nur über alle Maßen gelobt, sondern als lebensnotwendig für die Entwicklung des bäuerlichen Selbstbewußtseins bezeichnet worden, „weil der Bauernstand die Grundlage des völkischen Staates sei" (zit. n. Mosse 1991, S. 130).

Bauernvolkshochschulen existierten nach dem Ersten Weltkrieg vor allem in ländlichen Regionen des heutigen Niedersachsen, Schleswig-Holstein und Thüringen; ihre damalige Bedeutung unterstreicht ein breites Schrifttum, beispielsweise im Rahmen der in Langensalza (Thüringen) herausgegebenen Schriftenreihe „Friedrich Mann's Pädagogisches Magazin". Allein in den ersten Jahren der Republik erschienen hier mehr als ein halbes Dutzend entsprechender Broschüren, z.B. „Die deutsche Volkshochschule für das Land" (Lüpke 1919); „Ländliche Volksbildungsarbeit in Thüringen" (Baudert 1922); „Die erste Thüringer Bauernhochschule in Neudietendorf" (Weigelt 1925) oder „Westthüringische Bauernschule Oberellen" (Huhn 1925). Verfasser dieser Schriften wie Träger der Einrichtungen waren großenteils evangelische Pfarrer, Vorbild für ihre Organisation die dänischen Heimvolkshochschulen Grundtvigs, deren demokratische Intentionen allerdings gründlich verkannt bzw. kritisiert und in eine christlich-völkisch-nationalistische, teilweise rassistische Richtung umgebogen wurden (z.B. Lüpke 1919).

Zu den extrem völkisch orientierten Erwachsenenbildungseinrichtungen gehörten außerdem die aus dem sog. Fronterlebnis der Kriegszeit entstandenen *Fichte-Hochschulen* (vgl. Reinwald 1918).

Sie verfügten bereits in Weimar über erheblichen Einfluß; teilweise gewannen sie 1933 – wie in Leipzig – kurzzeitig eine beherrschende Stellung (vgl. Kap. III. 4. c).

Vordenker einer extrem völkisch-rassistischen Erwachsenenbildung vor und nach dem Ersten Weltkrieg war der aus der Oberlausitz stammende Bruno Tanzmann (1878–1939). Er gründete 1910 in Hellerau bei Dresden eine „deutsch-bewußte Wanderzeitschriftenzentrale", 1919 den „Hakenkreuz-Verlag" und erlangte vor allem mit seiner seit 1915 dreimal aufgelegten „Denkschrift zur Begründung einer deutschen Volkshochschule" Breitenwirksamkeit. Sie ist ein frühes Beispiel dafür, wie die gesamte pädagogische Tradition im präfaschistischen Sinne uminterpretiert und auf eine entsprechende Praxis hin ausgelegt worden ist. In den zwanziger Jahren unterhielt Tanzmann – als führender Repräsentant der Bauernvolkshochschulbewegung und zugleich Mitbegründer des völkisch-rechtsextremistischen Artamanenbundes – enge Kontakte u. a. zu Himmler, Darré und dem späteren Auschwitz-Kommandanten Höß (vgl. Wolgast/Knoll 1986, S. 395 f.).

Allerdings existierten auf dem Gebiet der Erwachsenenbildung – ebenso wie in den anderen Reformbewegungen auch – alternative, am demokratischen Anspruch der Verfassung orientierte Konzepte und Modelle, die jedoch eher einen Außenseiterstatus besaßen. Ihre Theoretiker und Theoretikerinnen kamen weniger aus philosophischen als aus sozial- und staatswissenschaftlichen Denktraditionen wie z. B. Paul Honigsheim (1885–1963) in Köln, Theodor Geiger (1891–1952) in Berlin oder Hermann Heller (1891–1933), Paul Hermberg (1888–1969) und Gertrud Hermes (1872–1942) in Leipzig.[5] Interessante alternative Modelle waren z. B. die in einem ehemaligen Schloß untergebrachte, auf einer Stiftung basierende sozialistische *Heimvolkshochschule Tinz* bei Gera sowie die als *Leipziger Richtung* bekannt gewordene Erwachsenenbildung der Stadt Leipzig. Bei letzterer handelte es sich um ein umfassendes System unterschiedlicher städtischer Erwachsenenbildungseinrichtungen wie Volkshochschule, Schule für Wirtschaft und Verwaltung, Volkshochschulheime und Heimvolkshochschulen, die alle aufeinander bezogen waren, von einer zentralen Stelle, im Volksbildungsamt der Stadt Leipzig, koordiniert wurden und darüber hinaus in engem Kontakt mit der Universität standen (vgl. Meyer 1969). Der an diesem Modell beteiligte Fritz Borinski, seinerzeit Assistent bei

Theodor Litt an der Universität Leipzig, hat deren Intentionen aus dem Rückblick wie folgt gekennzeichnet:

„Sie (war) in ihrer offenen pädagogischen und politischen Haltung kritisch gegenüber der bestehenden Gesellschaft, entschieden für die soziale Verwirklichung der Demokratie. Klasse und Klassenkampf waren für sie unausweichliche Elemente der gesellschaftlichen Wirklichkeit ..." (zit. n. ebd., S. 26).

An der *VHS Leipzig* gab es u. a. seit 1926 eine eigene *Frauenabteilung*, an der – jenseits patriarchaler Weiblichkeitsideologien – Frauen gezielt Hilfen für ein selbstbestimmtes, auf der Gleichberechtigung der Geschlechter basierendes Leben angeboten wurden. Dem explizit auf die Arbeiterschaft ausgerichteten Konzept entsprechend waren Arbeiterinnen die Hauptzielgruppe; behandelt wurden z. B. „Arbeitsschutzgesetze, Heimarbeit, die rechtliche Stellung der Frau oder die Frau im Sozialismus" (Eggemann 1992, S. 109). Ansätze einer emanzipatorischen Frauenbildung sind 1933 – wie nahezu alle fortschrittlichen Modelle der schulischen und außerschulischen Bildung – den Gewaltakten der Nazis zum Opfer gefallen.

4. Pädagogischer Utilitarismus und Rassismus

Daß die deutsche Pädagogik vor 1933 mit ihren ausgeprägt antiliberalen und antidemokratischen Potentialen wie Strukturen dem NS-System in ihrem Bereich vorgearbeitet hat, ist heute kaum mehr zu bestreiten. Gravierender fast noch sind Affinitäten und Schnittmengen zu spezifischen Elementen faschistischer Erziehungspolitik bis hin zu Auslese und Ausmerze.[6] Sie resultierten aus einem Menschenbild der Pädagogik, das bereits lange vor 1933 nicht mehr eindeutig und unumstritten auf sog. abendländischen Vorstellungen einer uneingeschränkt verallgemeinerbaren Menschenwürde basierte, sondern – zumindest in Teilen des erziehungswissenschaftlichen und pädagogischen Diskurses – durch utilitaristische, ja rassistische Grundzüge geprägt war. „Utilitaristisch" meint dabei, daß Menschen nach ihrer gesellschaftlichen Brauchbarkeit und ihrem Nutzen klassifiziert, „rassistisch", daß sie darüber hinaus nach dem vermeintlichen Wert ihrer Erbanlagen eingeschätzt worden sind.

Eine solche Sichtweise geht vor allem auf den zunehmenden Einfluß rassenbiologischer Forschungsinteressen und -programme in den Human- wie Sozialwissenschaften seit dem ausgehenden 19. Jahrhundert zurück; sie verbindet sich mit den Begriffen *„Eugenik“* und *„Rassenhygiene“* (vgl. Schmuhl 1987; Reyer 1988, 1991). Eugenik (eugenics, wörtl.: Erbpflege, Förderung der Erbanlagen) als damals neue Forschungsrichtung wurde in England von Francis Galton (1822–1911), einem Neffen Darwins, in Deutschland – unter der Bezeichnung „Rassenhygiene“ – vor allem von den beiden Ärzten Alfred Ploetz (1860–1940) und Wilhelm Schallmeyer (1857–1919) begründet. Den Begriff Rassenhygiene verwandte Ploetz zum ersten Mal in einer 1895 erschienenen Schrift „Die Tüchtigkeit unserer Rasse und der Schutz der Schwachen“, und zwar in Analogie zur individuellen Hygiene. Sollte diese dem gesundheitlichen und sozialen Wohl des einzelnen dienen, so die Rassenhygiene dem der Gesamtheit, wobei Ploetz die Voraussetzung dafür im Erhalt, möglichst in der Verbesserung sämtlicher in ihr vorkommenden Erbanlagen sah. Rassenhygiene als wissenschaftliche Disziplin wollte sich deshalb nicht auf *analytische* Aussagen über gesellschaftliche Bedingungen von Fortpflanzungs- und Vererbungsvorgängen beschränken, vielmehr daraus *präskriptive* Normen und Regeln zum Wohl der Gesamtheit sowie Handlungsanweisungen zu deren Umsetzung ableiten. In ihren eigenen Worten hieß das, die Vererbungsanlagen positiv zu beeinflussen und zu kontrollieren, „die Gattung gesund zu erhalten, ... ihre Anlagen zu vervollkommnen“, letzthin einen entscheidenden Beitrag zur „Vervollkommnung der Menschheit“ zu leisten (zit. n. Reyer 1988, S. 115 f.).

Grundlage rassenhygienischer Programmatik war die sozialdarwinistische Annahme, daß „wertvolles“ und „minderwertiges“ Erbgut in den verschiedenen Schichten der Gesellschaft ungleich verteilt sei; höherwertiges vor allem in den oberen, minderwertiges überwiegend in den unteren Schichten. Da der zivilisatorische Fortschritt den Prozeß natürlicher Auslese störe, glaubte man ihn durch entsprechende künstliche Maßnahmen unterstützen zu müssen. Solche Maßnahmen betrafen zum einen die Förderung wertvollen Erbgutes und seiner Fortpflanzung, zum anderen die möglichst weitgehende Reduzierung schlechter Anlagen, einschließlich des Verzichts auf grenzenlose Erhaltung ihrer Träger. In letzterem Zusammenhang wurden u. a. die Einschränkung sozialer Fürsorge und öffentlicher Wohlfahrt, die Unterbringung „Schwachsinniger", „gemeingefährlicher Irrer" oder „geborener Verbrecher" in geschlossenen Anstalten (sog. Asylierung), schließlich Zwangssterilisation[7] und Tötung „Minderwertiger" diskutiert, zugleich staatliche und damit bürokratische Regelungsmechanismen, z. B. die Einführung erbbiographischer Personalbögen, gefordert.

Im Kontext solcher Gedankengänge gewannen die bereits skizzierten völkischen Vorstellungen von „Volksgemeinschaft" und „Volkskörper" eine spezifisch rassistische Dimension. Gisela Bock spricht von „Sozialrassismus" (Bock 1979, S. 133), Hans-Walter Schmuhl von einer „Entwertung des Menschenlebens auf der Basis bioorganismischer Sozialtheorien" (Schmuhl 1987, S. 65). Damit wurden gesellschaftliche Außenseiter zu „Parasiten, Schmarotzern, Bazillen, Trichinen usw." abgestempelt bzw. die Grenzen zwischen Mensch und Tier verwischt (ebd., S. 69). Dabei verband sich vielfach der Sozialrassismus mit dem ethnischen Rassismus, wie ihn vor allem die sich parallel zur Rassenhygiene entwickelnde Rassenanthropologie vertrat; die eine wie die andere lieferten die Grundlagen für Hitlers Zuchtprogramme in „Mein Kampf".

Die *Ausbreitung der rassenbiologischen Bewegung* erfolgte bereits vor, insbesondere jedoch nach dem Ersten Weltkrieg, und zwar zunächst über verschiedene Trägerorganisationen, vor allem die 1910 gegründete „Deutsche Gesellschaft für Rassenhygiene". Sie erhielt Auftrieb über eine breite literarische Produktion, einschließlich einer Fülle von Publikationsorganen wie das schon 1904 eingerichtete „Archiv für Rassen- und Gesellschaftsbiologie". Hinzu kam eine Vielzahl von – teilweise internationalen – Tagungen sowie die Kooperation mit anderen wissenschaftlichen Disziplinen bzw. mit zahlreichen Interessengruppen wie dem Bund der Kinderreichen, allgemeinen Ärzteverbänden oder mit den Verbänden für Sexualhygiene, -wissenschaft und -ethik. Nicht zuletzt gelang die Durchsetzung rassenhygienischer Ideen über ihre Aufnahme „in die politische Sphäre" (Schmuhl 1987, S. 90 ff.; vgl. Reyer 1991, S. 83 ff.).

Was die *Pädagogik* anbelangt, war auch sie lange vor, erst recht nach dem Ersten Weltkrieg in rassenbiologische Diskurse einbezogen, weil die Vertreter der neuen „Bewegung" die Verbreitung ihrer Ideen durch die Schule für unverzichtbar hielten. Schon Alfred Ploetz (1895) wies der Erziehung die Aufgabe zu, „einen starken Sinn für Rassenwohl zu erwecken" (zit. n. Reyer 1988, S. 118).

Dementsprechend haben führende Rassenbiologen wie der 1923 auf den ersten Lehrstuhl für Rassenhygiene in Deutschland an der Universität München berufene Fritz Lenz oder der 1933 mit der Leitung eines „Instituts für menschliche Erblehre und Eugenik" in Greifswald beauftragte Vererbungswissenschaftler Günther Just in der Weimarer Zeit eigenständige Publikationen „über die biologischen Grundlagen der Erziehung" (Lenz 1925; [2]1927) bzw. über „Vererbung und Erziehung" (Just 1930) verfaßt und herausgegeben; von der Vielzahl entsprechender Fachzeitschriften- und populärwissenschaftlicher Beiträge ganz zu schweigen (vgl. die Bibliographie bei Reyer 1988). Dabei kann gar nicht hoch genug veranschlagt werden, was es bedeutete, wenn ein damals so renommierter Wissenschaftler wie Fritz Lenz, der – in zahlreichen Auflagen erschienene – Standardwerke z. B. über „Menschliche Auslese und Rassenhygiene" geschrieben hatte, Pädagogen und Pädagoginnen die Bedeutung rassenbiologischer Gesichtspunkte für ihre Arbeit nahezubringen suchte und dabei an ihr Gewissen appellierte, das „Überwuchern der minderbegabten ... Familien" und damit einen drohenden „unerhörten geistigen Tiefstand" verhindern zu helfen. Denn: „Was die Erziehung für die Individuen leistet, das ist vergänglich mit den Individuen. Was sie aber für die Rasse leistet, das ist von Dauer" (Lenz 1927, S. 41 f.).

Das Repertoire der vorgeschlagenen Maßnahmen einer *„Erziehung zur Eugenik"* (Just 1930, S. 35) war groß und richtete sich zunächst einmal auf den Biologie- und naturwissenschaftlichen Unterricht, einschließlich Mathematik (vgl. Depdollar 1930). Dabei schien „die Vererbungslehre in besonders hohem Maße den inneren Bedürfnissen der jungen Menschen" entgegenzukommen, etwa wenn es „um die positive und die negative Auslese, die zur Erhaltung (eines „gesunden" Bevölkerungsbestandes, W. K.) nötige Kinderzahl ..., die Gefahr des Geburtenrückgangs", „ferner die Bedeutung der Gattenwahl, der Ehetauglichkeitszeugnisse" und der „Eheberatung vor der Ehe" ging (ebd., S. 277, 302). Doch nicht nur die naturwissenschaftlichen, auch die geisteswissenschaftlichen Fächer wie Geschichte, Staatsbürgerkunde, Deutsch, Philosophie und Religion wurden in die rassenbiologische Erziehung einbezogen. Beispielsweise sollte der Geschichtsunterricht anhand von Oswald Spenglers These vom Alterungsprozeß ganzer Völker und Kulturen sowie deren schließlichem Untergang die „fatalen" Konsequenzen falscher erbbiologischer Weichenstellungen verdeutlichen; im Staatsbürgerkundeunterricht ließ sich danach die Einsicht vermitteln, daß Ehe und Kindererzeugung keine Privata seien, sondern „Dinge, von denen Schicksal und Zukunft unseres Volkes und Vaterlandes abhängen"; nicht zuletzt wurde dem Religionsunterricht die Aufgabe übertragen, mit Hilfe der Lehre von der Prädestination und der Erbsünde „Beziehungen zwischen christlichem Glauben und Vererbungswissenschaft" herzustellen, auf diesem Wege Auslese und Ausmerze christlich zu legitimieren, möglicherweise auch Gewissensbisse zu beruhigen (Schlemmer 1930, S. 307, 310, 321 ff.).

Wie aber verhielten sich *Pädagogen* und *Pädagoginnen*, insbesondere die damals maßgeblichen *Erziehungswissenschaftler*, zu derartigen Forderungen? Die Antwort ist ernüchternd: Es hat so gut wie keinen Widerspruch oder gar Widerstand dagegen gegeben, sondern im Gegenteil (fast nur) breite Zustimmung und Unterstützung. Einer der militantesten Verfechter rassenhygienischer Positionen in der Pädagogik war der zwischen 1919 und 1933 als Stadtschulrat in Dresden tätige *Wilhelm Hartnacke* (1878–1952). Die programmatischen Titel seiner Schriften wie „Naturgrenzen geistiger Bildung" (1930); „Bildungswahn – Volkstod!" (1932) oder „Die Ungeborenen. Ein Weg in die geistige Zukunft unseres Volkes" (1936) verdeutlichen bereits sein Anliegen: Ausgestaltung des Schulsystems nach „volksbiologischen" Gesichtspunkten, Verzicht auf Ausgleichung von Bildungsunterschieden zugunsten einer strengen Begabungs- wie sozialen Auslese, Beschränkung statt Öffnung von höheren Schulen und Hochschulen. „Mensch nicht gleich Mensch; weder von Natur, noch durch Erziehung, aber auch Volk nicht gleich Volk" – lautete die von ihm (Hartnacke 1932, S. 19) in vielen Variationen vorgetragene und durch pseudowissenschaftliche Belege unterstützte Parole; sie zeigt besonders deutlich die Verbindung von sozialem mit ethnischem Rassismus. Es versteht sich, daß Hartnacke einer der schärfsten Gegner der sächsischen wie jeglicher demokratischen Schulreform im Reich war. Sein Einfluß reichte weit über den Erziehungssektor hinaus, nicht zuletzt durch breite Vortragstätigkeit, z. B. auf Ärztetagen oder vor der Deutschen Gesellschaft für Rassenhygiene (vgl. Hartnacke 1932). 1933 wurde er von den Nazis kurzzeitig zum sächsischen Kultusminister ernannt; in den fünfziger Jahren fungierte er schließlich erneut als

„Wortführer einer sozialselektiven allgemeinbildenden Schule" (Kuhlmann 1970, S. 121) – dies bereits ein Hinweis auf Kontinuitätslinien über das Jahr 1945 hinaus.

Wenn auch die Forderungen Hartnackes im pädagogischen Diskurs der Weimarer Zeit eine Extremposition darstellten, erwiesen sie sich in der Grundtendenz zweifellos als mehrheitsfähig. Ein günstiges Einfallstor für rassenbiologische Ideen waren vor allem völkische Erziehungskonzepte. So bildete der Faktor „Blut" – wie gesehen – einen zentralen Bestandteil in *Eduard Sprangers* „Volks"-Begriff. Ausdrücklich bezeichnet er in dem bereits zitierten, Ende 1932 erschienenen Aufsatzsammelband „Volk – Staat – Erziehung" „alle echten Bestrebungen, die Körperkraft des einzelnen zu pflegen und den Fortpflanzungswillen zu schützen", als „wesentlichen Teil der Volkserziehung" (Spranger 1932, S. 138). Zweifel, ob er damit wirklich Forderungen im Sinne der Rassenhygiene gemeint hat, zerstreute Spranger wenige Monate später in seinem Aufsatz „März 1933", in dem er die bewußte Pflege der Volksgesundheit sowie die „Sorge für einen leiblich und sittlich hochwertigen Nachwuchs" (mit dem Zusatz „Eugenik") zur „Fülle großer Erziehungsaufgaben" zählte (Spranger 1933, S. 403). Demgegenüber verwies zwar *Peter Petersen* ausdrücklich auf den aus christlichen wie humanitären Anschauungen resultierenden Grundsatz „Ehrfurcht vor dem Leben" (Petersen 1932, S. 137; 1935, S. 3), beklagte allerdings bereits 1932 zugleich die „tatsächliche Bevölkerungspolitik", der zufolge „die moderne Gesellschaft sich selber ungeheure volksgesundheitliche und volkspädagogische Aufgaben ohne Ende" setze „und in der Tat für die Sorgenkinder der Gesellschaft ideell, finanziell und schulorganisatorisch vergleichsweise weit mehr aufbringen" müsse und aufbrächte „als für die normal Geborenen" (Petersen 1932, S. 137). 1935 betonte er, daß seine „Erziehungswissenschaft von jeher offen für alle Forderungen der Hygiene und Eugenik, der Rassenlehre und der Erbwissenschaft" gewesen sei (Petersen 1935, S. 3). Selbst *Theodor Litt*, einer der wenigen konservativen Gegner des NS-Systems unter den Pädagogen, nahm die Eugenik aus „seiner geharnischten Kritik an der Blut-Boden-Rassenideologie" der Nazis aus (Reyer 1991, S. 117).

Daß die Akzeptanz rassenhygienischer Ideen keineswegs auf die damalige konservative Pädagogik beschränkt war, sondern bereits lange vor 1914 bis in sozialistische Kreise hineinreichte, verdeutlicht das 1907 von der sozialistischen Frauen- und Kinderrechtlerin sowie späteren sozialdemokratischen Reichstagsabgeordneten *Adele Schreiber* (1872–1957) herausgegebene zweibändige „Buch vom Kinde". Unter Beteiligung namhafter, der Reformpädagogik nahestehender oder sie sogar aktiv mittragender Autoren und Autorinnen wie Gertrud Bäumer, Heinrich Wolgast, Georg Kerschensteiner, Fritz Gansberg, Johannes Tews und Fritz Karsen sollte darin breit und vor allem praxisrelevant über den damals neuesten Stand der Pädagogik informiert werden; ein Anliegen, das sicherlich als geglückt bezeichnet werden könnte, wenn es nicht zugleich – explizit – im Dienste rassistischer Forderungen gestanden hätte. Stammt doch der Eröffnungsbeitrag zu diesem Werk von keinem Geringeren als dem erwähnten Mitbegründer der Rassenhygiene, Wilhelm Schallmeyer, der dort seine damals allseits bekannten Forderungen nach einer biologisch gesteuerten menschlichen „Zuchtwahl" zugunsten einer Verbesserung der „Qualität des Nachwuchses" vertrat, zugleich die immer wieder beschworenen Ängste bezüglich einer Degeneration des gesamten „Volkskörpers" erneuerte sowie als geeignete Maßnahmen Zwangsasylierung und Sterilisation „Minderwertiger" bzw. staatlicherseits organisierte erbbiologische Überwachung der gesamten Bevölkerung propagierte. Dies in einem Werk, „das den Anspruch der Verbreitung von Standardwissen und Fortschrittlichkeit erhob und das zugleich in engstem Verbund mit Reformpädagogik, Frauen- und Jugendbewegung sowie Gesundheits-, Schul-, Kultur- und Lebensreform" stand (Berg 1992, S. 470). Im übrigen kein Einzelbeispiel, beginnt doch „selbst ein so oft und euphorisch angeführtes Standardwerk der Reformpädagogik, *Ellen Keys* ‚Jahrhundert des Kindes' ..., mit einem eugenischen Diskurs und enthält ein unmißverständliches Plädoyer für die Euthanasie" (ebd.).

Zwei Bereiche der Pädagogik waren allein schon aufgrund ihrer Adressaten und Adressatinnen vom Einfluß rassenbiologischer Ideen in besonderer Weise bedroht: die *Sonder-* und die *Sozialpädagogik*. Für erstere vermutet Sieglind Ellger-Rüttgardt mit guten Gründen, daß sie nicht erst nach 1933, sondern bereits im Kaiserreich und in Weimar weithin sozialrassistischen und erbbiologischen Ideen gefolgt ist, so daß die NS-Zeit – „im Sinne eines hohen Maßes an Kontinuität" – eher „eine Fortentwicklung und Zuspitzung von Ideen" markiert habe, die „zu einem früheren Zeitpunkt offen und meist unwidersprochen auch in den Reihen der Heilpädagogen propagiert worden waren“ (Ellger-Rüttgardt 1988, S. 150). Sah man doch schon vor 1914 das Charakteristikum potentieller Sonderschüler und -schülerinnen in einer geistigen, körperlichen und moralischen „Minderwertigkeit“, schrieb ihre Existenz einer „Schuld“ von Eltern und/oder Großeltern zu und entwickelte die Ziele der „Hilfsschulpädagogik“ mehr unter ökonomischen als humanitären Gesichtspunkten; „der Gedanke einer selbständigen Lebensführung“ verblaßte „zugunsten der Forderung nach restloser volkswirtschaftlicher Verwertbarkeit ‚minderwertiger‘ Volksgenossen“ (ebd., S. 155).

Was die Sozialpädagogik, also Jugendfürsorge und -pflege, (Erwachsenen-)Wohlfahrtswesen und Sozialarbeit, anbelangt, ging es den Anhängern und Anhängerinnen der Rassenhygiene – ebenfalls seit dem Kaiserreich – um kostengünstige Ausschaltung entsprechender Personengruppen aus dem Fortpflanzungs- und Vererbungsprozeß, möglichst sogar um ihr Verschwinden aus der Gesellschaft. Diese Sichtweise implizierte ein Verständnis von Sozialpädagogik, bei dem „das ‚therapeutische‘ Gegenüber ... nicht der einzelne Mensch“ war, sondern „der Generationen verbindende ‚Erbstrom‘“ (Reyer 1991, S. 159). Schon in der Endphase Weimars, nicht erst 1933 erhielten solche Tendenzen zunehmend Auftrieb, sicher auch durch die Auswirkungen der Weltwirtschaftskrise.

Zweifellos handelte es sich beim Einbruch sozialrassistischer Ideen in die Pädagogik um bereits weit mehr als nur um Schnittmengen und Affinitäten zur NS-Ideologie. Schließlich wurde hier – lange vor 1933 – ein Denken vorgeprägt, das Menschen ihre Würde abzusprechen bereit war und sie „in ein Dingsda“ verwandelte, „in zu verwertende und auszurottende Faktoren“, wie es der Auschwitz-Häftling Primo Levi später formuliert hat (vgl. Dörner 1988, S. 7). Daß sich vor und nach 1933 von der Pädagogik als einer ethischen Ansprüchen in besonderer Weise verpflichteten Disziplin gegen ein solches Denken kaum Widerspruch oder gar Widerstand geregt hat, muß zu den schwerwiegenden Versäumnissen der Disziplin gerechnet werden.

5. Pädagogik in der Krise Weimars (1930–1933)

Die skizzierten Tendenzen und Potentiale sind für die demokratische Entwicklung des Weimarer Bildungs- und Erziehungswesens von Anfang an eine Belastung gewesen. Doch erst in der Endphase Weimars, als wirtschaftliche Krise und staatliche Sparpolitik auf dem pädagogischen Sektor zur Verschlechterung von Arbeitsbedingungen und zu existenzbedrohenden Notlagen führten, haben sich ihre zerstörerischen Energien voll ausgewirkt und einen rapiden Bedeutungszuwachs autoritärer, antidemokratischer, irrationaler, utilitaristischer, teilweise auch rassistischer Einstellungen zur Folge gehabt. Diese Einstellungen sind nicht erst – wie vielfach angenommen – durch die Krise hervorgerufen oder verursacht worden, vielmehr waren sie bereits lange vorher deutlich erkennbar; die wirtschaftliche, soziale und politische Entwicklung zu Beginn der dreißiger Jahre hat sie lediglich begünstigt und verstärkt. Ob sich die Pädagogik ohne Wirtschaftskrise und ohne materielle Not in eine andere, demokratische Richtung hätte entwickeln können, läßt sich nicht mehr entscheiden.

Zu den Belastungen der Endphase Weimars gehörten zweifellos auch die Bürgerblock-/NSDAP-Koalitionsregierungen in Ländern wie Thüringen und Braunschweig bereits seit 1930 bzw. 1931. Davon war der Erziehungssektor insofern besonders betroffen, als die Nazis jeweils das Kultusressort besetzten. Hier konnten sie lange vor 1933 der pädagogischen Öffentlichkeit demonstrieren, was Faschismus an der Macht bedeutet: totalitäre Form der Herrschaft, Terror und Gewalt gegen alle Gegner und Andersdenkenden, Abbau und Zerstörung von Bildungs- und Erziehungseinrichtungen mit abweichenden Zielen und Konzepten. Immerhin hat es in dieser Phase von seiten der Pädagogenschaft auch Widerstand gegeben, freilich nur von einer sehr kleinen Minderheit, oft auch theoretisch unzureichend begründet. Im folgenden sollen die aufgeführten Entwicklungen etwas ausführlicher für die Bereiche Schule, Erwachsenenbildung und Sozialpädagogik erläutert werden.

a) *Die Weltwirtschaftskrise und ihre Auswirkungen auf die Schule*

Die wirtschaftliche Krise am Ende der Weimarer Republik erhielt ihre Dramatik nicht zuletzt dadurch, daß sie die zweite innerhalb nur eines Jahrzehnts war. Hatten doch bereits Kriegs- und Nachkriegszeit mit einem Hungerwinter, einer Hyperinflation, mit Währungsreform und Reparationszahlungen schwer auf der Bevölkerung gelastet und sich im Bildungswesen z. B. in Form von Sparmaßnahmen, Einstellungsbegrenzungen und Arbeitslosigkeit, insbesondere des pädagogischen Nachwuchses, bemerkbar gemacht. Lediglich die fünf Jahre zwischen 1925 und 1929 konnten von den Zeitgenossen wenn auch nicht als Wirtschaftswunder, so doch „als Verschnaufpause nach extremen Notjahren" wahrgenommen werden (Kahlert 1974, S. 7). Die seit Oktober 1929 offen ausgebrochene Weltwirtschaftskrise machte alle Hoffnungen auf einen weiteren Aufschwung zunichte.

Sichtbares Kennzeichen der neuerlichen Krise war ein rapider Anstieg der Arbeitslosigkeit; von ihr wurden zwar grundsätzlich alle gesellschaftlichen Gruppen, in besonderer Weise jedoch die schwächsten – Jugendliche und Frauen – betroffen. Bereits für das erste Quartal 1930 meldete die Statistik weit über drei Millionen Arbeitslose, ein Jahr später fast fünf und zwei Jahre später, also für das erste Quartal 1932, über sechs Millionen. Dabei handelte es sich „nur" um die bei den Arbeitsämtern Gemeldeten; einschließlich der „unsichtbaren" Arbeitslosen dürfte die Zahl Anfang 1933 sogar bei fast acht Millionen Menschen gelegen haben (vgl. Winkler 1987, S. 23 f.).

Wie stark die Folgen der allgemeinen Erwerbslosigkeit bis in die Schulen hineinreichten, belegen zahlreiche Klassenaufsätze aus diesen Jahren (ebd., S. 43 ff.), ebenso die von einzelnen Schulen herausgegebenen Schulzeitungen wie die der bekannten, in einem Arbeiterviertel Bremens gelegenen Versuchs-(Volks-)schule Helgolander Straße. Sie machte 1930 in zwei Heften Arbeit und Arbeitslosigkeit der Eltern zum zentralen Gegenstand ihrer Berichte und widmete das im Februar 1933, also wenige Wochen vor der Zerschlagung dieser Reformschule durch die Nazis erschienene letzte Heft dem Thema „Notwinter". Auf der ersten Seite ist eine riesige Grafik abgedruckt mit der Überschrift: „In unserer Schulgemeinde waren im Februar 1933 54,5% beschäftigt, 45,5% erwerbslos" (Unsere Schule 1989/90, S. 381). Im ersten Beitrag des Heftes berichtet ein junger Erwerbsloser:

„Träge schleichen die Tage dahin. Kaum beginnt der Morgen, wünscht man sich schon wieder den Abend herbei. Wünscht, daß der Winter endlich zu Ende sei und daß man endlich heraus kann aus der Stube, in der einem das eintönige Leben zur Höllenqual wird. Manchmal ist die Dumpfheit dieses Zimmers nicht mehr zum Aushalten. Das tägliche Zusammenleben, der immer gleiche Anblick derselben Menschen und Gesichter gibt einem das unerträgliche Gefühl der Enge, des Zusammengepferchtseins" (Unsere Schule 1989–1990, S. 383).

Selbst das Lachen über einen Witz bleibt im Halse stecken:

„Im Kino
Herr zu einer Dame, die vor ihm sitzt: Können Sie bitte Ihren Hut abnehmen? Ich möchte gerne sehen, was ich höre.
Dame: Können Sie mir etwas von Ihrer Käsestulle abgeben? Ich möchte gern schmecken, was ich rieche" (ebd., S. 387 ff.).

Gerade die Kinder waren „von der Verschlechterung der Ernährungsverhältnisse ... ganz besonders stark betroffen. Der Nahrungsbedarf eines gesunden Schulkindes im Alter von sechs bis vierzehn Jahren wurde auf 1500 bis 2000 Kalorien veranschlagt. Kinder von Arbeitslosen kamen 1931 aber lediglich auf 530 bis 1140 Kalorien" (Winkler 1987, S. 42). Darüber hinaus lastete der auf den Eltern liegende Druck der Arbeitslosigkeit vielfach auch auf den Kindern: die kindliche Fröhlichkeit verschwand; „schnelle Ermüdbarkeit, Abgespanntheit, Mangel an Konzentrationskraft, allgemeine Zerstreutheit und Zerfahrenheit, Nachlassen des Hausfleißes, starke körperliche Unruhe, sichtbare Leistungsrückgänge" u. a. m. ließen sich kaum übersehen (ebd., S. 42 f.).

Angesichts dieser Krisenfolgen auf seiten der Schulkinder hätte es besonders günstiger schulischer Bedingungen, vor allem niedriger Klassenfrequenzen und einer ausreichenden Zahl von Lehrerinnen und Lehrern bedurft. Diese Bedingungen aber waren nicht vorhanden, ganz im Gegenteil. Versuchte doch die seit März 1930 vom Reichspräsidenten statt von einer Parlamentsmehrheit abhängige und mit dem Notstandsartikel 48 amtierende Regierung Brüning, die Krise durch restriktive Maßnahmen zu bekämpfen, nämlich durch Senkung von Preisen, Löhnen, Zinsen in Verbindung mit

Einschränkungen der Staatsausgaben. Dazu gehörte im Bereich des Schulwesens die Reduzierung von Personal-, Sach- und Investitionsausgaben, letzteres z.B. für den Schulbau oder für schulische Lehr- und Lernmittel, weiterhin die Erhöhung der Einnahmen, insbesondere in Form von Schulgeldern, und schließlich der Verzicht auf die Übernahme neuer Verpflichtungen (vgl. Kahlert 1974, S.12ff.).

Die Auswirkungen dieses Sparprogramms auf die Schule machten sich bereits 1930 bemerkbar, wenn es z.B. in einem preußischen Erlaß unter der Überschrift „Festliche Veranstaltungen der Schulen" vom Dezember 1930 heißt: „Die Not der Zeit zwingt zu ernster Prüfung, ob die festlichen Veranstaltungen der Schule der Forderung der Einfachheit und Sparsamkeit entsprechen, die jetzt mehr als je zu erheben ist" (Zentralblatt 1930, S.370). Charakteristische Maßnahmen des folgenden Jahres waren die Heraufsetzung der Klassenfrequenzen, die Erschwerung von Klassenteilungen, die Einschränkungen wahlfreien Unterrichts, die Reduzierung der Stundentafeln, die Verlängerung der Unterrichtsstunden von 45 auf 50 Minuten, die Erhöhung der Pflichtstundenzahlen für einzelne Lehrergruppen usf. (vgl. z.B. ZBl. 1931, S.67, 84f., 263ff.). 1932 dominierten Sparverordnungen noch stärker als 1931; sie gipfelten in Preußen 1932 in der Schließung von acht Pädagogischen Akademien (vgl. ZBl. 1932, S.84ff., 121).

Gravierender noch für die schwindende Loyalität der Lehrerschaft gegenüber der Weimarer Demokratie, nun vor allem auch auf seiten der Volksschullehrer und -lehrerinnen, wurden zwischen Juli 1930 und Dezember 1931, also in knapp anderthalb Jahren, vier Notverordnungen der Regierung Brüning „zur Sicherung von Wirtschaft und Finanzen" und auf dieser Grundlage eine Reihe weiterer Sparverordnungen der Länderregierungen; sie bedeuteten einschneidende Notopfer für Beamte und Festangestellte. Bis Ende 1931 büßten sämtliche Lehrergruppen in Preußen zwischen ca. 20 und 30% ihres – im Vergleich zu heute ohnehin wesentlich niedrigeren – Gehaltes ein, bis zum Sommer 1932 teilweise sogar bis zu 45%. Damit wurde die Volksschullehrerschaft auf Lebensbedingungen des 19. Jahrhunderts zurückgeworfen (vgl. Bölling 1978, S.200; Breyvogel 1979, S.136ff., 183).

Lehrernot und Lehrerelend betrafen vor allem kleinere Länder wie z.B. Oldenburg-Lübeck; die hier „beschäftigten 150 Lehrer hatten seit Dezember 1931 nur Teile ihres Gehalts, seit Januar 1932 nur noch Bruchteile, seit Februar aber zum großen Teil gar kein Gehalt mehr erhalten" (Breyvogel 1979, S. 185). Besonders zu spüren bekam die Sparmaßnahmen weiterhin die Gruppe der Junglehrer und -lehrerinnen. Darunter verstand man Schulamtsbewerber und -bewerberinnen mit einem abgeschlossenen Examen für die Volksschule, die entweder keine Stelle besaßen oder zunächst nur auftrags- bzw. vertretungsweise unterrichteten. Sie empfingen mehrheitlich lediglich einen staatlichen Zuschuß zum Lebensunterhalt auf unterstem Niveau, wurden aber von den Kürzungen nicht ausgenommen, so daß ihr Einkommen teilweise unter das Existenzminimum abrutschte. Darüber hinaus wurden sie noch einmal durch Streichung von über 7000 Stellen bis zum April 1932 hart getroffen; dementsprechend erhöhte sich ihre Zahl von 8000 im Winter 1930/31 auf über 15 000 im Frühjahr 1932. Nicht zuletzt ereilte die über 62 Jahre alten Lehrer und Lehrerinnen aller Schulformen mit der zweiten preußischen Sparverordnung vom Dezember 1931 die Zwangspensionierung und zugleich der Verlust etwa der Hälfte ihres Gehaltes (vgl. Bölling 1978, S. 199 ff.; Breyvogel 1979, S. 190 ff.).

b) Lehrerschaft zwischen Faschisierung und Antifaschismus

Solche Erfahrungen im Kontext ansteigender schulischer Arbeitsbelastungen und tagtäglicher Konfrontation mit dem Elend von Schüler- und Elternschaft führten ganz offensichtlich dazu, daß zunehmend breite Teile der Volksschullehrer und -lehrerinnen von der Weimarer Demokratie abrückten, während die Mehrheit der Philologen – wie dargestellt – zu keinem Zeitpunkt wirklich hinter der ersten deutschen Republik gestanden hatte. Wilfried Breyvogel spricht deshalb von einem „Prozeß der mentalen Faschisierung von Volksschullehrern" (Breyvogel 1979, S. 136), Rainer Bölling von „zutiefster ... Erschütterung" der „noch vorhandenen Loyalität gegenüber dem parlamentarischen Verfassungsstaat" (Bölling 1983, S. 134). Beide belegen ihre Urteile vor allem mit Stellungnahmen von Verbandsvertretern des *Deutschen Lehrervereins* (DLV), beispielsweise seines langjährigen Vorsitzenden *Georg Wolff* (1882–1967). Dieser war, von 1925 bis 1933 Vorsitzender des DLV und führendes Mitglied der linksliberalen Deutschen Demokratischen Partei (DDP), hatte schon immer zu kulturkritischen Optionen tendiert, rückte wie viele andere Verbandsvertreter in der Krise Weimars bald völlig vom demokratischen Staat ab und steuerte schließlich den DLV mit mehrheitlicher Unterstützung der Mitglieder seit 1930/31 in eine entsprechende antidemokratische Richtung; knapp anderthalb Jahre später lieferte er den DLV an die Nazis aus (vgl. Bölling 1978, S. 97, 210 ff.).

Besonders ausgeprägt scheint die Faschisierung von Teilen der Junglehrer gewesen zu sein. Ihre Notlage hat sie ganz offensichtlich in hohem Maße für antikapitalistische wie völkische Ideologieelemente und damit zugleich für die Propaganda der Nazis empfänglich gemacht. So traten nach dem 30. Januar bzw. 5. März 1933, in Ländern wie Bayern und Braunschweig bereits seit 1930/31, bevorzugt Junglehrer und Junglehrerinnen der NSDAP bei. Sie versprachen sich davon zweifellos eine Verbesserung ihrer Berufsaussichten (vgl. Bölling 1978, S. 205 ff.; Breyvogel 1979, S. 190 ff.).

Die Nazifizierung der Lehrerschaft in der Weltwirtschaftskrise erfolgte dennoch nicht zwangsläufig, gab es doch auch nach 1930 demokratische Widerlager. Als auf der Vertreterversammlung des Deutschen Lehrervereins im Mai 1932 in Rostock der Vorstand den Delegierten eine Entschließung zur politischen Lage mit so vagen Formulierungen vorlegte, daß sie sowohl als Bekenntnis zum Weimarer Staat als auch im Sinne des Nationalsozialismus interpretiert werden konnten, forderten die Abgeordneten der sozialdemokratisch orientierten Landesverbände Hamburgs und Sachsens eine eindeutige Ablehnung „aller Bestrebungen, die Demokratie durch die Diktatur zu ersetzen“, wie auch ein klares Bekenntnis zur Grundidee der Reichsverfassung und der Republik (zit. n. Bölling 1978, S. 215). Daß der Antrag mehrheitlich abgelehnt, ja in ihm ein Verstoß gegen die politische Neutralität des DLV gesehen wurde, zeigt, in welcher Verfassung sich der größte deutsche Lehrerverband ein halbes Jahr vor Machtantritt der Nazis befand (vgl. ebd., S. 213 ff.).

Innerhalb des DLV hat sich nach 1930 nur der *Sächsische Lehrerverein* konsequent und ohne taktische Manöver für den Erhalt von Republik und Demokratie eingesetzt (vgl. Poste 1993, S. 152 ff.). Entsprechendes gilt für die – zahlenmäßig nur kleine, aber sehr engagierte und aktive – Gruppe freigewerkschaftlich orientierter Lehrer, Lehrerinnen und Erzieherinnen (*Allgemeine Freie Lehrerge-*

werkschaft Deutschlands, AFLD). Sie hatte sich seit Beginn der Weimarer Republik – in unterschiedlichen Organisationen – als sozialistische Alternative zum Deutschen Lehrerverein entwickelt und dessen Prinzip parteipolitischer Neutralität wie auch dessen Verzicht auf Streik als gewerkschaftliches Mittel strikt abgelehnt. Zwar bekannte sie sich zur Arbeiterbewegung und zu politischen Positionen links von der SPD-Mitte, war dabei jedoch nicht dogmatisch. Ihre Mitglieder gehörten unterschiedlichen sozialistischen Parteien von der SPD bis zur KPD an. Sie sahen ihre Hauptaufgabe in der Unterstützung demokratisch-sozialistischer Schulreformpolitik und hatten ihre Zentren in Thüringen (ca. 200 Mitglieder), Braunschweig (ca. 170), Niederschlesien (ca. 200), Rheinland (ca. 120) und Berlin (ca. 330). Vielfach waren sie an weltlichen, an Lebensgemeinschafts- und anderen Reformschulen, teilweise auch außerhalb der Schule, beispielsweise in sozialpädagogischen Berufen, tätig (vgl. Feidel-Mertz/Schnorbach 1981, S. 37 ff.).

Von dieser Seite aus wurde in der Endphase Weimars konsequent für den Erhalt der Republik und ihrer schulischen Reformprojekte, damit zugleich gegen den Nationalsozialismus und gegen die von ihm seit 1930 zeitweise beherrschten Landesregierungen in Thüringen und Braunschweig gekämpft. Tatsächlich waren die Lehrer und Lehrerinnen der AFLD von Entlassungen, Strafversetzungen, zumindest von Existenzbedrohung, ihre Schulen dementsprechend von Abbau und Schließung durch die Nazi-Bildungsminister Frick (in Thüringen) und Franzen, später Klagges (in Braunschweig) besonders stark betroffen (vgl. ebd., S. 67 ff.). Wichtigste Formen ihres Widerstandes waren eine detaillierte Berichterstattung über die NS-Schulpolitik, darüber hinaus engagierte Proteste und Protestaktionen.[8] Im Frühjahr 1931 organisierte die AFLD z. B. in Braunschweig einen Schulstreik in Zusammenarbeit mit dem dortigen weltlichen Elternbund. Damit sollte gegen politische Maßregelungen religiös nicht gebundener, sog. dissidentischer Lehrer und Lehrerinnen wie auch gegen den Abbau weltlicher Schulen und Klassen protestiert werden. Von den 1860 Volksschullehrern und Volksschullehrerinnen im Land Braunschweig waren 96 dissidentisch; „die Zahl der Schüler an den weltlichen Schulen ... umfaßte (sogar, W. K.) mehr als ein Drittel aller braunschweigischen Schüler“ (Feidel-Mertz/Schnorbach 1981, S. 75). Wie der „Volkslehrer“ – das Verbandsorgan der AFLD – berichtete, blieben im

April 1931 zwei Tage lang alle weltlichen Schulen des Landes leer, war es „erstaunlich, mit welcher Einmütigkeit und Disziplin der Streik in allen Orten durchgeführt" wurde und mit welchem Ernst die Eltern ihre Forderungen vertraten (zit. n. ebd.). Trotzdem konnten sie den jahrgangsweisen Abbau der weltlichen Schulen und Klassen seit 1931 zunächst in Braunschweig, ab 1933 in ganz Deutschland (vgl. Kap. III.2.b) nicht verhindern. Wie scharf die Reaktion der bürgerlich-nationalsozialistischen Landesregierung war, läßt sich an der Tatsache ablesen, daß über 8000 Tage Haftstrafe verhängt wurden. Bereits am 1. April 1931 waren 27 junge dissidentische Lehrer entlassen worden (vgl. Sandfuchs 1993, S. 230).

Die konsequent antifaschistische Haltung der AFLD stellte im Rahmen der damaligen Lehrer- und Lehrerinnenorganisationen zweifellos eine Ausnahme dar. Die Resonanz auf ihre Berichterstattung, auf ihre Resolutionen und Proteste blieb – auf die gesamte Lehrerschaft bezogen – dementsprechend gering. Dabei dürften einerseits antisozialistische, antimarxistische und antibolschewistische Affekte eine wichtige Rolle gespielt, andererseits aber auch Angst vor Sanktionen von seiten des konservativ-reaktionären Herrschaftskartells viele Lehrer und Lehrerinnen von einer Unterstützung oder gar Solidarisierung abgehalten haben.

Neben der freigewerkschaftlichen Lehrerorganisation gab es noch andere Gruppierungen von Pädagogen und Pädagoginnen mit grundsätzlich demokratischer und damit zugleich antifaschistischer Ausrichtung. Im Einzelfall war ihre Haltung freilich oft sehr viel widersprüchlicher und gebrochener, besonders deutlich sichtbar an dem bereits erwähnten *Bund Entschiedener Schulreformer* (BESch). Das Dilemma des „Bundes" und seines rührigen, aber übermächtigen Vorsitzenden *Paul Oestreich* bestand von Anfang an darin, daß die Mitglieder Republik und parlamentarische Demokratie zwar grundsätzlich bejahten, zugleich jedoch die sich daraus ergebenden politischen Notwendigkeiten verkannten, beispielsweise jede Partei- zugunsten einer umfassenden Kultur- im Sinne von Menschheitspolitik verwarfen. Winfried Böhm (1977) siedelt deshalb den „Bund" zu Recht in einem Spannungsfeld von „Kulturkritik und Gemeinschaftsutopie" an. Ebenso orientierten sich Oestreich und der „Bund" zwar an humanistischen und sozialistischen Traditionen, versäumten es aber, ihre Gesellschaftskritik und ihre Vorstellung einer besseren, humanen Gesellschaft dezidierten Begriffsklärungen zu unterziehen. So verwandten sie teilweise dieselben kulturkritischen Topoi wie die von ihnen kritisierte herrschende Pädagogik, also „Gemeinschaft", „Volk" und „Volksgemeinschaft", wenn auch zumeist in einem grundsätzlich anderen, tendenziell sozialistischen Verständnis. Die gedankliche wie sprachliche Unschärfe führte in der Endphase Weimars ganz offensichtlich bei einer Reihe von Mitgliedern über begriffliche auch zu inhaltlichen Affinitäten zur Nazi-Ideologie, 1933 vereinzelt sogar zu „euphorischen Bekenntnissen zum Faschismus"; als Motive sind Opportunismus, aber auch Illusionen über die Möglichkeiten einer Fortführung des „Bundes" unter faschistischer Herrschaft naheliegend. Gleichwohl beteiligte sich der „Bund" vor dem 30. Januar 1933 in tagespolitischen Auseinandersetzungen „nach wie vor an Aktionen der Linkskräfte" und hatte seinen Standort damit „zwischen Volksfront und Volksgemeinschaft" (Bernhard/Eierdanz 1991, S. 105; vgl. S. 14 ff., 55 ff., 103 ff.).

Allerdings gab es innerhalb des BESch auch eine deutlich akzentuierte antifaschistische Linie. Deren bedeutendster Repräsentant war *Fritz Helling* (1888–1973), vor 1933 Lehrer an einem Gymnasium in Schwelm und Vorsitzender des BESch-Landesverbandes Westfalen; während der Nazi-Zeit aus dem Schuldienst entlassen und zeitweise inhaftiert; nach 1945 schließlich Begründer und Leiter des für den Pädagogik-Dialog im geteilten Deutschland wichtigen Schwelmer Kreises. Helling gehörte seit Ende der zwanziger Jahre zu den engagiertesten und aktivsten Gegnern des Nationalsozialismus unter den Pädagogen und Pädagoginnen, hat zu dieser Zeit eine Vielzahl von Vorträgen, z. B. über den „Einbruch des Faschismus in die Pädagogik", gehalten und in der „Neuen Erziehung" (NE), dem Bundesorgan des BESch, entsprechende Dokumentationen und Aufsätze veröffentlicht (vgl. NE 12, 1930, S. 613 ff., 692 ff., 788 ff., 13; 1931, S. 294 ff., 724 ff. u. ö.). Von ihm stammt auch eine der ersten ideologiekritischen Auseinandersetzungen mit der konservativen Pädagogik Eduard Sprangers (NE 14, 1933, S. 80 ff.). Seine Position war allerdings kaum repräsentativ für den „Bund"; die erläuterten kulturkritischen Affinitäten verhinderten vielmehr bei der Mehrzahl der Mitglieder eine klarere Einschätzung der vom Nationalsozialismus ausgehenden Gefahren für Demokratie wie für Bildung und Erziehung.

c) *Verschärfung antidemokratischer Potentiale in der Erwachsenenbildung*

Die wirtschaftliche, politische und soziale Krise Weimars wirkte sich nicht nur auf Schule und Lehrerschaft, sondern auf sämtliche Bereiche des Bildungs- und Erziehungswesens aus. Dementsprechend wurde auch die Erwachsenenbildung von Not und Massenelend, von Spar- und Abbaumaßnahmen, ebenso bereits von politischen Pressionen betroffen. Ganz offensichtlich reagierten ihre führenden Repräsentanten darauf mit Zuspitzungen ihrer volkspädagogischen Programmatik und verstärkten so ihre Affinitäten zu entsprechenden nationalsozialistischen Positionen. Dies läßt sich besonders deutlich an ihrer Diskussion der Themen „Arbeitslager", „Arbeitsdienst" und „Siedlungsbewegung im Osten" ablesen.

Die Auswirkungen der Sparpolitik in der Erwachsenenbildung zeigen etwa die „Jahresberichte" der „Gesellschaft für Volksbildung" (GfV). Sie gehörte zu den wichtigsten Organisationen des Weimarer „Volksbildungswesens" mit angeschlossenen Landesverbänden, Zweigvereinen sowie ca. 5000 körperschaftlichen Mitgliedern, darunter Arbeiter-, Beamten-, Bildungs-, Frauen-, Gesangsvereine, Schulen, Volkshochschulen und Krankenhäuser. Die „Gesellschaft" unterhielt für ihre Mitglieder u. a. einen Büchervertrieb, eine Büchereiberatungsstelle, eine Wanderbühne, einen Vertrieb von Lichtbildreihen, ein ausgedehntes Vortragswesen sowie eine eigene Erwachsenenbildungszeitschrift („Volksbildung"). Im Jahresbericht für 1930/31 heißt es gleich zu Beginn: „Das verflossene Jahr war auch für die Gesellschaft ... ein Jahr des Ringens mit wirtschaftlichen Erschwernissen" (GfV 1930/31, S. 1). Und 1931/32: „Nicht in Hunderten, sondern in Tausenden, vielleicht in Zehntausenden von Gemeinden sind die bisherigen Beihilfen einfach gestrichen und damit Volksbüchereien, Volksbildungsvereine, Volkshochschulen und auch die Jugendpflegeeinrichtungen von allen bisher zu Gebote stehenden Mitteln entblößt worden." Dies bedeutete für die „Gesellschaft" Verluste an Mitgliedern, rückläufige Beitragszahlungen und damit verbunden eine Reduzierung ihres Angebotes, z. B. die Einstellung ihres Vortragsdienstes ab Januar 1932 (GfV 1931/32, S. 1, 4f., 10).

Selbst in einer Großstadt wie Leipzig sanken die finanziellen Leistungen der Stadt für die Volksbildungsarbeit im Zeitraum von

1925 bis 1932 auf ungefähr ein Viertel der Mittel. Logische Folgen waren die Reduzierung des Kursangebotes um 40%, die Überfüllung der Kurse, Kürzungen der Honorarsätze, in vielen Fällen auch die drohende Schließung (Meyer 1969, S. 87 ff.; für Stuttgart: Recknagel 1989, S. 44). Die Nazis konnten dann nach der Machtübernahme ihre durchweg politisch motivierten Auflösungen von Volkshochschulen mit finanziellen Zwängen begründen, wie z.B. in Hamburg (vgl. Hamburger Volkshochschule 1960, S. 15; Siewert/Ingwersen 1994, S. 31).

Die Sparpolitik von Reich, Ländern und Gemeinden traf Volkshochschulen und andere Erwachsenenbildungseinrichtungen zu einem besonders ungünstigen Zeitpunkt, weil zugleich mit der steigenden Arbeitslosigkeit eine neue Aufgabe auf sie zukam: die Bildungsarbeit mit Erwerbslosen in Form von adressatenbezogenen Schulungen, Sonderlehrgängen, Tageskursen, Arbeitsgemeinschaften, Einzelvorträgen, Lesestunden usf. Diese konnten nur zu einem Teil über Zuschüsse der Arbeitsämter bzw. durch Teilnehmergebühren finanziert werden, so daß die Volkshochschulen einen großen Teil der Unkosten aus ihren regulären Etats abdecken mußten. Darüber hinaus stellten entsprechende Veranstaltungen an die Dozentenschaft inhaltlich und vor allem psychologisch hohe Anforderungen (vgl. Engelhardt 1931; Theiss 1931; Weitsch 1931). Von daher verwundert nicht, daß die Bildungsarbeit mit Erwerbslosen schon 1931 zu einem beherrschenden Schwerpunkt der internen Diskussion wurde. Schon ein Jahr später erweiterte sich die Fragestellung um den Komplex „Arbeitsdienst" – „Arbeitslager" – „Siedlung". Hintergrund war die Einführung des Freiwilligen Arbeitsdienstes (FAD) im Juni 1931 und das Interesse führender Theoretiker wie Praktiker der Erwachsenenbildung, Einfluß auf dessen Gestaltung im Sinne sozial- und volkspädagogischer Ziele zu nehmen (vgl. Dudek 1988).[9]

Die *Arbeitsdienstdiskussion*, die bereits im Zuge der wirtschaftlichen Krise zu Beginn der zwanziger Jahre einen ersten Höhepunkt erlebt hatte, basierte auf grundverschiedenen Motiven, wurde dementsprechend von unterschiedlichen gesellschaftlichen Gruppen getragen und umfaßte damit zugleich ein breites Spektrum von Konzepten. *Politiker* und *Ökonomen* erhofften sich von einer Arbeitsdienstpflicht die Lösung des Arbeitslosenproblems, zumindest aber eine Milderung der demotivierenden und destabilisierenden

Folgen der Arbeitslosigkeit. *Militärische Kreise, Wehrverbände* und die *extreme politische Rechte* forderten schon nach dem Ersten Weltkrieg einen paramilitärisch ausgerichteten Arbeitsdienst als Ersatz für die – nach den Versailler Bestimmungen abgeschaffte – Wehrpflicht. In der *Erwachsenenbildung* verbanden sich demgegenüber mit Arbeitslager-Konzepten und Freiwilligem Arbeitsdienst Vorstellungen von „Volksbildung als Volk-Bildung“ in dem bereits erläuterten Sinne. Dabei gewannen vor allem die von Eugen Rosenstock konzipierten Schlesischen Arbeitslager Bedeutung, die zwischen 1928 und 1930 für Studenten, Arbeiter und Bauern – darunter 1930 erstmals auch junge Frauen – durchgeführt wurden (vgl. Jung 1970, S. 84 ff.; Dudek 1988, S. 124 ff., 150 ff.).

Die *Schlesischen Arbeitslager Eugen Rosenstocks*[10] im Volkshochschulheim „Boberhaus“ in Löwenberg in der damaligen deutsch-polnischen Grenzregion Niederschlesiens gehen sowohl auf bündische Traditionen als auch auf sozial- und „volkspädagogische“ Zielvorstellungen zurück. Sie standen in unmittelbarem Zusammenhang mit sozialpolitischen Aktivitäten zur Behebung der wirtschaftlichen und sozialen Not des schlesischen Grenzgebietes, das 1921 durch den Völkerbund so unglücklich von seinem Hinterland abgeschnitten worden war, daß es sich aus eigener Kraft wirtschaftlich kaum erholen konnte. Die Arbeitslager dienten u. a. dazu, mit Angehörigen verschiedener sozialer Gruppen Wege zur Behebung der regionalen Notlage zu finden. Damit verband sich das weitergehende, in der damaligen Erwachsenenbildung viel diskutierte Ziel, Akademiker, Arbeiter und Bauern zu gemeinsamen Lernprozessen zusammenzuführen, um Schranken zwischen ihnen abzubauen. Dabei sollte die körperliche Arbeit (am Vormittag) – möglichst im Zusammenhang sinnvoller Projekte – ein Gefühl der Verbundenheit über unterschiedliche Herkunft und unterschiedlichen Bildungsstand hinweg vermitteln und so eine Basis für gemeinsame geistige Arbeit, teilweise auch für musische Aktivitäten (am Nachmittag und Abend) grundlegen. Von derartigen schichtenübergreifenden Aktivitäten versprach man sich integrative Rückwirkungen in die Gesellschaft hinein.

Diese rational nachvollziehbaren sozialpädagogischen Ziele erfuhren zugleich – dem Denken der Neuen Richtung entsprechend – eine „volkspädagogische“ Überhöhung. Die Lage der Bevölkerung in der niederschlesischen Grenzregion wie auch die Folgen von Inflation und Weltwirtschaftskrise wurden nämlich nicht nur als Ausdruck wirtschaftlicher und sozialer Not, sondern darüber hinaus als „Indikatoren" und „Symbolwerte" der vermeintlichen Kulturkrise wie der Bedrohung des Volkes in seiner „volklichen" Substanz wahrgenommen; dementsprechend sollten die Arbeitslager nicht nur konkrete wirtschaftliche und soziale Krisenbearbeitung leisten, sondern – weit darüber hinausgehend – zur volklichen Erneuerung beitragen, gleichsam „soziale Praxisfelder für Volk-Bildung" sein. Wirtschaftsnot und Arbeitslosenproblematik verwandelten sich damit fast schon in so etwas wie „eine historische Chance zur Reproduktion der Volkskraft" (Dudek 1988, S. 133 ff., 145 ff.).

Als sich nach 1930 die Arbeitslagerbewegung ausbreitete und im Juni 1931 der *Freiwillige Arbeitsdienst* (FAD) eingeführt, im Juli 1932 – schon unter der Papen-Regierung – noch erweitert wurde, setzte innerhalb der Erwachsenenbildung, die an der Durchführung beteiligt war, eine intensive Diskussion über „volksbildnerische" Aufgaben und Ziele des FAD ein, die im Sommer und Spätsommer 1932 ihren Höhepunkt erreichte (vgl. Freie Volksbildung 7, 1932, H. 7/8, 9 u. 10). Grundlage dafür waren die volkspädagogischen Reflexionen Rosenstocks, die nun in Richtung nationalpädagogischer und nationalerzieherischer Perspektiven zugespitzt und erweitert, mit Vorstellungen von „Dienst", „dienen" und „Opfer", teilweise auch mit wehrpolitischen Forderungen verbunden wurden (vgl. Laack 1932; Bäuerle 1932 u. a.). Zwar bestand nach wie vor eine deutliche Differenz zwischen den Arbeitsdienstbegründungen Weimarer Erwachsenenbildner und vergleichbaren faschistischen Vorstellungen, die auf bloße Formierung und Abrichtung des „Volksgenossen" hinausliefen, doch war das Einfallstor zumindest für spezifische Aspekte der NS-Ideologie auch in der Erwachsenenbildung ganz offensichtlich größer geworden. Von daher überrascht es nicht, daß führende Repräsentanten der Arbeitsdienst-Diskussion aus dem Umfeld der Neuen Richtung später an der Legitimierung der faschistischen Diktatur beteiligt waren bzw. sich – wie Theodor Bäuerle – ohne große Schwierigkeiten den neuen Verhältnissen angepaßt haben (vgl. Kap. III.4.a).

Mit dem Arbeitsdienst eng verbunden war die „*Siedlungsbewegung* im Osten"; dafür hatte sich zu Beginn der dreißiger Jahre vor allem Herman Nohl (1932 a, b) engagiert. Vordergründig sollten die Abwanderung aus den östlichen Agrargebieten in die Städte des

Westens aufgehalten und arbeitslose junge Menschen dazu ermuntert werden, sich im Osten anzusiedeln bzw. sich mit Hilfe des Arbeitsdienstes darauf vorzubereiten. Dies allerdings in erster Linie nicht etwa, um ihnen dort Lebensperspektiven zu eröffnen, sondern primär aus nationalistischen, wenn nicht imperialistischen Motiven, um „unsere deutsche Existenz in diesen Grenzprovinzen, (die) auf dem Spiele steht", zu sichern und „den Wall von deutschen Menschen hier zu verstärken", weil sonst „die Polen wirklich über kurz oder lang dort ... einbrechen" (Nohl 1932a, S. 66f.). Auch solche, den deutschen Osten zur Schicksalsfrage stilisierenden, zugleich die Angst vor dem Nachbarn Polen schürenden Perspektiven ließen sich von den Nazis leicht ausbeuten. Bekanntlich gehörte Herman Nohl schon 1932 zu den deutschen Pädagogen und Erziehungswissenschaftlern, die trotz Bedenken im einzelnen dem Nationalsozialismus grundsätzlich positiv gegenüberstanden (vgl. Lingelbach 1987, S. 44f.).

d) Die Ausgrenzung der „Unerziehbaren" in der Sozialpädagogik

Folgenschwerer noch als für die Erwachsenenbildung war die Krise Weimars für das Selbstverständnis der Sozialpädagogik. Befand sie sich doch nach Inkrafttreten des 1922 verabschiedeten Reichsjugendwohlfahrtsgesetzes gerade in einem Prozeß der Neuorientierung, der durch die Folgen der Sparpolitik jäh abgebrochen worden ist. Dieser Prozeß verlief allerdings von Anfang an widersprüchlich, d. h. im Spannungsfeld reformpädagogischer *und* utilitaristischer, ja – wie gesehen – rassistischer Intentionen. Die Krise Weimars hat die utilitaristischen Tendenzen zweifellos verstärkt, insbesondere Forderungen nach negativer Auslese bzw. Ausgrenzung bestimmter Personengruppen aus der Fürsorge Auftrieb gegeben und entsprechende gesetzliche Regelungen noch vor Machtantritt der Nazis begünstigt.

Die skizzierte Entwicklung läßt sich anhand der *Jugendfürsorge* verdeutlichen (vgl. Peukert 1986, 1989). Darin dominierten seit dem Kaiserreich weniger pädagogische Gesichtspunkte, etwa das Recht jedes Kindes auf Erziehung, als vielmehr der Wunsch des modernen Staates, die „Kontrollücke zwischen Schulbank und Kasernentor“ zu schließen. Das heißt, auffällige und damit für die Gesellschaft als bedrohlich wahrgenommene Kinder und Jugendliche, zumeist aus der Unterschicht, sollten in die bestehende Ordnung eingefügt, zivilisiert, den bestehenden Normen unterworfen oder aber – sofern dies nicht möglich war – zumindest kostengünstig „aufbewahrt“ werden. „Soziale Brauchbarkeit“ und „gesellschaftliche Tüchtigkeit“ lauteten dementsprechend die Kriterien, an denen sich Fürsorgeerziehung zu orientieren hatte und de facto orientierte, wobei ihre Umsetzung im wesentlichen von den Kirchen sowie ihnen angeschlossenen Organisationen und Verbänden („Innere Mission“ und „Deutscher Caritasverband“) bestimmt wurde. Waren doch „1926 ... nur 97 von 776 Anstalten im Reich von der öffentlichen Hand gefördert, hingegen 669 privat, darunter 420 evangelisch, 240 katholisch und 108 interkonfessionell (wie 8 jüdisch)“ (Peukert 1986, S. 219).

Demgegenüber forderten Vertreter und Vertreterinnen der Reformpädagogik seit der Jahrhundertwende, das Recht aller Jugendlichen auf Selbstbestimmung anzuerkennen, sich auf die Individualität jeder einzelnen Persönlichkeit einzulassen und die Erzieherrolle kameradschaftlich auszufüllen. Diese Forderungen wirkten sich zwar nur in einzelnen Reformprojekten wie dem von *Karl Wilker* konzipierten *Lindenhof*, einer Fürsorgeerziehungsanstalt für schulentlassene männliche Jugendliche in Berlin-Lichtenberg, oder der von *Curt Bondy* und *Walter Herrmann* begründeten *Jugendstrafanstalt Hahnöfersand* bei Hamburg direkt aus, beeinflußten jedoch indirekt deutlich erkennbar den sozialpädagogischen Diskurs zumindest der zwanziger Jahre. Sie wurden sozialpolitisch unterstützt und erweitert durch die den sozialistischen Parteien nahestehenden Wohlfahrtsverbände, Arbeiterwohlfahrt (SPD) und Rote Hilfe (KPD). Auch letztere initiierten wichtige Modellversuche wie den von *Hanna Grunwald-Eisfelder* geleiteten *Immenhof* in der Nähe von Lüneburg, ein offenes Berufserziehungsheim für gefährdete Mädchen (Arbeiterwohlfahrt), und das Kinderheim *Barkenhoff* in Worpswede (Rote Hilfe).

Wie Detlev Peukert gezeigt hat, war jedoch auch das sozialpädagogische Denken der Reformkräfte nicht frei von Widersprüchen. So gab es auf seiten der Arbeiterparteien und ihrer Verbände Ansätze eines utilitaristisch-ökonomistisch bestimmten Weltbildes, wonach Verwahrlosung und Fürsorgebedürftigkeit lediglich von äußeren Umständen wie Arbeitslosigkeit und Wohnungsnot abhingen. Hier bestand die Gefahr, zu sehr von einem „normalen", erziehungsfähigen, lediglich durch die äußeren Umstände fürsorgebedürftig gewordenen Jugendlichen auszugehen und die Frage, was mit den „Unerziehbaren" zu geschehen habe, zu vernachlässigen (vgl. Peukert 1986, S. 220 ff.). Dagegen tendierten Vertreter der Reformpädagogik aufgrund ihrer eigenen bürgerlichen Sozialisation offensichtlich leicht dazu, die konkreten Problemlagen von Fürsorgezöglingen aus der Unterschicht zu verkennen und sich – wie im Falle von Karl Wilker – „ihren Freiraum durch Aussonderung der Problemfälle" zu verschaffen (ebd., S. 205). Daß gerade die Frage nach der Integration oder Nicht-Integration der Schwersterziehbaren in die „normale" Fürsorgeerziehung von weitreichender Bedeutung werden würde, ist damals weder von den Arbeiterparteien noch den Vertretern der Reformpädagogik erkannt worden. Allerdings spitzte sich diese Frage auch erst zu, als im Zuge der Weltwirtschaftskrise die finanzielle Notlage auch in der Sozialpädagogik „eine wahrhaft katastrophalische Dimension erreichte" (Peukert 1989, S. 322).

Der äußeren *Krise der Sozialpädagogik* ging seit Ende der zwanziger Jahre bereits eine innere voraus. Sie fand in einer Reihe von *Anstaltsrevolten* und *-skandalen* ihren sichtbaren Ausdruck; 1928 kam es zur Uraufführung eines Theaterstücks „Revolte im Erziehungshaus" (Peter Martin Lampel), die dem Problem eine breite Öffentlichkeit sicherte (vgl. Peukert 1986, S. 240 ff.; Kuhlmann 1989, S. 30 ff.). Hauptkritikpunkte an den Verhältnissen in den Heimen waren schlechtes Essen, fehlendes Taschengeld, Arrest bei Wasser und Brot, vor allem aber die entwürdigenden Erziehungsmethoden. Zur Behebung der Mißstände bildete sich Anfang Juni 1931 sogar ein von linken Gruppierungen getragener „Kampfausschuß gegen die Fürsorgeerziehung". Selbst die großen Fachverbände stellten sich auf die Seite der Reformer und unterstützten deren Forderung nach Beseitigung, zumindest nach Abbau von Zwangsmaßnahmen; dementsprechend hob 1929 die Reichsregierung die Prügelstrafe in den Heimen auf und räumte den Zöglingen erstmals Rechte ein. Zugleich verstärkten die Heimskandale jedoch auch den Ruf nach Ausgrenzung der „Unerziehbaren", der fast zeitgleich von Behördenvertretern und Politikern erhoben wurde, und zwar in diesem Falle zur Einsparung fehlender Mittel in der Fürsorgeerziehung.

Hintergrund dafür waren die Auswirkungen der Sparpolitik auf die Sozialpädagogik. Allein in Preußen sanken „die staatlichen Ausgaben für Fürsorgeerziehung von ihrem höchsten Stand im Rechnungsjahr 1928/29 von 41,2 Millionen Reichsmark auf 24,0 Millionen Reichsmark im Jahr 1932/33", „die Nettoausgaben in Preußen je Zögling pro Jahr ... von 683 RM im Rechnungsjahr 1929/30 auf 570 RM 1932/33", letzteres trotz verstärkter Entlassungen und eingeschränkter Überweisungszahlen (Harvey 1989, S. 206, vgl. S. 222, Anm. 11). Erste Reaktionen darauf waren Rationalisierungsmaßnahmen wie die Zusammenlegung oder Schließung von Heimen (ca. 10–15% aller Anstalten), weiterhin Senkung der Kosten innerhalb der Anstalten, z. B. beim Personal, beim Speiseplan, bei der Kleidung, den Freizeitangeboten und der Berufsausbildung der Zöglinge (ebd., S. 206). Zum wichtigsten Ansatzpunkt für Einsparungen wurde jedoch die Forderung nach Ausschluß der ohnehin für hoffnungslos gehaltenen Fälle sowie, in Verbindung damit, nach vorzeitiger Entlassung aus der Fürsorge – Heimskandale und Finanzierungsprobleme ließen sich scheinbar auf ein und dieselbe Weise lösen.

Initiator für eine entsprechende gesetzliche Regelung war ausgerechnet Preußen, das damals (1931) noch sozialdemokratisch regiert wurde. Aber erst die Papen-Regierung ermöglichte am 4. November 1932 eine *Notverordnung* des Reichspräsidenten. Darin bestimmte § 63: „Die Fürsorgeerziehung darf nicht angeordnet werden, wenn sie offenbar keine Aussicht auf Erfolg bietet"; § 72 beendete die Fürsorgeerziehung statt bis dahin mit dem 21. schon mit dem vollendeten 19. Lebensjahr und § 73 erlaubte die vorzeitige Entlassung aus der Fürsorgeerziehung „nach Vollendung des 18. Lebensjahres wegen Unausführbarkeit der Fürsorgeerziehung aus Gründen, die in der Person des Minderjährigen liegen" (zit. n. Peukert 1986, S. 258 f.). Damit hatte das zehn Jahre zuvor im Reichsjugendwohlfahrtsgesetz verankerte „Recht des Kindes auf Erziehung" eine erste gravierende, vor allem völlig vage und fast beliebig interpretierbare Einschränkung erfahren: der Auslesegedanke „dominierte von Staats wegen ... die Sozialpädagogik" (Peukert 1989, S. 326).

Zwar erhoben sich auch Gegenstimmen von ganz unterschiedlichen Seiten, wurde z. B. von der Zeitschrift „Caritas" festgestellt, daß die Notverordnung „allzuoft dazu benutzt werde, sich unbequemer Zöglinge zu entledigen" (ebd., S. 49), der damit verbundene gravierende Einschnitt in der Geschichte der Fürsorgeerziehung wie auch die sich daraus ergebenden Konsequenzen sind damals von keiner Seite wirklich wahrgenommen worden. Die Nazis vermochten wenig später ohne Schwierigkeiten daran anzuknüpfen und sowohl die Verordnung als auch deren Intentionen mit den – ebenfalls lange vor 1933 entwickelten und verbreiteten – rassebiologischen Vorstellungen zu überformen und zu kanalisieren.

III. Gleichschaltung, Selbstgleichschaltung, Distanz und Verweigerung – deutsche Pädagogik nach dem 30. Januar 1933

Der Prozeß faschistischer Formierung des Bildungs- und Erziehungswesens nach dem 30. Januar 1933 wird gemeinhin mit dem – aus dem Nazi-Sprachgebrauch übernommenen – Begriff „Gleichschaltung“[1] umschrieben. Danach waren Pädagogen und Pädagoginnen in erster Linie Opfer eines sich mit zwingender Notwendigkeit entwickelnden Prozesses, der durch Gewalt und Terrormaßnahmen einerseits, Gesetze, Erlasse und Verordnungen andererseits bestimmt wurde (vgl. z. B. Eilers 1963; Feiten 1981, S. 55). In der Tat ist das Ausmaß an Repression damals groß gewesen. Dennoch war ihm die überwiegende Mehrheit der Pädagogenschaft nicht nur hilflos ausgeliefert, sondern hat die neuen Machtträger vielfältig unterstützt oder sie zumindest stillschweigend gewähren lassen, obwohl einigen selbst Entlassung und Verfolgung drohte. Dabei spielten – wie im einzelnen zu zeigen sein wird – die im vorigen Kapitel untersuchten Affinitäten und Schnittmengen zur NS-Ideologie, vor allem aber die in der Krise Weimars abgelaufenen mentalen wie realen Veränderungen und Aufweichungen demokratisch-republikanischer Substanzen eine wichtige Rolle. Anpassungs*druck* von oben und Anpassungs*bereitschaft* von unten haben sich ganz offensichtlich wechselseitig verstärkt. Dementsprechend wird inzwischen zumindest von Teilen der historischen wie erziehungshistorischen Forschung im Zusammenhang mit *Gleichschaltung* immer auch von *Selbstgleichschaltung* gesprochen. Dagegen waren *Distanz, Verweigerung* oder gar *Opposition* und *Widerstand* eher Ausnahmen, verdienen aber gerade deshalb Beachtung, die ihnen mit dem Begriff „Gleichschaltung“ herkömmlicherweise nicht eingeräumt wird.

Die Gemengelage von Gewalt, Freiwilligkeit und Opposition innerhalb der Pädagogenschaft nach dem 30. Januar 1933 steht im Mittelpunkt des folgenden Kapitels. Dabei liegt der Schwerpunkt der Analyse auf dem Sektor Schule, der bislang zweifellos am besten erforscht ist. Darüber hinaus geht es um die Formen der Neustrukturierung in verschiedenen Bereichen des Erziehungswesens wie auch um deren Einbindung in das faschistische Herrschaftssystem. Es wird sich zeigen, daß dieser Prozeß sehr unterschiedlich verlaufen ist. In der Mehrzahl der Fälle gelang es den Nazis, Konformität und Funktionalität der entsprechenden Einrichtungen und ihres Personals über spezifische, im Partei- und Staatsapparat verankerte NS-Organisationen zu sichern. Dabei standen für die Gruppe der Lehrer und Lehrerinnen mit dem Nationalsozialistischen Lehrerbund (NSLB) und für den Bereich „Jugend" mit der Hitler-Jugend (HJ) bereits relativ gut ausgebaute Verbände bzw. Parteigliederungen zur Verfügung; sie ließen sich nach dem 30. Januar 1933 mit Druck, mit Gewalt oder auch auf der Grundlage des Freiwilligkeitsprinzips relativ leicht gegen konkurrierende Organisationen der Weimarer Zeit etablieren. Demgegenüber mußten die Nazis in anderen Bereichen nach der Machtübernahme erst entsprechende Einrichtungen aufbauen wie z. B. die NS-Volkswohlfahrt für die Sozialpädagogik. In der Erwachsenenbildung gab es dagegen einen sich über Jahre hinziehenden Kompetenzenstreit über die Eingliederung von Volkshochschulen und anderen Volksbildungseinrichtungen in die Organisationen und Verbände unterschiedlicher Parteistellen, mit dem Ergebnis, daß die Neustrukturierung hier erst in der zweiten Hälfte der dreißiger Jahre zu einem gewissen Abschluß gekommen ist. Schließlich gelang es den neuen Machthabern mit dem – 1935 gegründeten – Nationalsozialistischen Deutschen Dozentenbund (NSDDB) zu keinem Zeitpunkt, an den Hochschulen richtig Fuß zu fassen. Solche Unterschiede innerhalb des Formierungsprozesses änderten freilich nichts an der Tatsache, daß die Nazis bereits bis spätestens Ende 1933 sämtliche Bereiche des Erziehungswesens fest in ihrer Gewalt und deren letzte Reste demokratischer Strukturen zerschlagen hatten.

1. Der juristisch-administrative Rahmen

Grundlage faschistischer Formierung des Bildungs- und Erziehungswesens, insbesondere von Schule und Hochschule, war eine Fülle von Gesetzen, Verordnungen und Erlassen mit repressivem, rechtsstaatliche Normen und Individualrechte weithin außer Kraft setzendem Charakter. Sie übernahmen nicht nur eine Steuerungsfunktion im Gleichschaltungsprozeß, sondern legitimierten ihn zugleich, wenn auch vielfach erst nachträglich. Sie lasteten als Zwang zu konformem Verhalten auf den für Bildung und Erziehung *Verantwortlichen* einerseits, als permanente Bedrohung auf den *Opfern* der Gleichschaltung andererseits. Teilweise sind sie von denselben Beamten erarbeitet und abgezeichnet worden, die bis dahin dem Weimarer Staat gedient hatten (vgl. Andrich/Martin 1983, S. 34).

Wie alle gesellschaftlichen Bereiche wurde auch das Bildungs- und Erziehungswesen bereits von den frühen Notverordnungen *Zum Schutz des deutschen Volkes* (4. 2. 1933) sowie – im Anschluß an den Reichstagsbrand – *Zum Schutz von Volk und Staat* (28.2.) betroffen; sie beschnitten und beseitigten wesentliche Grundrechte und verliehen der Verfolgung von Kommunisten, Kommunistinnen, Sozialisten und Sozialistinnen den Anschein von Rechtmäßigkeit. Entsprechende Auswirkungen auf die Bereiche von Bildung und Erziehung hatten in den folgenden Wochen das *Ermächtigungsgesetz* (24.3.) sowie vor allem das *Gesetz zur Wiederherstellung des Berufsbeamtentums* (7.4.).

Darüber hinaus gab es zahlreiche spezielle, ausschließlich das Bildungs- und Erziehungswesen betreffende Erlasse und Verordnungen, und zwar zunächst noch auf Länderebene. Für Preußen als dem mit Abstand größten Reichsland erschienen sie bis Ende 1934 im Zentralblatt für die gesamte Unterrichts-Verwaltung (ZBl.). Es fungierte als eine Art Mitteilungsblatt des preußischen Ministeriums für Wissenschaft, Kunst und Volksbildung für die mit dem Bildungswesen befaßten Verwaltungsstellen und enthielt die Amtlichen Mitteilungen, also Erlasse, Richtlinien, Anweisungen, den Nichtamtlichen Teil mit Besprechungen von pädagogisch relevanten Neuerscheinungen sowie Personalnachrichten aus Hochschule, Schulverwaltung und Schule. Das Zentralblatt erschien 1933 bereits im 75. Jahrgang, in der Regel jeweils am 5. und 20. eines Monats. Ab 1. 1. 1935 wurde es – der Beseitigung selbständiger Länderregierungen entsprechend – ersetzt durch das „Amtsblatt des Reichsministeriums für Wissenschaft, Erziehung und Volksbildung und der Unterrichtverwaltungen der Länder“ und trug bis einschließlich 1944 den Titel „Deutsche Wissenschaft, Erziehung und Volksbildung“.

Das Zentralblatt der Jahrgänge 1930 bis 1932 war beherrscht

von den Auswirkungen der Brüningschen Sparerlasse auf die Schule; deutlich sichtbar sind bereits – im Buchbesprechungsteil und in den Anzeigen – rassistische und imperialistische Tendenzen, die damit selbst in das Amtsorgan des preußischen Kulturressorts Eingang gefunden hatten (vgl. ZBl. 1930, S. 95 ff., 303 ff. u. ö.).

Daß mit *Adolf Grimme* (noch!) ein sozialdemokratischer Minister für das Bildungs- und Erziehungswesen verantwortlich war, wird nur gelegentlich spürbar, z. B. im März 1932, als Grimme im Zentralblatt anläßlich von Goethes 100. Todestag am 22. 3. 1932 an dessen völkerversöhnende Wirksamkeit erinnerte (ZBl. 1932, S. 89). Bereits wenige Monate später wurden im Zuge des Staatsstreichs gegen Preußen am 20. Juli 1932 Grimme wie die anderen Sozialdemokraten der damals geschäftsführenden preußischen Landesregierung unter Otto Braun widerrechtlich abgesetzt und wurde unter dem Reichskommissar Papen ein autoritäres Regime in Preußen errichtet.

Die erste, den Bildungssektor berührende Maßnahme des im Auftrage Papens das Kultusministerium leitenden Kommissars betraf die *Aufhebung eines Beschlusses* der preußischen Landesregierung vom Juni 1930, *der die Mitgliedschaft in der NSDAP mit dem Beamtenstatus für unvereinbar erklärt hatte* (ebd., S. 222); es folgte eine entsprechende Regelung in bezug auf die Zugehörigkeit von Schülerinnen und Schülern zu Jugendorganisationen der NSDAP (ebd., S. 254) sowie ein Erlaß, der die *Aufhebung von Schulstrafen wegen einer vorangegangenen Mitgliedschaft von Schülern in einer nationalsozialistischen Schülervereinigung* anordnete (ebd., S. 310). Damit waren die NSDAP und ihre Untergliederungen Ende 1932 – trotz ihres eindeutig verfassungsfeindlichen Charakters – in preußischen Schulen rehabilitiert; in anderen Ländern hatten die Verbote teilweise nie bestanden.

Ab Januar 1933 machten sich die dem Staatsstreich gegen Preußen vom Juli 1932 folgenden Maßnahmen im Zentralblatt stärker bemerkbar und gingen dann reibungslos in die der nationalsozialistisch-konservativen Hitler-Papen-Regierung über. Vom 31. Januar 1933, einem Tag nach der Machteinsetzung Hitlers und noch vor der Ernennung Bernhard Rusts zum Stellvertreter Papens im preußischen Kultusministerium (6. 2. 1933), datiert ein Erlaß zum Thema *Schulzucht* (ZBl. 1933, S. 60 f.). Darin wird insbesondere das 1928 den Lehrern und Lehrerinnen in Preußen auferlegte

Verbot körperlicher Züchtigung als Einengung abgelehnt. Selbst die „pädagogisch unrichtige Anwendung der Züchtigungsstrafe" sollte ungeahndet bleiben, weil solche Ahndungen die Autorität von Lehrern und Lehrerinnen in Frage stellen könnten (ebd., S. 61).

Als dieser Erlaß Anfang März im Heft 5 des Zentralblattes erschien, folgte ihm im selben Heft eine am 25. 2. 1933 – bereits von Rust unterzeichnete – *„Anordnung"*, welche die erwähnten *weltlichen bzw. Sammelschulen* mit religiös nicht gebundenem Lebenskundeunterricht und tendenziell demokratisch-sozialistischer Ausrichtung betraf. Sie sollten zum kommenden Schuljahr „jahrgangsweise" auslaufen, keine neuen Schüler und Schülerinnen mehr aufnehmen, d.h. im Klartext: aufgelöst werden (ebd., S. 65).

Heft 6 des Zentralblattes enthielt eine am 17.3.1933 beschlossene *Vereinbarung der Länder zur Verminderung des Andrangs zum Hochschulstudium.* Sie hielt sich noch ganz an das Schema zur Drosselung der Absolventenzahlen höherer Schulen aus den frühen dreißiger Jahren, wobei vor allem die zusätzliche Prüfung jedes einzelnen Abiturienten auf seine Eignung für ein Hochschulstudium nach den Kriterien „menschliche und geistige Anlagen" bzw. „Neigungen und Leistungen" beschlossen wurde, ohne damit ein Studium ohne Eignungsfeststellung ganz auszuschließen (ebd., S. 77 f.).

Die neue Qualität nationalsozialistischer Maßnahmen zeigt erst das einen Monat später und reichsweit verabschiedete *Gesetz gegen die Überfüllung deutscher Schulen und Hochschulen* vom 25. April 1933, dessen § 4 als neues Kriterium für den Zugang sowohl zu weiterführenden Schulen als auch zum Hochschulstudium die Rassenzugehörigkeit festlegte:

„Bei den Neuaufnahmen" (in alle Schulen außer den Pflicht-, d. h. den Volksschulen sowie in die Hochschulen) „ist darauf zu achten, daß die Zahl der Reichsdeutschen, die ... nichtarischer Abstammung sind, unter der Gesamtheit der Besucher jeder Schule und jeder Fakultät den Anteil der Nichtarier an der reichsdeutschen Bevölkerung nicht übersteigt ...
Bei Herabsetzung der Zahl der Schüler und Studenten ... (in denjenigen Schularten und Fakultäten, deren Besucherzahl in einem besonders starken Mißverhältnis zum Bedarf der Berufe steht) ist ebenfalls ein angemessenes Verhältnis zwischen der Gesamtheit der Besucher und der Zahl der Nichtarier herzustellen" (ebd., S. 128).

Analog zum „Gesetz zur Wiederherstellung des Berufsbeamtentums" vom 7. April 1933 (s. u.) galt als „nicht-arisch",

„wer von nicht arischen, insbesondere jüdischen Eltern oder Großeltern abstammt. Es genügt, wenn ein Elternteil oder ein Großelternteil nicht arisch ist. Dies ist insbesondere dann anzunehmen, wenn ein Elternteil oder ein Großelternteil der jüdischen Religion angehört hat" (Erste Verordnung zur Durchführung des GWBB v. 11.4.1933, RGBl. 1933, I, S. 195).

Das April-Gesetz ließ *noch* Ausnahmen von der Nichtzulassung für solche „Reichsdeutschen nicht-arischer Abstammung" zu, „deren Väter im Weltkriege an der Front für das Deutsche Reich oder für seine Verbündeten gekämpft" hatten, ebenfalls für Abkömmlinge aus „vor dem Inkrafttreten dieses Gesetzes" geschlossenen Ehen, „wenn ein Elternteil oder zwei Großeltern arischer Abkunft" waren (ebd., S. 128), eine Klausel, die einem relativ großen Kreis von Kindern zunächst de jure noch Sicherheit bot.

Dieses Gesetz bedeutete den Beginn eines Weges, auf dem in den folgenden Jahren Schritt für Schritt Juden und andere gesellschaftliche Gruppen zunächst in ihren Rechten und Möglichkeiten eingeschränkt, dann ausgegrenzt, verfolgt, vertrieben und schließlich systematisch ermordet wurden. Angesichts des relativ hohen Anteils der jüdischen Bevölkerung an bürgerlichen Berufen und ihres – damit zusammenhängenden – relativ hohen, den Reichsdurchschnitt vielfach weit übersteigenden Bevölkerungsanteils in den Städten, insbesondere in Berlin, mußte dort schon bald die Mehrzahl jüdischer Jugendlicher, die ihren Fähigkeiten entsprechend eine höhere Schule oder Hochschule hätten besuchen können, darauf verzichten; Ausweichmöglichkeiten bestanden kaum; gab es doch 1933 „im gesamten Reichsgebiet ... lediglich zehn höhere jüdische Schulen", von denen nur fünf die „Berechtigung zur Abiturprüfung" besaßen (Benz 1988, S. 331).[2]

Dem rassistischen Ansatz zur Beseitigung der sog. „Überfüllungskrise" weiterführender Bildungseinrichtungen waren bereits am 7.4. das *Gesetz zur Wiederherstellung des Berufsbeamtentums* und am 12.4. die *preußische Studentenrechtsverordnung* mit entsprechenden Arierparagraphen vorangegangenen. Letztere Verordnung zwang alle Studierenden, „bei der Immatrikulation ... eine nach bestem Wissen und Gewissen verfaßte ehrenwörtliche Erklärung darüber abzugeben, ob ... Eltern und Großeltern deutscher Abstammung" waren. Anderenfalls blieben sie korporationsrechtlich von der Studentenschaft ausgeschlossen, sollte diese doch von den „voll eingeschriebenen Studenten deutscher Abstammung und Muttersprache“ gebildet werden (ZBl. 1933, S. 118). Es folgten der Ausschluß jüdischer Schulamtsbewerber und -bewerberinnen (= Referendare) von Fortbildungszuschußzahlungen (28.4., ebd., S. 127f.), die Nichtzulassung jüdischer Bewerber und Bewerberinnen zur Reifeprüfung als Nicht-Schüler/Schülerinnen (5. 9. 1933, ebd., S. 232f.), womit ihnen auch eine Umgehung der aus dem April-Gesetz resultierenden Beschränkungen in Form einer privaten Vorbereitung auf die Reifeprüfung unmöglich gemacht wurde, usf. Parallel dazu vollzog sich die freiwillige Aufnahme entsprechender „Reinigungs“paragraphen in die Satzungen der Lehrerverbände wie z. B. der Landesverbände des Deutschen Lehrervereins (April/Mai 1933), und zwar noch vor deren Überführung in den Nationalsozialistischen Lehrerbund (vgl. Bölling 1978, S. 222f.). Ziel solcher Maßnahmen war ganz offensichtlich längst nicht mehr nur – wie bisher – die Lösung sog. Überfüllungskrisen und wirtschaftlicher Zwangslagen, sondern die konsequente und rücksichtslose Umsetzung des nationalsozialistischen Konzepts einer „reinrassigen Volksgemeinschaft“.

Dies verdeutlicht vor allem das bereits erwähnte *Gesetz* mit der propagandistischen Bezeichnung *zur Wiederherstellung des Berufsbeamtentums (GWBB)*, das übrigens vom deutschnationalen Koalitionspartner der Hitler-Papen-Regierung vom 30.1. 1933 mitgetragen worden ist und somit „ein Stück nationalsozialistisch-deutschnationaler Koalitionspolitik“ darstellte (Graml 1988, S. 121). Wie alle anderen Gesetze des faschistischen deutschen Staates wurde es dank der Vollmacht des „Ermächtigungsgesetzes“ vom 23. 3. 1933 von der Reichsregierung allein verabschiedet. Vorangegangen waren im März 1933 „Anordnungen der Länderverwaltungen“, die mit dem GWBB vereinheitlicht wurden (vgl. Eilers 1963, S. 69f.).

Die Bedeutung des GWBB geht schon daraus hervor, daß es zwischen 1933 und 1935 zahlreiche Ergänzungen, Erweiterungen und Konkretisierungen im Rahmen von Durchführungsverordnungen und Gesetzesänderungen erfuhr. Die mit seiner Umsetzung verbundenen Verfahrensweisen, aber auch Einsprüche, Beschwerden und Gnadengesuche standen im Mittelpunkt ausgedehnter Verhandlungen und Schriftwechsel des Reiches wie der Länder. Der Zeitraum zur Durchführung des Gesetzes mußte zweimal verlängert werden und zog sich schließlich bis 1936 hin (vgl. Bittner 1987).

Der als eine Art Präambel fungierende § 1 des GWBB (RGBl. 1933, I, S. 175 ff.) nennt als zentrale Motive der in den folgenden Paragraphen aufgeführten Maßnahmen „Wiederherstellung eines nationalen Berufsbeamtentums" und „Vereinfachung der Verwaltung". Mit ersterem Motiv sprach es „die traditionelle Beamtenschaft in ihrem ‚überparteilichen' ständischen Selbstverständnis" an und suchte sie so „zur Mitarbeit im ‚nationalen' Staat zu gewinnen"; das Argument „Vereinfachung der Verwaltung" war bereits von den Brüningschen Sparerlassen her bekannt (Thamer 1986, S. 294).

Die Paragraphen 2 bis 4 verdeutlichen in besonderer Weise den *Bruch* mit rechtsstaatlichen Kategorien, sollten doch danach ganze Beamtengruppen aufgrund nur vage formulierter und beliebig interpretierbarer *politischer* wie *rassistischer Kriterien* aus dem Amt entlassen werden können, und zwar – wie § 1 ausdrücklich betont – selbst dann, „wenn die nach dem geltenden Recht hierfür erforderlichen Voraussetzungen nicht" vorlagen:

– § 2 betraf „Beamte, die seit dem 9. November 1918 in das Beamtenverhältnis eingetreten" waren, „ohne die für ihre Laufbahn vorgeschriebene oder übliche Vorbildung oder sonstige Eignung zu besitzen". Wer damit vor allem gemeint war, verdeutlicht die „Erste Durchführungsverordnung" zu diesem Paragraphen vom 11. 4. 1933 (RGBl. 1933, I, S. 195): „Ungeeignet sind alle Beamten, die der Kommunistischen Partei oder kommunistischen Hilfs- oder Ersatzorganisationen angehören."

Ab der „Dritten Durchführungsverordnung" vom 6. 5. 1933 (ebd., S. 245) reichte es dann bereits, „sich im kommunistischen Sinne betätigt" zu haben. Die besondere Erfassung von Kommunisten im Zusammenhang mit Eignungskriterien läßt darauf schließen, daß man sie als Beamte – Traditionen des Kaiserreiches wie auch Weimars folgend – für grundsätzlich nicht geeignet hielt (vgl. Bittner 1987, S. 171).

– § 3 erfaßte „Beamte, die nicht-arischer Abstammung" waren, wobei entsprechende Ausnahmeregelungen wie beim „Gesetz gegen die Überfüllung von Schulen und Hochschulen" galten.

– Nach § 4 sollten Beamte entlassen werden, „die nach ihrer bisherigen politischen Betätigung nicht die Gewähr dafür" boten, „daß sie jederzeit rückhaltlos für den nationalen Staat" eintraten. Darunter fielen aufgrund der Ersten Durchführungsverordnung Mitglieder des Reichsbanners Schwarz-Rot-Gold, einer von den Parteien der Weimarer Koalition (SPD, DDP und Zentrum) getragenen Selbstschutzorganisation; des Republikanischen Richterbundes und der (pazifistischen) Liga für Menschenrechte; später sogar bürgerliche Parteien wie das Zentrum, was die willkürlichen Interpretationsmöglichkeiten verdeutlicht (vgl. ebd., S. 175 ff.).

– Die §§ 5 und 6 schienen mit politischen und rassistischen Ausschließungskriterien nichts zu tun zu haben, sondern ganz auf die damalige Notsituation eingestellt zu sein: „Jeder Beamte" mußte nach § 5 „die Versetzung in ein anderes Amt derselben oder einer gleichwertigen Laufbahn, auch in ein solches von geringerem Rang und planmäßigem Diensteinkommen" hinnehmen, „wenn es das dienstliche Bedürfnis" erforderte; sich nach § 6 auch – im Interesse einer Vereinfachung der Verwaltung – „in den Ruhestand" versetzen lassen, selbst wenn er „noch nicht dienstunfähig" war. Tatsächlich sind auch diese beiden Paragraphen dazu benutzt worden, Versetzung und Degradierung politisch mißliebiger Beamte zu legitimieren (s. u.).

Vor allem solche Beliebigkeit der Auslegung wie die fehlende Möglichkeit einer unabhängigen richterlichen Überprüfung charakterisieren das totalitäre Wesen faschistischer Herrschaft. So verkündete bereits § 7 des GWBB unmißverständlich, daß Entlassung und Versetzung „endgültig unter Ausschluß des Rechtsweges" durch die oberste Dienstbehörde vorgenommen werden sollten. Mit der „Aufhebung der Beamtenvertretungen" am 20. 5. (ZBl. 1933, S. 167) entfiel dann auch der Schutz des einzelnen Beamten durch Vertreter des eigenen Vertrauens, schließlich mit dem Verbot der Einsichtnahme in die eigene Personalakte vom April 1934 (ZBl. 1934, S. 192) die Gelegenheit, sich über Hintergründe von Versetzung und Entlassung wenigstens zu informieren.

Ganz offensichtlich haben Beamte trotzdem wiederholt versucht, „eine Nachprüfung der gegen sie aufgrund des GWBB getroffenen Entscheidung dadurch zu erreichen, daß sie gegen die wirklichen und vermeintlichen Urheber der Maßnahme Strafanzeige wegen wissentlich falscher Anschuldigung oder Verleumdung erstattet oder Privatklage wegen Beleidigung oder übler Nachrede erhoben haben" (BA Potsdam 49.01 REM/152, Bl. 289). Gegen derartige Einsprüche ließ der Reichsminister der Justiz am 12. 2. 1935 noch einmal auf dem Wege einer „Rundverfügung" unmißverständlich feststellen, daß „eine solche Nachprüfung im Wege des gerichtlichen Strafverfahrens ... nicht nur grundsätzlich unerwünscht“ sei, sondern auch dem Sinn des GWBB widerspreche (ebd.).

Mit dem Gesetz intendierten die Nazis die politische wie die rassistische „Säuberung“; Vorrang hatte allerdings zunächst die politische. Von dem Gesetz betroffen waren in erster Linie Funktionsstelleninhaber. Dazu gehörten – bereits vor dem April 1933 – sämtliche Kultusminister, sofern sie nicht – wie in Braunschweig und Oldenburg – schon vor dem 30. Januar 1933 ausgewechselt worden waren; weiterhin die überwiegende Mehrheit, in einigen Ländern sämtliche der ihnen unterstellten Staatssekretäre, Ministerialdirektoren und Ministerialräte; darüber hinaus – auf Preußen bezogen – etwa die Hälfte der bei den Provinzialschulkollegien beschäftigten Oberschulräte sowie 16 Prozent der Schulleiter und -leiterinnen höherer Schulen, wobei als Maßnahmen Entlassung, Versetzung und Degradierung in Frage kamen. In Preußen fielen die „Säuberungs“-aktionen – ähnlich wie in Sachsen und in Hamburg – besonders „gründlich“ aus (vgl. Eilers 1963, S. 66 ff.).[3] Im übrigen bot das Gesetz nicht nur die Möglichkeit, politisch nicht-loyal erscheinende Beamte zu entlassen, sondern zugleich verdiente „Kämpfer“ mit Stellen zu versehen und sie damit noch fester an das System zu binden.

Über die Durchführung des GWBB in der Lehrerschaft höherer Schulen besitzen wir genauere Informationen für die stark katholisch geprägte preußische Rheinprovinz, wenn auch nur auf der Grundlage etwa eines Drittels der erhaltenen Personalbögen (Bittner 1987). Offensichtlich lag hier die Zahl der entlassenen, versetzten oder degradierten Schulleiter relativ hoch (26%), wobei – wie in anderen katholischen Regionen – Zentrumsmitglieder die größte Gruppe von Betroffenen stellten. In der überwiegenden Mehrzahl der Fälle wurden sie „nur“ nach § 5 versetzt und degradiert, nicht – wie nahezu sämtliche Sozialdemokraten – nach § 4 entlassen. Umgekehrt wechselte etwa die Hälfte der vierzig (aus den erhaltenen Akten bekannten) Zentrumsdirektoren 1933 umgehend zur NSDAP über. Allein von Mitte 1933 bis Anfang 1934 wurden 98 Denunziationen bekannt, wobei „in 94 Fällen ... die Denunziation zur Anwendung des GWBB ... führte. Als Denunzianten traten zu 30% HJ-Schüler auf, zu 20% einzelne Parteigenossen wie Eltern, Geldsammler, Abonnementswerber usw., zu 25% Parteigenossen aus den Lehrerkollegien, in der Mehrzahl Direktoren, und zu 25% der Ortsgruppenleiter der NSDAP, der in weiteren 25% aller Fälle als zusätzlicher Denunziant fungierte" (ebd., S. 171).

Die Bedeutung des GWBB beruhte zweifellos nicht nur auf seinen Konsequenzen für die unmittelbar und sofort von ihm Betroffenen, sondern mindestens im gleichen Maße darauf, daß ein sehr großer Personenkreis dadurch eingeschüchtert wurde. Dies um so mehr, als parallel zum GWBB im Frühjahr und Sommer 1933 eine Vielzahl von Erlassen und Verordnungen die Gegner des Systems, deren Einrichtungen sowie rechtliche Sicherungen beeinträchtigten, behinderten und ausschalteten: z.B. durch die *Auswechslung kommunistischer und sozialistischer Elternvertreter und -vertreterinnen* durch „Kandidaten geeigneter Listen" (3.5., ZBl. 1933, S. 137); das *Verbot*, „Dienstgebäude mit *Bildern* und *Büsten*" „von Persönlichkeiten" auszuschmücken, die am „Novembersturz 1918 beteiligt" waren (9.5., ebd., S. 150), oder die *Abschaffung der Verfassungsfeiern* (15.7., ebd., S. 196).

Im Gegensatz dazu schuf man den Anhängern der Nazis die notwendigen Freiräume, z.B. durch die Anordnung von *Schulfrei* bzw. durch die Verpflichtung zur Durchführung von *Schulfeiern* am „Tag von Potsdam" (21.3.), zu Hitlers Geburtstag (20.4.), zum „Tag der nationalen Arbeit" (1.5.) (alle Belege für Hamburg, vgl. Lehberger 1986, S. 16ff.) oder zum Muttertag (Erlaß v. 12.5., ZBl. 1933, S. 141f.). Dazu ergingen jeweils dem Anlaß entsprechende Präzisierungen und Auflagen, beispielsweise im letzteren Falle, auf die Bedeutung des Muttertages für „Familienleben" und „Volksgemeinschaft" hinzuweisen. Der Nazifizierung des Schulwesens dienten ebenso die *Aufhebung aller Schulstrafen wegen Handlungen aus nationalen Beweggründen* „seit dem 1. Januar 1925" (20.4, ebd., S. 122), die *Erlaubnis zum Tragen von Abzeichen* der nationalen Vereine und Verbände in der Schule sowie zur Bekanntmachung von deren Werbeschriften am Schwarzen Brett (29.4., ebd., S. 136f.); weiterhin die Empfehlung zur *Unterstützung* des bereits in der Weimarer Zeit aktiven, tendenziell antirepublikanischen *Vereins für das Deutschtum im Ausland* (5.9., ebd., S. 139f.), vor allem aber die *Einführung des Hitlergrußes*, mit dem die „Verbundenheit des ganzen deutschen Volkes mit seinem Führer auch nach außen hin klar in Erscheinung treten" sollte (22.7., ebd., S. 203f.).

Interessanterweise spiegeln die Erlasse dieser Monate ein hohes

Maß von Opportunismus an der Basis. So waren, wie das Zentralblatt am 8.5. feststellte, „einzelne Leiter höherer Lehranstalten bereits – rechtswidrig (W.K.) – dazu übergegangen, Schüler nichtarischer Abstammung und zum Teil auch Angehörige ausländischer Staaten vom Besuche der höheren Lehranstalt auszuschließen", und mußten vom Nazi-Minister Rust in die Schranken des „Gesetzes gegen die Überfüllung deutscher Schulen und Hochschulen" vom 25.4.1933 verwiesen werden (ebd., S.138f.). Auch scheinen sich die Anträge auf Umbenennung von Schulen in Adolf-Hitler-Schulen derart gehäuft zu haben, daß das Ministerium sich veranlaßt sah, im Zentralblatt darauf hinzuweisen, daß die Namensgebung „Adolf-Hitler-Schule" nur dann vorgenommen werden sollte, wenn ganz besondere Verhältnisse eine solche Namensgebung rechtfertigten (ebd., S.195).

Ging es bei den aufgeführten Erlassen zur Nazifizierung des Erziehungswesens zunächst um – auf den ersten Blick – äußerliche bzw. randständige Bereiche von Schule und Schulleben, so folgten bald Gesetze und Erlasse zu den schulischen Inhalten. Davon betroffen waren zum einen die sog. gesinnungsbildenden Schulfächer, besonders der Geschichtsunterricht, zum anderen die für Vererbungslehre und Rassenkunde primär zuständige Biologie, wobei die Initiative bis 1937 bei den Länderkultusministerien lag (vgl. Eilers 1963, S.13f., Anm. 74) – erst danach erschienen bis 1939 reichseinheitlich für alle Schultypen neue Richtlinien. Der Koordination zwischen den Länderregierungen dienten in dieser Anfangsphase vor allem zentrale Konferenzen wie etwa die vom 9. Mai 1933, auf der der damalige Reichsinnenminister Frick über die „deutsche Schule und ihre Erziehungsaufgabe" nach der „nationalen Revolution" sprach und dabei auch auf Geschichtsunterricht und Rassenkunde einging (vgl. Gamm 1984, S.73ff.).

Bei den Erlassen zum Geschichtsunterricht handelte es sich entweder – wie bei den preußischen *Richtlinien für die Geschichtslehrbücher* vom 20.7.1933 (ZBl. 1933, S.197ff.) – um Gesamtkonzepte für eine neue Betrachtungsweise und Strukturierung des Stoffes nach Gesichtspunkten der NS-Ideologie oder aber – wie in Hamburg – um spezifisch aktuelle Curricula, mit denen der „normale" Geschichtsdurchgang unterbrochen werden sollte: z.B. zu Themen wie „Entstehung und Verlauf des Weltkrieges", „Deutschlands Zusammenbruch in der Nachkriegszeit" und vor allem

„Deutschland erwachte: Lichtblicke in trüber Zeit, Nationalsozialismus, Zum Aufbruch der Nation" – letzteres mit detaillierten Anweisungen (Lehberger 1986, S. 18 ff.).

Für die Bereiche *Vererbungslehre und Rassenkunde* erhielt der preußische Erlaß vom 13. 9. 1933 (ZBl. 1933, S. 244) richtungweisende Bedeutung, wurde er doch im Januar 1935 auf das ganze Reich ausgedehnt. Danach sollten Vererbungslehre, Rassenkunde, Rassenhygiene, Familienkunde und Bevölkerungspolitik unverzüglich in den Abschlußklassen sämtlicher Schulen in Angriff genommen und pflichtmäßiges Prüfungsgebiet in sämtlichen Abschlußprüfungen werden. Ganz der skizzierten Diskussion in Weimar entsprechend empfahl der Erlaß darüber hinausgehend, „auch die übrigen Fächer, besonders Deutsch, Geschichte, Erdkunde, in den Dienst dieser Aufgabe (der rassistischen Erziehung, W. K.) zu stellen" (ebd.) und dementsprechend mit der Biologie zusammenzuarbeiten. Zu diesem Zeitpunkt hatte bereits das in großer Eile am 14. 7. 1933 beschlossene, den individuellen Rechtsschutz mit höchst fragwürdigen Formulierungen stark einschränkende *Gesetz zur Verhütung erbkranken Nachwuchses* (GzVeN) Gültigkeit, das dem Staat das Recht zur Sterilisation von Personengruppen gab, von denen „nach den Erfahrungen der ärztlichen Wissenschaft mit großer Wahrscheinlichkeit zu erwarten (war), daß (ihre) Nachkommen an schweren körperlichen oder geistigen Erbschäden leiden werden" (zit. n. Gütt u. a. 1936, S. 73; vgl. Kap. III.5).

Sowohl die „Richtlinien für die Geschichtslehrbücher" als auch der Rassenkunde-Erlaß fanden im Zentralblatt ihre Konkretisierung in einer Vielzahl entsprechender Buchempfehlungen sowie von Verzeichnissen „der für die Einstellung in Schulbüchereien geeigneten Bücher" (ZBl. 1933, S. 306 ff.). Gleichzeitig enthielt fast jedes Heft lange Namenlisten der nach dem GWBB entlassenen Oberschulräte und -rätinnen, Schulleiter und -leiterinnen wie anderer Betroffener. Sie erinnerten die in ihren Ämtern Verbliebenen vierzehntägig daran, wer die Opfer der „nationalen Revolution" waren und welchen Preis diese damit hatte.

Die Gleichschaltung des Erziehungs- und Bildungswesens kam mit dem *Gesetz über den Neuaufbau des Reichs* vom 30. 1. 1934 und der mit ihm eingeleiteten Zentralisierung der Administration zu einem gewissen Abschluß. Ihr folgte die *Einrichtung des Reichsmi-*

nisteriums für Wissenschaft, Erziehung und Volksbildung (REM) zum 1.5.1934 sowie die Vereinigung des preußischen mit dem REM zum 1.1.1935; danach fungierten die außerpreußischen Kultusministerien nur noch als nachgeordnete Verwaltungsbehörden (vgl. Eilers 1963, S.54ff.).

Personell gab es an der Spitze 1933 bis 1945 keinen Wechsel mehr. Zentraler Repräsentant der NS-Erziehungspolitik war der in der Weimarer Zeit als Studienrat in Lüneburg und Hannover tätige, seit 1925 mit der Gauleitung der NSDAP für den Raum Hannover-Braunschweig beauftragte und 1930 zum Mitglied des Reichstages gewählte *Bernhard Rust* (1883–1945). Ihm wurde bereits am 6. 2. 1933 die Geschäftsführung des preußischen Kultusministeriums übertragen, zum 1. 5. 1934 erfolgte seine Ernennung zum Reichs- und preußischen Minister für Wissenschaft, Erziehung und Volksbildung; dieses Amt behielt er bis zu seinem Selbstmord im April 1945 (vgl. zur Person und Amtsführung: Eilers 1963, S.112ff.; vgl. auch Bd. II).

2. Die Nazifizierung des Schulwesens

Bekanntlich haben Hitler und die Mehrzahl der NS-Parteiideologen der Schule keinen allzu hohen Erziehungswert beigemessen, dafür um so mehr den parteiinternen Organisationen wie HJ, SA und SS, später auch Landjahr und Reichsarbeitsdienst. Bezeichnenderweise kommt die Schule in der zitierten Reichenberger Rede Hitlers, in der die NS-spezifische Sozialisation des zukünftigen Deutschen von der HJ bis zur Wehrmacht und zu den Verbänden der SA und SS skizziert wird, nicht einmal vor (vgl. Kap. I). Trotzdem herrschte lange vor 1933 kein Zweifel darüber, daß die Nazis im Falle einer Regierungsübernahme das Weimarer Schulwesen in seiner Substanz verändern und nachhaltigen Eingriffen unterziehen würden. Die Grundsätze dafür finden sich bereits in „Mein Kampf" (S.464f.); vermutlich sind sie durch Hitlers eigene negative Schulerfahrungen mitgeprägt worden. Sie zielten – wie dargestellt – auf die Reduktion der intellektuellen und wissenschaftlichen Bildung zugunsten der Willens- und Charaktererziehung sowie der körperlichen Ertüchtigung, darüber hinaus auf völkisch-rassistische Indoktrination. Alle demokratischen und liberalen Elemente wurden dagegen völlig abgewertet; sie galten als „undeutsch“ und „volksfeindlich“, ihre Verfechter als „Marxisten“, „Materialisten“, „Pazifisten“ und „geistige Päderasten“.

Für ein Verständnis der Nazifizierung des Schulwesens wird man sich das *Nebeneinander* einerseits von *Terror und Gewalt*, insbesondere gegen die demokratischen Reformschulen und ihre Repräsentanten, andererseits der fast *reibungslosen Gleichschaltung* der Normalschule und ihrer Lehrerschaft verdeutlichen müssen. Zum Zwecke der Analyse scheint es indessen sinnvoll, die verschiedenen Ebenen und Elemente dieses Prozesses *nacheinander* zu betrachten. Im Mittelpunkt des folgenden Überblicks steht dabei zunächst die Formierung des äußeren wie inneren Schulbetriebs. Es folgen Beispiele für die Gewaltakte der Nazis gegen die Hochburgen demokratischer Schulreform. Im Anschluß daran wird erläutert, was Entlassung, Verfolgung und Vertreibung für die Betroffenen bedeutet, ebenso das Verhalten der breiten Mehrheit der Lehrerschaft analysiert, die Haltung der Lehrerverbände skizziert und nicht zuletzt nach Formen von Distanz, Opposition und Widerstand gefragt, und zwar sowohl auf Lehrer- als auch auf Schülerseite. Schließlich geht es um die Rolle jener Modellschulen, die zumeist allein schon aufgrund ihres reformpädagogischen Charakters als widerständig gelten, in Wirklichkeit aber von den Nazis sehr oft – wenigstens eine Zeitlang, teilweise bis 1945 – toleriert oder gefördert worden sind.

a) Formierung des äußeren und inneren Schulbetriebs

Die Formierung des äußeren und inneren Schulbetriebs hat sehr viel früher begonnen, als aus Erlaß- und Gesetzessammlungen ablesbar ist. „Bereits wenige Tage nach der Machtübernahme wurde in den Hauptfluren der Kölner Schulen der ‚Aufruf der Regierung an das deutsche Volk‘ vom 1. Februar 1933 ausgehängt und die ‚Ehrerbietung‘ gegenüber der neuen Regierung verlangt“ (Machtergreifung und Gleichschaltung 1991, Mappe 1, Kommentar). Der „Aufruf“ vom 1. Februar läßt keinen Zweifel daran, gegen wen sich die „neue Regierung“ wandte, nämlich gegen die Weimarer Demokratie und vor allem gegen die Arbeiterparteien. Im Kölner Drei-Königs-Gymnasium wurde der öffentliche Aushang des „Aufrufs“ am

3. Februar durch folgenden Rundlauf des Direktors bekanntgemacht:

„Gemäß Verfügung des Provinzial-Schul-Kollegiums ist im Hauptflur ein Abdruck des Aufrufs der Regierung an das deutsche Volk (v. 1. Febr. 1933) zur Kenntnisnahme ausgehängt.
Ich erwarte, daß die Schüler *ohne Ausnahme* sich der schuldigen Ehrerbietung gegen die Staatsregierung bewußt bleiben.
Ich erwarte ferner, daß jede Handlung und jede Äußerung vermieden wird, die den Schulfrieden und die Kameradschaft stören könnte" (ebd., Dok. 1.1).

Wenige Tage später am 5. Februar 1933 verfügten die Stadtschulräte, „es solle darauf geachtet werden, ob ‚linksradikale Kreise' einen Schulstreik entfachen wollten" (ebd., Kommentar). Anordnungen und Verfügungen dieser Art dienten wie die Entlassung, Zwangsversetzung und Verfolgung der als politisch unzuverlässig eingestuften Schulleiter und Lehrer der *Machtsicherung* des neuen Systems.

Mindestens ebenso wichtig für die Gleichschaltung und damit die Nazifizierung der Schule war die *emotionale Formierung* von Schüler- und Lehrerschaft auf den neuen Staat hin. Dies geschah durch Verankerung von *Symbolen* (Hakenkreuz, Fahnen, Hitler-Bilder), von *Ritualen* (Hitler-Gruß, Fahnenappelle), von *Sprachregelungen* („unser Führer", „unsere Volksgemeinschaft"), vor allem durch Integration von *NS-Feiern* und *-Gedenkstunden* in den Schulalltag. Es entwickelte sich schnell ein „kanonischer Feierkalender" mit einem festen Gerüst regelmäßig wiederkehrender nationalsozialistischer Feiertage, der die jungen Menschen wie die gesamte Bevölkerung „im Rhythmus des Jahreslaufs ständig an die Präsenz der nationalsozialistischen Ideologie" erinnern „und ihrem Herrschaftsanspruch" unterwerfen sollte (Vondung, zit. n. W. Müller 1986, S. 35).

Bereits in den Monaten März, Mai und Juni 1933 reihte sich – wie erwähnt – ein Anlaß zum Feiern und Gedenken an den nächsten (im April lagen die Osterferien). Dabei bezog sich nur ein Teil der Schulfeiern auf NS-spezifische Anlässe, ein anderer nahm bewußt Traditionen unterschiedlichster Art und Herkunft auf und überformte sie im nazistischen Sinne. Dies gilt für 1. Mai und Muttertag, für den zum Gedenken an die Toten des Ersten Weltkrieges am Frühjahrs-Sonntag Reminiscere eingerichteten „Volkstrauertag", der ab 1934 „Heldengedenktag" hieß, für den Erntedanktag, der mit der Blut-und-Boden-Ideologie durchdrungen wurde, nicht zuletzt für religiöse Feiertage wie den Reformationstag und die Gedenkfeiern zum 450. Geburtstag Martin Luthers im November 1933. Zum Beispiel wurden „die oldenburgischen Schulen ... angewiesen, für die (zu diesen Anlässen, W.K.) durchzuführenden Feiern besondere Akzente zu setzen" und das Lied „Wach' auf, wach' auf, du deutsches Land, du hast genug geschlafen" einzuüben, das sich auf die unmittelbare Gegenwart des Jahres 1933 beziehen ließ, wenn es darin hieß: „Bedenk', was Gott an Dich gewandt, wozu er Dich erschaffen. Bedenk', was Gott Dir hat gesandt und Dir vertraut sein höchstes Pfand; drum magst Du wohl aufwachen" (Klattenhoff/Wißmann 1987, S. 385 ff.). Solche Uminterpretation kirchlicher Tradition war nur möglich, weil sich die protestantische noch stärker als die katholische Kirche, insbesondere mit ihrer Bewegung der „Deutschen Christen", der – als gottgegeben verstandenen – faschistischen Führung unterworfen hatte, und zwar aufgrund breiter Gemeinsamkeiten sowohl der völkisch-nationalen Weltanschauung als auch der strikten Ablehnung von Demokratie, Sozialismus und liberalem Vernunftdenken (ebd., S. 418 ff.; vgl. Denzler/Fabricius 1984).

Anders als bei den Weimarer Verfassungsfeiern, die einer rationalen politischen Bildung dienen sollten, stand im Mittelpunkt der NS-Feiern und -Gedenkstunden das innere Erleben der NS-Ideologie als Mittel zur NS-Gesinnungsbildung. Dabei spielte es gar keine Rolle, ob z. B. die „kleineren Schüler der Unterklassen öfters mancherlei vom Wort dieser Feiern noch nicht verstehen" konnten, wichtig war vielmehr, daß „die große Form, das Besondere der Haltung, ... der Klang, das Wehen der Fahnen, der Aufmarsch, das gemeinsame Lied" in der Erinnerung haften blieben (zit. n. Rossmeissl 1985, S. 91 f.; vgl. Müller 1986, S. 34). Auf diesem Wege sollten die jungen Menschen für den neuen Staat begeistert werden, an ihn glauben und ihm bedingungslos bis zum Tod dienen. Dazu bedurfte es entsprechender Arrangements und Inszenierungen, für die es schon früh detaillierte Anleitungen und Verordnungen gab, die bis zur Aufzeichnung von Formationen im Rahmen von Aufmärschen und Aufstellungen wie zum Abdruck geeigneter Sprechchortexte reichten (ebd.).

Eine wichtige Funktion bei der Nazifizierung des Schulwesens wie der gesamten Gesellschaft übernahmen die neuen Medien *Rundfunk* und *Film*. In nahezu sämtlichen überlieferten Schulchroniken werden bereits für das Jahr 1933 mehrfach gemeinsamer Rundfunkempfang bzw. Filmvorführungen für die gesamte Schule oder für einzelne Klassen festgehalten (vgl. z.B. Weber 1990, S.209). Ähnlich wie Feier und Gedenkveranstaltung waren auch sie auf das Gemeinschaftserlebnis hin angelegt; sie besaßen den Vorteil, daß ihre Botschaft an keinerlei Zwischeninstanz wie Lehrer und Lehrerin gebunden war und ihre zumeist effektvollen Inszenierungen durch dilettantische Umsetzung nicht verpatzt werden konnten. Sie ließen sich vor allem bis in die letzte Dorfschule bringen und spielten deshalb in den ländlichen Regionen eine große Rolle. Konnten doch mit Hilfe von Rundfunkübertragungen und Filmvorführungen z.B. die Stimmung von Fackelzügen und Aufmärschen in der Hauptstadt Berlin auf die dörfliche Jugend übertragen und diese so mit der städtischen „gleichgeschaltet" werden. Ganz offensichtlich sind damals in vielen Schulen für solche Anlässe Radioanlagen und in vielen Gemeindesälen Filmvorführgeräte zum ersten Mal angeschafft worden.

Schon früh begannen Indoktrination und „Umerziehung" der Lehrerschaft (vgl. Eilers 1963, S.3ff.). Vielfach dienten dazu schulinterne Vorträge und Konferenzen über Grundlagen der nationalsozialistischen Rassenlehre, über Fragen von Eugenik und Erbgesundheit, über Ziele und Voraussetzungen nationalsozialistischer Erziehung oder über den neuen Biologie-, Geschichts- und Deutschunterricht. Gelang es in den Großstädten, zu diesem Zweck Vorträge prominenter Redner zu organisieren, übernahmen in ländlichen Regionen dieselbe Aufgabe Vertreter des NSLB, die dann zumeist auf Versammlungen der regionalen Lehrerverbände referierten; parallel dazu erschienen entsprechende Aufsätze in den regionalen Lehrerzeitungen wie auch in der lokalen Tagespresse (vgl. für das Oldenburger Land und Ostfriesland Klattenhoff/Wißmann 1987).

Beschränkten sich Veranstaltungen dieser Art auf fachliche „Umerziehung", so veranstaltete der NSLB, der für die „weltanschauliche" Schulung zuständig war, darüber hinaus seit 1933 Schulungslager für Lehrer nach militärähnlichen Vorbildern. Lückenloser und zugleich monotoner Tagesplan ohne jede Verschnaufpause, körperliche Anstrengung, ständige Einsatzbereitschaft, Zwang zur bedingungslosen Einordnung, aber auch fortlaufende ideologische Beeinflussung sollten vor allem „Haltung" und „Charakter" der Teilnehmer „prägen", „formen" und „ausrichten" (vgl. AG Päd. Museum 1983, S. 125 ff.).

Bereits im Sommer und Herbst 1933 lagen – wie dargestellt – die ersten, zumeist noch länderspezifischen Richtlinien für Erbbiologie, Rassenkunde und Geschichtsunterricht vor. Andere Fächer beschränkten sich zunächst auf spezifische Ad-hoc-Maßnahmen, z. B. das Fach Sport auf die Übernahme der SA-Kommando- als „einheitlicher Befehlssprache ... bei ... Geländesport- und bei Ordnungsübungen im Turnunterricht" sowie die Aufnahme des Boxens als Schulsportdisziplin (vgl. Peiffer 1987, S. 38 ff.). Gesamtrichtlinien für einzelne Schulformen mit einheitlichen Reichslehrplänen folgten erst zwischen 1937 und 1939.

b) Gewaltakte gegen die Hochburgen demokratischer Schulreform

Parallel zur nahezu lautlosen Gleichschaltung des gesamten Schulbetriebes richteten sich unmittelbar nach dem 30. Januar Gewaltakte gegen die Zentren demokratischer Schulreform. Neben Braunschweig und Sachsen waren davon vor allem Berlin und Hamburg betroffen. Hier wie dort zielten die – euphemistisch als „Säuberungsaktionen" bezeichneten – Entlassungen, Verfolgungen und sogar Überfälle besonders auf die Repräsentanten und Repräsentantinnen sozialdemokratischer Bildungspolitik; in *Berlin* zuerst auf den seit 1926 als Stadtschulrat für Groß-Berlin tätigen *Jens Nydahl* (1883–1967) und den für die Schulreform im Arbeiterbezirk Neukölln maßgeblich verantwortlichen Bezirksstadtrat *Kurt Löwenstein* (1885–1936). Letzterer war zugleich einer der prominentesten sozialdemokratischen Pädagogen; er wurde am 27. Februar 1933 von SA-Angehörigen in seiner Wohnung überfallen, mit Schüssen bedroht und konnte nur mit Glück dem ihm geltenden Mordanschlag entkommen (Löwenstein 1985, S. 20).

An die Spitze des Berliner Schulwesens trat zunächst als „Staatskommissar", bald schon als *neuer Stadtschulrat Dr. Hans Meinshausen* (1898–1948) mit einer typischen Parteikarriere (vgl. Fechner 1934; AG Päd. Museum 1983, S. 47). Er stammte aus einer orthodoxen Pastorenfamilie im Hannoverschen, wuchs in der

Kleinstadt Eschwege auf und erfuhr eine völkisch-nationalistische Prägung durch Burschenschaft und „Fronterlebnis". Seine berufliche Laufbahn begann er als Redakteur einer Industriellen-Zeitung, von 1926–1930 war er Studienrat am Schillergymnasium in Berlin-Charlottenburg. Parteipolitisch gehörte er zunächst der rechts-liberalen Deutschen Volkspartei, ab 1929 der NSDAP an. Wegen seiner Wahlkampfaktivitäten für die NSDAP wurde er 1930 vom damaligen preußischen Kultusminister Adolf Grimme aus dem Schuldienst entlassen, widmete sich ganz der Partei, brachte es bis zum stellvertretenden Gauleiter von Berlin, bevor er im März 1933 zum obersten Chef der Berliner Schulverwaltung avancierte. Im Zweiten Weltkrieg war Meinshausen – als Oberbürgermeister der strategisch wichtigen Stadt Görlitz – u. a. für die Erschießung von 373 Häftlingen des KZ „Biesnitzer Grund" verantwortlich und wurde 1948 als „Tyrann von Görlitz" wegen Verbrechen gegen die Menschlichkeit zum Tode verurteilt.

Bereits 1934 erschien eine Broschüre über „Dr. Meinshausen. Stadtschulrat von Berlin" (Fechner 1934), die ein aufschlußreiches Bild von dessen Aktivitäten gibt:

„In kurzer Zeit wird die Säuberung der Lehrerschaft von politisch unzuverlässigen und rassisch unerwünschten Elementen durchgeführt. Insgesamt *treten* 2300 Beurlaubungen durch das Gesetz zur Wiederherstellung des Berufsbeamtentums *ein* (sic!, Sperrung W. K.). Auch in der Zentrale selbst verschwinden fast alle Dezernenten" (ebd., S. 58 f.).

Und so sahen die Perspektiven für die „Aufbauarbeit" aus:

„Was ist es doch für ein Wahnsinn der Marxistenzeit gewesen, ausgerechnet für die körperlich und geistig Minderwertigen Luxusanlagen, die sog. Hilfsschule, zu schaffen! Manches Universitätsseminar würde sich glücklich preisen müssen, wenn es über ähnliche Gebäude verfügen könnte. Für gesunde und normale Kinder allerdings hatte man kein Geld. Meinshausens Standpunkt in dieser Frage ist absolut eindeutig: allmähliche völlige Beseitigung der Klassen für Schwererziehbare und erhebliche Verminderung der Hilfsschulen. Die segensreichen Auswirkungen des sog. Sterilisationsgesetzes werden in Jahrzehnten das ihrige zur Erreichung dieses Zieles tun" (ebd., S. 60).

Von den Berliner Reformschulen, die ihre Zerschlagung Meinshausen und seinen Gesinnungsgenossen verdanken, werden in der Broschüre von 1934 lediglich die *Waldschule Charlottenburg* und *Wilhelm Blumes Schulfarm Insel Scharfenberg* im Tegeler See erwähnt. Bei letzterer handelte es sich um eine Art Landerziehungsheim in städtischer Trägerschaft mit ausgeprägt liberal-demokratischen Reformansätzen, insbesondere einer konsequenten Schülerselbstverwaltung (vgl. Gutschalk 1982; Keim 1987; Haubfleisch 1993). Über diese Schule heißt es bei Fechner 1934: „Während früher sich dort der Betrieb in ziemlich liberalen Bahnen vollzog, ohne allerdings die üblen Formen anderer Schulen anzunehmen, sind jetzt Zucht und Ordnung eingekehrt. Das ‚Braunhemd' der HJ ist die Kleidung der Schüler" (Fechner 1934, S. 61) – Scharfenberg wurde in eine „Musterschule nach Art der nationalpolitischen Bildungsanstalten" umgewandelt (vgl. Gutschalk 1982, S. 33 ff., 107, Chronik).

Die „üblen Formen anderer Schulen" bezogen sich ganz offensichtlich auf die weltlichen bzw. Lebensgemeinschaftsschulen Berlins, vor allem aber auf *Fritz Karsens Neuköllner Karl-Marx-Schule* (vgl. Kap. II.2). Dieser Schule galt der erste Gewaltakt der Nazis auf schulischem Gebiet. Bereits am 21. Februar wurde Karsen telefonisch seine Absetzung mitgeteilt und ihm das weitere Betreten seiner Schule verboten. Welch eine Herausforderung Fritz Karsens Schule für die Nazis ganz offensichtlich bedeutete, zeigt die Schlagzeile des „Völkischen Beobachters" vom folgenden Tag: „Die Hochburg der marxistischen Unkultur gesäubert". Neuer Schulleiter wurde der – wenige Jahre zuvor mit seinen Methoden an eben dieser Schule gescheiterte – Neuphilologe Kurt Schwedtke (vgl. Meier 1993 b). Er hatte die Schule schon vor Machtantritt der Nazis in übelster Weise diffamiert und betrieb nun – gegen den Widerstand des Kollegiums wie der Schülerschaft – deren rücksichtslose Nazifizierung. Binnen eines Jahres wurden von 74 Lehrkräften 43, also mehr als die Hälfte, ausgewechselt, die meisten von ihnen entlassen (vgl. Radde 1973, S. 201, 294, Anm. 42), und zwar zum großen Teil auf Schwedtkes eigene Initiative hin. Ebenso sorgte er für die Vertreibung politisch mißliebiger bzw. sog. nicht-arischer Schüler und Schülerinnen sowie für die Auflösung der alten Klassenverbände. Sein Auftreten in der Schule war „betont nationalsozialistisch", wie ehemalige Lehrer und Schüler der Karl-Marx-Schule bezeugen; auch ließ er Kollegen und Kolleginnen bespitzeln und beispielsweise daraufhin überwachen, ob sie das Deutschlandlied und die nachfolgende SA-Strophe mitsangen (vgl. Radde 1973, S. 203). Zahlreiche Beispiele belegen, daß es den ehemaligen

Karsen-Schülern und -Schülerinnen trotzdem immer wieder gelang, die Nazifizierungsstrategien zu unterlaufen. Viele Ehemalige sowohl aus dem Kreis der Lehrer- wie Schülerschaft haben sich später am aktiven Widerstand gegen den Faschismus beteiligt, viele ihr Leben dabei verloren (vgl. Bd. II).

Ebenfalls von Entlassungen und sogar von Schließungen wurden die *weltlichen* (sog. Sammel-) *Schulen* Berlins betroffen, insgesamt 53 Schulen, die 10% des gesamten Berliner Volksschulwesens ausmachten. Von ihnen gehörten allein 10 zu den 11 Berliner Lebensgemeinschaftsschulen mit einem besonderen reformpädagogischen Status (vgl. AG Päd. Museum 1983, S. 41 f.).

„Die allgemeine Zielvorstellung (der weltlichen Schulen, W. K.) ging dahin, die ‚Klassen-, Drill- und Kirchenschule' des Obrigkeitsstaates durch eine Schule für die demokratisch verfaßte Republik zu ersetzen: gefordert war die Volksschule als ‚weltliche' Schule – ohne Religionsunterricht.
Das preußische Ministerium für Wissenschaft, Kunst und Volksbildung hatte nach der damaligen Rechtslage (der Weimarer Verfassung, W. K.) zwar an der konfessionellen Volksschule festhalten müssen, fand aber insofern eine Notlösung, als es für die vom Religionsunterricht abgemeldeten Kinder sog. Sammelschulen genehmigte ... Die meisten dieser im Volksmund weithin als ‚weltlich' bezeichneten Volksschulen ließen bald erkennen, daß sich ihre ‚Weltlichkeit' nicht auf das Fehlen des Religionsunterrichts beschränkte; vielmehr setzten sie zugleich Zeichen eines gemeinschaftspädagogisch bestimmten Schullebens, und ihre Unterrichtsarbeit trug deutliche Akzente der pädagogischen Reformbewegung. Dies gilt insbesondere für die aus ‚weltlichen' Schulen hervorgegangenen ... Berliner Lebensgemeinschaftsschulen: Sie stellten gleichsam Kristallisationspunkte der Berliner Schulreform im Volksschulbereich dar" (Radde 1987, S. 178 f.).

Dem preußischen Erlaß vom 25. 2. 1933 zufolge (vgl. Kap. III.1) hätten sämtliche weltliche Schulen jahrgangsweise auslaufen sollen. Dies ging der neuen Berliner Hauptschulverwaltung jedoch offensichtlich nicht rasch genug, so daß sie „die Auflösung des ‚Fremdkörpers' Sammelschule bis zum Sommer 1933" verfügte (AG Päd. Museum 1983, S. 52).

Weltliche Schulen gab es damals auch in anderen Großstädten, wie in Braunschweig, Hannover, Köln, im Ruhrgebiet und in Sachsen. Sie wurden im selben Zeitraum und nach demselben Muster von den Nazis zerschlagen: ein Teil der Lehrerschaft entlassen und verfolgt, ein anderer strafversetzt und degradiert, die Klassengemeinschaften aufgelöst, vielfach ganze Schulen geschlossen und ihre Schüler und Schülerinnen auf andere Schulen verteilt; in jedem Falle wurde der weltliche Charakter der Schulen beseitigt, damit zugleich der dort übliche Ethik- bzw. Moralunterricht verboten, statt dessen Teilnahme am Religionsunterricht für alle Schüler und Schülerinnen erzwungen, ebenso der auf Partnerschaftlichkeit angelegte Unterrichtsstil wie auch der demokratische Charakter des Zusammenwirkens von Lehrer-, Schüler- und Elternschaft restlos zerstört (vgl. für Berlin: ebd., S. 52f.; Mischon-Vosselmann 1993; für Hannover: Oberheide 1987).

Neben Berlin galt *Hamburg* vor 1933 als Zentrum demokratischer Schulreform. Einen besonderen Ruf weit über die Grenzen der Stadt hinaus genossen die Hamburger *Gemeinschaftsschulen* im Rahmen der Volksschule. Sie verbanden tendenziell liberal-demokratisches mit reformpädagogischem Engagement. Unterstützung und Förderung erfuhren sie durch die Hamburger Schulverwaltung. Gegen deren Repräsentanten und Repräsentantinnen richteten die Nazis – wie in Berlin – schon bald ihre Angriffe. Am 19. März meldete das „Hamburger Tageblatt" unter der Überschrift „Schluß mit der roten Pädagogik" die ersten Entlassungen:

„Die Oberschulrätin *Olga Essig*, die ihre ‚modernen Theorien' jetzt wahrhaftig lange genug auf Mädchenerziehung und Berufsschulwesen anwenden konnte, und zwei marxistische Parteileute, die immerwährend ihre international eingestellte Partei mit dem deutschen Volk verwechselten, die Schulräte Ballerstaedt und Zelck, sind bis auf weiteres beurlaubt worden" (zit. n. Hochmuth/de Lorent 1985, S. 19).

Wie in Berlin schlossen sich Entlassungs- und Versetzungswellen auf der Grundlage des GWBB an. Nirgendwo sonst dürfte der Prozentsatz der ausgewechselten Schulleiter und -leiterinnen (55% gegenüber „nur" rd. 15% beispielsweise in Berlin, vgl. für Hamburg: ebd.; für Berlin: AG Päd. Museum 1983, S. 44) wie auch die Zahl der entlassenen Lehrer und Lehrerinnen (allein 637 zwischen 1933 und 1935; vgl. Milberg 1970, S. 370) so groß gewesen sein wie in Hamburg. Auch hier lösten die Nazis einen Teil der Schulen auf, entließen ihre Lehrer und Lehrerinnen bzw. versetzten oder degradierten sie und verteilten ihre Schülerschaft auf umliegende Schulen – so z. B. in der im Arbeiterviertel Eimsbüttel gelegenen und durch ihre politische Arbeit bekannten *Schule Telemannstraße 10* (vgl. Hochmuth/de Lorent 1985, S. 36ff.). In anderen Reformschulen wie der *Schule Meerweinstraße 26/28* im Stadtteil Winterhude wurden die kollegialen und reformpädagogischen Strukturen zerstört, z. B. die Koedukation – damals noch Ausnahme – aufgehoben, d.h. Jungen und Mädchen in je einer Hälfte des Schulgebäudes zusammengefaßt (vgl. ebd., S. 51 ff.).

Eine Ausnahmestellung unter den damaligen Hamburger Reformschulen nahm die am Stadtpark Winterhude gelegene *Lichtwarkschule* ein (vgl. ebd., S. 84 ff.). Ähnlich wie die Karl-Marx-Schule in Berlin-Neukölln gehörte sie zu den wenigen Reformschulen im Bereich des Höheren Schulwesens mit einem demokratischen und liberalen Selbstverständnis, mit Koedukation und mit dem Anspruch, Arbeiterkinder besonders zu fördern; 1927 richtete sie – wie Karsen in Berlin – einen speziellen Arbeiter-Abiturienten-Kursus „für befähigte junge Männer und Frauen mit abgeschlossener Volksschul- und Berufsausbildung" ein, der in drei Jahren zum Abitur führte. Die Mehrzahl der über 40 Kollegen und Kolleginnen war politisch engagiert; sie „repräsentierten ... das gesamte demokratische Spektrum jener Jahre ...; viele ... waren Mitglieder der Arbeiterparteien, demokratischer Kulturverbände, der ‚Liga gegen Imperialismus und koloniale Unterdrückung'" (ebd., S. 85). Nicht zuletzt aus diesem Grunde bildete die Lichtwarkschule lange vor 1933 eine Zielscheibe für Angriffe aus konservativen Kreisen; bereits 1932 wurde sie als „rotes Mistbeet am Stadtpark" diffamiert (ebd., S. 86), so daß sich die Nazis bei ihren Aktionen zur Gleichschaltung dieser Schule breiter Unterstützung erfreuen konnten. Die erste Entlassung des Lehrers Gustav Heine war zugleich mit dessen Verhaftung mitten aus seinem Unterricht heraus verbunden. Den Leiter der Schule, Heinrich Landahl, entließen die Nazis im August 1933, nach den großen Ferien, und wechselten ihn gegen einen „Parteigenossen" aus, obwohl er als Reichstagsabgeordneter seiner Partei, der liberalen Deutschen Staatspartei (ehemals DDP), wenige Monate zuvor Hitlers Ermächtigungsgesetz zugestimmt hatte; weitere Entlassungen folgten 1934. Die damalige Lichtwarkschülerin Hannelore Schmidt vermutet aufgrund eigener Erfahrungen an dieser Schule, daß die entlassenen und strafversetzten Mitglieder des Kollegiums häufig durch anpassungsbereite Neue ersetzt wurden, „die andere Schulen gern loswerden wollten" (H. Schmidt 1992, S. 27). „Die Gemeinschaft zwischen (den verbliebenen, W. K.) Lehrern und Schülern" versuchte man dadurch zu sprengen, daß man die „Klassenlehrer ... (ihre) Klassen tauschen" ließ. Trotzdem vollzog sich der Gleichschaltungsprozeß, das Vordringen der faschistischen Ideologie im Kollegium und unter den Schülern nicht widerspruchslos. „Der alten Tradition verbundene Lehrer und Schüler ... lernten sich auf die neue Situation einzustellen; im Schulhaus wurden die Verweigerung, die Ironie, das Wörtlich-Nehmen, die Übertreibung zu Mitteln ihrer Abwehrgefechte" (Hochmuth/de Lorent 1985, S. 89). Offensichtlich weil sie die Schule nicht voll in ihren Griff bekamen, beschlossen die Nazis Ende 1936 ihre Auflösung sowie die Auslöschung ihres Namens: Ostern 1937 wurde sie mit einem benachbarten Realgymnasium zur „Oberschule am Stadtpark" zusammengefaßt (vgl. ebd., S. 92f.). Viele der entlassenen Lehrer und Lehrerinnen, Schüler und Schülerinnen haben sich am antifaschistischen Widerstandskampf beteiligt und in großer Zahl ihr Leben lassen müssen; andere sind ins Exil geflohen, z.T. auf abenteuerlichen Wegen wie der Lichtwarkschüler Hans Maeder (vgl. ebd., S. 93ff.; siehe auch Bd. II).

c) Konsequenzen von Entlassung, Verfolgung und Vertreibung für die Betroffenen

Die in Berlin und Hamburg *entlassenen Lehrer und Lehrerinnen* gehörten zu insgesamt schätzungsweise 3000 Lehrkräften, die von den Nazis in den meisten Fällen schon nach wenigen Wochen und Monaten, vereinzelt auch erst später – aus politischen oder rassistischen Motiven – „beurlaubt" wurden (vgl. Feidel-Mertz/Schnorbach 1981, S. 85). In Relation zur Gesamtzahl der damals ca. 250000 Lehrer und Lehrerinnen (vgl. Bölling 1983, S. 10) war dies eine relativ kleine Zahl von etwas mehr als einem Prozent; bezogen auf einzelne Lehrergruppen wie z. B. Direktoren und Direktorinnen oder einzelne Regionen wie Hamburg und Berlin war sie gravierend.

Die ersten „Amtsenthebungen" – bereits im Februar, noch vor dem Reichstagsbrand (27. 2. 1933) – erfolgten fast ausschließlich *aus politischen Motiven* und betrafen vor allem Repräsentanten und Repräsentantinnen der Weimarer Schulreform; zu ihnen gehörte der bereits am 21.2. „beurlaubte" Leiter der Karl-Marx-Schule in Berlin-Neukölln, *Fritz Karsen*. Seine Herkunft aus einer jüdischen Familie spielte – ähnlich wie bei dem Neuköllner Bezirksstadtrat Kurt Löwenstein – nur eine untergeordnete Rolle; beide wurden von den Nazis zunächst als Schulreformer und „zudem noch, weil es so trefflich paßte, als ‚Juden' diffamiert" (Radde 1988, S. 190). Daß die Entlassung für Karsen nicht nur den Verlust der beruflichen Stellung, sondern zugleich Bedrohung für das eigene Leben und das der Familie bedeutete, belegt die Tatsache, daß bereits „in den Monaten nach der sog. Machtergreifung 500 bis 600 politische Gegner ... von den Nationalsozialisten ermordet, Tausende in grausamster Weise (in den SA-Kellern und ‚wilden' Konzentrationslagern) gefoltert worden" sind (Röder/Strauss 1980/83, Bd. I, S. XXXV), ebenso der bereits erwähnte Mordanschlag der SA auf Löwenstein in dessen eigener Wohnung. Erst vor diesem Hintergrund wird verständlich, daß für viele Entlassene die rasche Flucht aus Deutschland über das eigene Leben und das der Familie entscheiden konnte.

Karsens Flucht ist kürzlich von dessen Tochter Sonja, die damals vierzehn Jahre alt war, ausführlich beschrieben worden (S. P. Karsen 1993, S. 14 ff.). Danach hat er, dessen Telefon ganz offensichtlich bereits seit 1932 abgehört wurde, nach seiner Entlassung gegenüber Bekannten zunächst einmal so getan, als ob er sich in Berlin ausruhen wolle, in Wirklichkeit aber letzte Vorbereitungen für die Flucht getroffen, u. a. alle Unterlagen, die für Kollegen und Kolleginnen gefährlich werden konnten, vernichtet. Den Mietvertrag für seine Wohnung hatte er bereits seit 1932 auf monatliche Kündigung umgestellt. Nach Warnungen durch Freunde verbrachte er die letzten beiden Nächte bei seinem Hausarzt in Berlin-Tempelhof. Als die Familie – getrennt und auf Umwegen – zum Anhalter Bahnhof aufbrach, ließ er die Wohnung, die bereits von SA umstellt war, hell erleuchtet, um keinen Verdacht zu erregen. Mit dem Nachtzug gelangte er schließlich mit Frau und Tochter nach Wangen am Bodensee und von dort – am 28. Februar, also am Tag nach dem Reichstagsbrand – über die schweizerische Grenze nach Zürich; hier fand er zwar Asyl, aber keine Arbeit. Der weitere Fluchtweg Karsens und seiner Familie entspricht einem typischen, allerdings privilegierten Emigrantenschicksal: *Paris* mit einer erneuten, wenn auch nur kurzfristigen Schulgründung, *Bogotà* in Kolumbien mit Beratungstätigkeit für die dortige Regierung, *New York* mit Lehraufträgen an verschiedenen Colleges, schließlich – nach dem Kriege – *Berlin* mit Beratertätigkeit für die amerikanische Militäradministration. Karsen ist 1951 in der Nähe von Guayaquil in Ecuador verstorben; er hielt sich dort als Leiter einer UNESCO-Kommission auf.

Die Flucht aus Deutschland gleich nach oder sogar noch vor der Entlassung aus dem Schuldienst, vielfach nach entsprechenden Warnungen durch Freunde, ist für eine Reihe politisch exponierter Pädagogen und Pädagoginnen belegt, aus der Lehrerschaft z.B. auch für Heinrich Rodenstein (1908–1980) (vgl. Rodenstein 1975). Er war bis 1933 Lehrer an weltlichen Schulen in Braunschweig und in der AFLD aktiv; nach dem Kriege ist er vor allem als GEW-Vorsitzender (1960–1968) bekannt geworden. Rodenstein berichtet in seinen autobiographischen Aufzeichnungen (1975), wie er im Juli 1933 während des Urlaubs in der Umgebung von Braunschweig von Freunden benachrichtigt wurde, daß seine Wohnung bereits von der SA besetzt sei. Daraufhin fuhr er mit dem Fahrrad quer durch Norddeutschland nach Holland und konnte hier bei befreundeten Kollegen und Kolleginnen Zuflucht, aber – ähnlich wie Karsen in der Schweiz – keine Arbeitsmöglichkeit finden. Deshalb floh er – nach kurzem Aufenthalt im Saarland – weiter nach Frankreich.

Eine Reihe der entlassenen, aber nicht emigrierten Lehrer und Lehrerinnen mußte kürzere oder längere *Gefängnis- oder KZ-Aufenthalte* erdulden, teilweise aufgrund von politischen Aktivitäten vor 1933, vielfach aufgrund von aktivem Widerstand oder von entsprechenden Kontakten, gelegentlich auch nur aufgrund von Verdachtsmomenten oder von Denunziationen. Als Beispiele seien genannt Paul Oestreich und Fritz Helling vom Bund Entschiedener Schulreformer, Robert Alt und Hans Alfken aus Karsens Schulenkomplex sowie – stellvertretend für die vielen Hamburger Kollegen und Kolleginnen – Emmy Carstensen von der Telemannschule im „roten" Eimsbüttel; letztere ist im KZ derart gequält und in ihrer Persönlichkeit zerstört worden, daß sie nach dem Kriege unter schweren Angstzuständen litt (vgl. Hochmuth/de Lorent 1985, S. 197ff. u.ö.).

Die meisten der aus dem Schuldienst Entlassenen standen nach 1933 ohne *Einkünfte* oder mit nur einer kleinen Pension da; in vielen Fällen übernahmen die Ehefrauen die materielle Versorgung der Familien, indem sie als Putzhilfen oder im Büro arbeiteten; teilweise gelang es den aus der Berufsbahn Geworfenen, sich eine bescheidene neue Existenz aufzubauen, wie z. B. Hans Alfken von der Karl-Marx-Schule als Buchhalter in einem deutsch-russischen Exportgeschäft, wohin ihn ein Genosse vermittelt hatte, oder später als Vertreter von Kaffee und Schokolade für ein Geschäft, das von entlassenen Bremer Versuchsschullehrern gegründet worden war und sich nach ihren beiden bekanntesten Vertretern „Aera" (= Aevermann und Rahtjen) nannte (Keim 1993 a, S. 176). Viele andere konnten dagegen nur durch *Unterstützung* befreundeter Lehrerkollegen und -kolleginnen oder durch organisierte solidarische *Hilfsmaßnahmen* überleben (Hochmuth/de Lorent 1985, S. 20). Sehr oft zogen die von Entlassung Betroffenen von ihren Heimatorten fort, wie z. B. Fritz Helling aus Schwelm, weil er dort als Nicht-Nazi nicht mehr leben wollte, aber wohl auch, weil er und seine Frau in Gladenbach, einem kleinen Ort in Hessen, eine Stelle an einer Privatschule fanden; dies zweifellos noch ein Glücksfall.

Entlassung aus dem Schuldienst bedeutete neben materieller Not meist auch eine große *psychische Belastung*. So z. B. für Alfred Ehrentreich, ebenfalls Studienrat an der Karl-Marx-Schule und dort im Frühjahr 1933 von den Nazis „beurlaubt". Nach demütigenden Bittgängen zum Hauptwidersacher Karsens, Kurt Schwedtke, durfte er zwar an einem Karlshorster Lyzeum weiter unterrichten, mußte aber in den folgenden Jahren mit einer schweren Neurose, verbunden mit Ohnmachtsanfällen, fertig werden. Ganz offensichtlich bedrückte ihn schon vor 1933 die Angst vor den Nazis so sehr, daß er sich zum Austritt aus der SPD entschloß. Aus dem gleichen Grunde mied er nach seiner Entlassung und Wiedereinstellung in den Schuldienst den Kontakt zu ehemaligen Kollegen und Kolleginnen, was teilweise lebenslange Entfremdungen zur Folge hatte (vgl. Keim 1993 b, S. 198 f.; Ehrentreich 1985).

In einigen Fällen führte die mit der Entlassung verbundene materielle wie psychische Lebenskrise sogar zum *Selbstmord* der Betroffenen. So etwas erfuhr man allerdings höchstens aus der internationalen Presse (vgl. Schnorbach 1983, S. 89 ff.)

Seit April 1933 kamen zu den aus politischen Motiven Entlassenen zunehmend sog. *nicht-arische Lehrkräfte*, und zwar in der Regel nach § 3 GWBB, teilweise – wie in Berlin und Baden – bereits aufgrund früherer Verordnungen. Dabei stellten jüdische Lehrer und Lehrerinnen im damaligen deutschen Schulwesen – trotz gegenteiliger Propaganda der Nazis – nur eine kleine Gruppe von unter 1000 dar, was damit zusammenhängt, daß im Kaiserreich und selbst in der Weimarer Republik der Zugang zum Lehrerberuf für Juden erschwert war (vgl. Walk 1991, S. 73). Von den Repressionsakten der Nazis betroffen wurden zunächst die jüdischen *Lehrerinnen*, wohingegen ein Großteil der jüdischen *Lehrer* als ehemalige Frontsoldaten noch vor der Entlassung bewahrt blieben. So verloren nach Wirksamwerden des GWBB von den „41 beamteten *Lehrerinnen* an öffentlichen höheren Schulen in Preußen" 35, von den 43 nicht fest angestellten alle Arbeit und Einkommen; dagegen konnten von den 99 fest angestellten jüdischen Lehrern 1933 noch 62 im Amt bleiben; nach Aufhebung der Ausnahmebestimmung im Herbst 1935 mußten aber auch sie gehen (Röcher 1992, S. 59f.).

Zu den noch im Beruf Geduldeten gehörte auch der seit 1925 als Oberstudiendirektor am Neuköllner Kaiser-Wilhelm-Realgymnasium – also ganz in der Nachbarschaft Karsens – tätige und zugleich als Vorsitzender des Philologenverbandes amtierende *Dr. Felix Behrend* (1880–1957). Ihn konnte weder seine – im Unterschied zu Karsen – liberal-konservative politische Einstellung und sein Einfluß als Vorsitzender eines der mächtigsten konservativen Lehrerverbände noch die Tatsache, daß er christlich getauft und ohne Bindung zum Judentum war, vor rassistischer Verfolgung schützen. Bereits in der Nacht vom 17. zum 18. März 1933 verübten fünf junge SA-Leute ein Attentat auf ihn und verletzten ihn dabei schwer; im Herbst 1933 wurde er seines Schulleiterpostens enthoben, als ehemaliger Frontsoldat jedoch noch als Studienrat an das Wilmersdorfer Bismarck-Gymnasium zwangsversetzt, allerdings nur bis Dezember 1935. Seine Kollegen vom Philologenverband hatten ihn Ende März 1933 als Vorsitzenden fallengelassen und seine Absetzung im Verbandsblatt „nach außen hin als freiwilligen Rücktritt kaschiert" (Homann 1993, S. 363ff.).

Von den ehemaligen Kollegen Behrends hielt nur einer den Kontakt zu ihm aufrecht; niemand von Lehrer-, Schüler- oder Elternseite protestierte gegen seine Degradierung, im Gegenteil verband mit seinem erzwungenen Abgang „manch einer ... sogar die Hoffnung, auf der Karriereleiter ein Stück nach oben zu kommen" (Homann 1992, S. 133). Bis zuletzt hoffte Behrend auf eine Wendung zum Guten; erst im Frühjahr 1939 floh er nach England, nachdem er sich – aufgrund der Stigmatisierung aller Juden durch zusätzliche Vornamen – Felix Wilhelm „Israel" Behrend nennen mußte. 1957 ist er in Melbourne (Australien) gestorben; die ihm nach dem Krieg zustehende Entschädigung wurde den Erben Behrends 1970 (!) ausgezahlt. Die pädagogischen Lexika, in denen er vor 1933 als wichtige pädagogische Persönlichkeit vertreten war, ignorieren ihn bis heute.

Viele der als „nicht-arisch" diskriminierten deutschen Lehrer und Lehrerinnen haben nach ihrer Entlassung aus dem öffentlichen Schulwesen zunächst noch in *jüdischen Schulen* weiterarbeiten können, bis auch diese im Zuge des verstärkten Terrors und dramatischer Fluchtbewegungen zwischen November 1938 und Juni 1942 geschlossen wurden (vgl. Bd. II).

Auch *Schüler und Schülerinnen* sind von der nationalsozialistischen Machteroberung betroffen worden. Soweit sie *politisch engagiert* waren, erfuhren sie in den nazifizierten Reformschulen Hamburgs und Berlins vielfältige Benachteiligungen; oft war der Druck so groß, daß sie sie freiwillig verließen – vielfach ohne Schulabschluß.

Die Berlinerin *Ilse Thilo*, geb. *Miethke* (Jg. 1918), die Ostern 1931 von einer (weltlichen) Lebensgemeinschaftsschule in der Neuköllner Rütli-Straße in die 8. Klasse des Aufbauzuges der Karl-Marx-Schule übergewechselt war, berichtet, daß die Gewaltakte gegen Karsen und seine Schule für sie und ihre Klasse besonders bitter gewesen seien. Ihr Klassenlehrer (Alfred Lewinnek), ein befähigter Reformpädagoge, zu dem alle Schüler und Schülerinnen einen besonders engen Kontakt hatten, wurde bereits im April 1933 zwangsversetzt, 1935 ganz vom Schuldienst suspendiert (vgl. Rogler 1988 + 1993); es folgte für die Klasse ein besonders schlimmes Jahr bis zur Mittleren Reife Ostern 1934:

„Uns wurde jetzt das selbständige Arbeiten verweigert, die Fähigkeit dazu abgesprochen. Außerdem behauptete man, wir wären im Schulpensum etwa ein Jahr im Rückstand (was nicht der Fall war, W. K.), und wir wären disziplinlos ... Sehr bald merkten unsere neuen Lehrer, daß wir eine geschlossene Klassengemeinschaft waren und ihnen Widerstand leisteten. Wir hatten auch keine Nazi-Kinder in der Klasse. Wir waren ja alle – vom Elternhaus her – bewußt in die Karl-Marx-Schule geschickt worden. Außerdem waren einige Schüler in der SAJ und im KJVD organisiert. Es war im Schulbetrieb jeden Tag eine große Spannung. In den Pausen bin ich öfter zu Mitschüler(inne)n nach Hause geeilt, um die Eltern vor einer Haussuchung zu warnen. Die Gestapo hatte ihre Kinder von der Schule abgeholt ...

Es wurde uns unmöglich gemacht, über das ‚Einjährige' hinaus weiter zum Abitur zu gehen. Ostern 1934 blieben nur vier Schüler und zwei Schülerinnen an der Schule. Davon machten 1937 dann nur fünf das Abitur; der sechste, Werner Steinbrink, wurde vorher verhaftet." (Er ist 1942 – als aktiver Widerstandskämpfer der Gruppe Baum – von den Nazis in Plötzensee hingerichtet worden, vgl. Bd. II).[4]

Fast noch schlimmer traf es die als *"nicht-arisch" etikettierten* Schüler und Schülerinnen, zumal wenn sie jünger und ohne politischen oder religiösen Halt waren. Über ihre Leiden liegen inzwischen zahlreiche Berichte vor (vgl. Benz 1988, S. 332 ff.; Meynert 1988, S. 117 ff.; Walk 1991, S. 74 ff.; Röcher 1992, S. 63 ff.; Kansteiner 1993). Danach haben nahezu alle die politischen Veränderungen des Jahres 1933 in ihren Schulen zu spüren bekommen, vielfach von Lehrer- und Mitschülerseite. Das Spektrum möglicher Verletzungen und Kränkungen durch Lehrer und Lehrerinnen war groß: Isolierung im Klassenraum durch die Sitzordnung, z. B. durch sog. Judenbänke; Ignorierung durch Nichtberücksichtigung ihrer Meldungen im Unterricht; Bloßstellung z. B. beim Hitler-Gruß, und zwar sowohl durch Zwang zum Mitmachen als auch durch Verweigerung einer Beteiligung, weiterhin antisemitische Anspielungen und Sticheleien, insbesondere im Religions- und im rassekundlichen Unterricht, sofern sie daran teilnehmen mußten; nicht zuletzt Ausschluß vom Sport, von Wanderungen, Fahrten, Feiern u. v. a. m.

Oft noch kränkender und demütigender war die plötzliche Distanzierung bis hin zur Feindseligkeit auf seiten der *Mitschüler und Mitschülerinnen*, mit denen man vielfach eben noch Fußball gespielt hatte oder sogar befreundet gewesen war. Dabei gab es zumeist relativ wenige Aktivisten und Aktivistinnen, zumeist HJ-Führer oder BDM-Führerinnen, und eine schweigende Mehrheit, die sich einfach zurückzog, Kontakte und Freundschaften abbrach, Diskriminierungen durch Mitschüler und -schülerinnen wie Lehrer und Lehrerinnen ohne Widerspruch geschehen ließ. Besonders schlimm für die betroffenen Kinder war es, wenn sie mit ihren in der Schule und auf der Straße gemachten Erfahrungen allein fertig werden mußten, weil sie sich dieser Erfahrungen schämten und sie sich selbst und erst recht anderen nicht eingestehen wollten und konnten (vgl. Raveh 1987, S. 13).

Lehrer und Lehrerinnen wie Schüler und Schülerinnen, die sich dem allgemeinen psychischen Terror gegen jüdische Kinder und Jugendliche widersetzten, blieben Ausnahmen. Gelegentlich haben sich auch überzeugte Nazis unter den Lehrern und Lehrerinnen auf die Seite *ihrer* jüdischen Schüler und Schülerinnen gestellt, wie der Klassenlehrer des Kölner Juden Otto Spier. Als dieser seinem Klassenlehrer mitteilte, daß er die Schule aufgrund der antisemitischen Hetze verlassen wolle, antwortete der ihm: „Das geht doch nicht gegen Dich. Das geht doch gegen die Juden, die nicht nach Deutschland gehören" (zit. n. Becker-Jákli 1993, S. 162).

Die Zahl jüdischer Schüler und Schülerinnen an öffentlichen Schulen verringerte sich rasch; im höheren Schulwesen hatte sie sich bereits 1935 fast halbiert (von 21000 im Jahre 1932 auf 12700), 1936 betrug sie noch etwa ein Drittel (8600). Als nach der Pogromnacht im November 1938 der gemeinsame Unterricht für nichtjüdische Schüler und Schülerinnen als nicht mehr zumutbar erklärt wurde, entwickelte sie sich binnen kurzer Zeit gegen Null hin; jüdische Schüler und Schülerinnen verblieben höchstens noch in ländlichen Volksschulen, sofern sie keine Möglichkeit zum Besuch einer jüdischen Volksschule hatten. Bestand doch – trotz aller Ausgrenzungsbestimmungen – auch für sie nach wie vor eine allgemeine Schulpflicht (vgl. Röcher 1992, S. 58 u. Bd. II).

Aus Württemberg wissen wir, daß etwa 10% der jüdischen Schüler und Schülerinnen die höheren Schulen aufgrund gesetzlicher Bestimmungen verließen, 58% dagegen wegen Diskriminierung durch Lehrer, Schulleiter oder Mitschüler (vgl. Benz 1988, S. 339).

d) Die Lehrerschaft an „Normalschulen"

Wie hat die Mehrheit der damaligen Lehrerschaft auf die Zerschlagung der Reformschulen, die Entlassung von Kollegen und Kolleginnen aus politischen und rassistischen Gründen, vor allem aber die Demütigungen, Kränkungen und Abmeldungen der als „nicht-arisch" etikettierten Schülerinnen und Schüler reagiert? Sie hat bekanntlich dazu geschwiegen. Hat sie aber überhaupt davon gewußt? Dies in jedem Falle. Denn zu übersehen waren weder die nationalsozialistischen Gewaltakte gegen einzelne Schulen, gegen Lehrer und Lehrerinnen wie gegen Schüler und Schülerinnen noch die Terrorisierung ganzer Gruppen der Gesellschaft; berichteten darüber doch selbst die Tageszeitungen, teilweise in großer Aufmachung.

Zur Erklärung des Verhaltens der Mehrheit ist auf den nach dem 30. Januar 1933 von den Nazis ausgeübten *Druck* verwiesen worden. Tatsächlich zielte insbesondere das GWBB über die Ausschaltung von Systemgegnern hinaus auf die Einschüchterung der gesamten Lehrerschaft. Dazu diente z. B. die Personalüberprüfung mit umfangreichen Fragebögen, der sich alle Lehrkräfte im Frühjahr und Sommer 1933 unterziehen mußten, die Unterzeichnung von Erklärungen bezüglich der Nicht-Mitgliedschaft in einer der verbotenen Parteien und Organisationen, die Berichte von Schuldirektoren und -direktorinnen über ihre Kollegien, von Schulräten und -rätinnen über die von ihnen beaufsichtigten Schulleiter und Schulleiterinnen usf. Unsicherheit und Angst verbreiteten auch die zahlreichen Verfahren gegen „Verdächtige" im Zusammenhang mit dem GWBB, die sich oft über Monate, teilweise über Jahre erstreckten. Auch wenn sie in der Mehrzahl der Fälle – oft nach Fürsprache eines „Parteigenossen" – glimpflich ausgingen, hinterließen sie in der Regel Anpassungsbereitschaft im gesamten Kollegium.

So wenig Einschüchterung und Angst vor Repressalien zu unterschätzen sind, muß – damit korrespondierend – das hohe Maß an *Freiwilligkeit* und *Bereitschaft zur Eingliederung* in den neuen Staat hervorgehoben werden. Dabei spielte sicherlich die viel zitierte Untertanen- und „Beamten"seele eine wichtige Rolle, über die Goebbels am 8. März 1933 in seinem Tagebuch notierte, daß „ein gelinder Druck" genüge, „um sie in die Knie zu zwingen" (zit. n. Becker/Becker 1992, S. 134); darüber hinaus gab es echte Begeisterung und Überzeugung, wie gerade aus der Anfangszeit des NS-Systems eine Vielzahl von Dokumenten bezeugen. So, wenn die 1889 geborene, mit einem jüdischen (!) Offizier verheiratete Lehrerin Luise Solmitz in ihrem Tagebuch unter dem 30. Januar 1933 notierte:

„... Hitler ist Reichskanzler! Und was für ein Kabinett!!! Wie wir es im Juli nicht zu erträumen wagten. Hitler, Hugenberg, Seldte, Papen!!!
An jedem hängt ein großes Stück meiner deutschen Hoffnung. Nationalsozialistischer Schwung, deutschnationale Vernunft, der unpolitische Stahlhelm und der von uns unvergessene Papen. Es ist so unausdenkbar schön, daß ich es schnell niederschreibe, ehe der erste Mißklang folgt, denn wann

erlebte Deutschland nach herrlichstem Frühling einen gesegneten Sommer? Wohl nur unter Bismarck. Was Hindenburg da geleistet hat!" (zit. n. Becker/Becker 1992, S. 32).

Und dieselbe Luise Solmitz noch einmal am 6. Februar 1933 im Anschluß an einen Fackelzug von „Nationalsozialisten und Stahlhelmern":

„Wir waren wie berauscht vor Begeisterung, geblendet vom Licht der Fakkeln gerade vor unsern Gesichtern und immer in ihrem Dunst, wie in einer süßen Wolke von Weihrauch. Und vor uns Männer, Männer, Männer, braun, bunt, grau, braun, eine Flut von einer Stunde und zwanzig Minuten. Im zuckenden Licht der Fackeln meinte man nur einige Typen zu sehen, die immer wiederkehrten, aber es waren an 22–25000 verschiedene Gesichter! ... – 'Juda, verrecke', wurde auch mal gerufen und vom Judenblut gesungen, das vom Messer spritzen solle. (Späterer Zusatz von L. Solmitz: Wer nahm das damals ernst?!)" (zit. n. ebd., S. 52f.).

Solch emotionale Begeisterung für das NS-System bei Teilen der Lehrerschaft ist nur zu verstehen vor dem Hintergrund der bereits skizzierten ideologischen Schnittmengen zwischen deutsch-nationalem und nationalsozialistischem Denken lange vor 1933, das bei Luise Solmitz in der Reihung Hitler, Hugenberg, Seldte, Papen, Hindenburg, Bismarck sichtbar wird.

Insbesondere an den *Gymnasien* hatte sich – wie dargestellt – nach 1918/19 nur relativ wenig verändert. „Die deutsch-nationalen Studienräte waren die Wortführer innerhalb des Kollegiums, und sie besetzten während der Weimarer Republik die Funktionsstellen" (Meier 1993 a, S. 113) – dies selbst in Arbeitervierteln wie in Berlin-Neukölln. Nach dem 30. Januar 1933 paßte sich die überwiegende Mehrheit von ihnen „schweigend an oder arbeitete bereitwillig mit. Sie begrüßten einmütig den Regierungswechsel, der eine Rückkehr zu vertrauten Verhältnissen versprach und der eigenen vordemokratischen Vorstellungswelt ‚wesensmäßig' entgegenkam" (ebd., S. 115). Viele von ihnen hatten sich – gerade in den Hochburgen der Weimarer Schulreform wie Berlin und Hamburg – schon lange vor 1933 an der Diffamierung sozialistischer wie liberal-demokratischer Reformschulen beteiligt; die Nazis zogen daraus ihren Nutzen.

Eine typisch deutsch-nationale Schulleiterkarriere im Übergang von Weimar zum NS-Staat ist die des 1927 zum Leiter der Düsseldorfer Hindenburg-Schule (heute: Humboldt-Gymnasium) ernannten *Hans Ellenbeck* (vgl. Gemein 1988): 1889 in Krefeld geboren, in einem protestantisch-bildungsbürgerlichen Elternhaus (Vater: Oberstudiendirektor) aufgewachsen; Studium der Fächer Deutsch, Französisch, Englisch in Tübingen, Bonn, Folkestone und Besançon; Lehramtsprüfung und Promotion (Thema: „Die Sage vom Ursprung des deutschen Meistersangs"); Mitglied einer schlagenden Verbindung, im Krieg zweimal verwundet und mehrfach ausgezeichnet; Vorbereitungsdienst und ab 1919 feste Anstellung als Studienrat an der Hindenburg-Schule; neben der Schultätigkeit gleich nach dem Krieg Parteikarriere in der konservativen DNVP, u.a. seit 1919 Stadtverordneter, ab 1922 Fraktions- und Stadtverbandsvorsitzender, zwischen 1924 und 1928 Mitglied des Reichstages und kulturpolitischer Sprecher der DNVP – dies alles wichtige Voraussetzungen für Ellenbecks Ernennung zum Oberstudiendirektor mit erst 38 Jahren. Ellenbeck bejahte zwar grundsätzlich den Weimarer Staat, distanzierte sich jedoch zugleich von dessen parlamentarischer Form sowie dem ihm zugrundeliegenden Prinzip der „Gleichheit aller Bürger". An die Stelle dieses „Revolutionsirrtums" sollte wieder das „altpreußische Wort ...: Jedem das seine ..." treten, der Leistungsgedanke im Wahlrecht seinen Ausdruck finden „oder eine zweite Kammer, berufen nach Qualitätsgesichtspunkten, ... dem mechanisch ermittelten Volkswillen der Massen den Wertwillen der Auslese als Ausgleich zur Seite stellen ..." (zit. n. ebd., S. 56). Volk und Nation besaßen lange vor 1933 für ihn einen hohen Stellenwert; gelegentlich finden sich in seinen Schriften aus dieser Zeit bereits erschreckende Ausfälle gegen Intellektuelle und Literaten, die als „Schmutzfinken, ... schamlose Schweinehunde von Geldmachern, zynisches Lumpengesindel nicht-arischen und – leider auch – arischen Geblüts" beschimpft werden und denen mit der „Hundepeitsche" der „deutsch-nationalen Führung des Volkes" gedroht wird (zit. n. ebd., S. 61). Am 1. 5. 1933 trat Ellenbeck der NSDAP bei, stieg zu einem ihrer führenden Propagandisten auf, wurde im Krieg Schulungsoffizier, schrieb nach eigenen Angaben „insgesamt 1200 Aufsätze über Fragen der wehrgeistigen Kriegsführung" und wäre fast noch vor der endgültigen deutschen Niederlage Professor für Wehrwissenschaft an der TH Dresden geworden. Triebkräfte dieser Karriere waren „eine starke ‚Führerpersönlichkeit'" sowie „ungebrochene Fähigkeit zur Anpassung ..., die um so leichter war, weil das Dritte Reich einen Großteil der nationalen Ideale Ellenbecks zu verwirklichen schien" (ebd., S. 60).

Dies gilt trotz Auswechslung einzelner Zentrumsdirektoren, -studienräte und -rätinnen der Tendenz nach auch für *katholische Regionen*, wie eine Studie über das *Kölner Apostelgymnasium*, die Schule Konrad Adenauers, exemplarisch verdeutlicht (vgl. Geudtner u. a. 1985). Auch hier war – Gesprächen mit ehemaligen Schülern zufolge – deutschnationales Gedankengut im Lehrerkollegium weit verbreitet. Die sog. Frontkämpfergeneration des Ersten Weltkrieges lastete aus Enttäuschung über die militärische Niederlage von 1918 und das „Versailler Diktat" schließlich alle wirtschaftlichen und politischen Schwierigkeiten der Demokratie an (vgl. ebd., S. 31). Hinzu kam die problematische Haltung der katholischen Kirche und des Zentrums zum NS-Staat, und zwar spätestens seit der Fuldaer Bischofskonferenz vom 28. März 1933, also bereits Monate vor dem Abschluß des Konkordats zwischen Hitler und dem Vatikan im Juli 1933. „Obwohl keine Änderungen im Parteiprogramm der NSDAP vorgenommen worden waren, wurden die Katholiken nunmehr zur Loyalität gegenüber der rechtmäßigen Obrigkeit angehalten. Den Lehrern mußte mit dieser Zustimmung und der Annahme des Ermächtigungsgesetzes (durch das Zentrum, W. K.) die Situation nun auch kirchlich legitimiert erscheinen, die Kreise der katholischen Opposition verloren an Rückhalt" (ebd., S. 34). Dies, obwohl gerade auch in Köln die Terror-Aktionen der Nazis vor aller Augen stattfanden, am 31. März 1933 nicht einmal 1000 Meter Luftlinie vom Apostelgymnasium entfernt SA und SS das Justizgebäude am Reichenspergerplatz stürmten, jüdische Juristen bedrohten und verfolgten und am nächsten Tag – im Zuge des sog. Juden Boykotts – ihren antisemitischen Aggressionen gegenüber jüdischen Geschäften freien Lauf ließen, wobei „ein Teil der Presse ... mit großen Schlagzeilen ... sekundierte" (ebd., S. 35). Zwar traten von den 26 hauptamtlichen Lehrern des Apostelgymnasiums zwischen dem 1.4. und 1. 5. 1933 nur fünf der NSDAP bei, jedoch war bis zum Herbst 1933 das gesamte Kollegium im NSLB organisiert, mit Ausnahme der beiden katholischen Geistlichen, des evangelischen Pfarrers und natürlich des im April 1936 von der Schule ausgeschlossenen jüdischen Religionslehrers Max Baum. Dessen Sohn Herbert verließ aufgrund der für ihn unerträglich gewordenen Isolierung in der Klasse als letzter jüdischer Schüler 1935 das Apostelgymnasium vorzeitig und emigrierte nach Amerika, wo er nie heimisch geworden ist (vgl. ebd., S. 179 ff.). Bis heute wird von ehemaligen Mitschülern wie sogar dem derzeitigen Direktor der Schule in Zweifel gestellt, „daß der Schüler Baum, nur weil er Jude war, die Schule verlassen mußte“[5] – dies trotz des eindeutigen, von mehreren Zeitzeugen bestätigten Tatbestandes seiner vielfältigen Diskriminierung durch Mitschüler und Lehrer.

Ähnlich wie im Gymnasium verlief die Nazifizierung in der *Volksschule*. In der Regel genügte es, den alten Schulleiter bzw. die alte Schulleiterin durch ein verdientes NSDAP-Mitglied zu ersetzen, sofern dies überhaupt nötig war. Die überwiegende Mehrheit der Kollegen und Kolleginnen scheint die Machteroberung der Nazis stillschweigend hingenommen zu haben. Bruno Schonig (1994) spricht in einer zusammenfassenden Auswertung Berliner Lehrerlebensgeschichten von einer Gemengelage aus „anpassen, beobachten, fernbleiben und sich verweigern“, wobei letzteres in der Mehrzahl der Fälle gegen „Auswüchse“, nur selten gegen das System als solches gerichtet war (S. 114 ff.). Dabei darf die bereits skizzierte besondere Situation der Junglehrerschaft in der Endphase der Weimarer Republik nicht vergessen werden. „Viele dieser Lehrerinnen und Lehrer erhielten um 1933 ihre feste Anstellung und wurden beamtet ..., d. h. mit Beginn der faschistischen Herrschaft löste sich für sie eine lange Zeit der wirtschaftlichen und sozialen Unsicherheit (ebd., S. 111). Ebenso dürften sich auch hier zu dem Interesse an beruflicher und wirtschaftlicher Sicherheit manifeste und latente antidemokratische Einstellungen ausgewirkt haben, so daß dem Beginn der Nazi-Herrschaft positive Perspektiven abgewonnen werden konnten (vgl. Klewitz 1987, S. 113 ff.).

Es bleibt die Frage nach dem kaum vernehmbaren Widerspruch und Protest gegen Entlassungen und Vertreibungen von Kollegen und Kolleginnen, aber auch Schülern und Schülerinnen der *eigenen* Schule. Hinweise darauf könnten Stellungnahmen von ehemaligen Lehrern und Lehrerinnen wie die beiden folgenden geben:

„Anfang Februar (1933) war es wohl, ja Mitte Februar, da sagte schon unser Chef: ‚Ja, Kollegen, ich werde wohl nicht mehr lange hier sein.‘ Denn er war SPD-Mann, und (andere, W. K.) Lehrer waren es auch. Und dann, so Anfang März, mit einemmal, ich komme morgens zur Schule, Chef ist nicht da. Von den dreißig Lehrern, die wir da ungefähr waren, fehlten zehn, kamen nicht mehr. Wo sind die geblieben? Die haben alle ein Schreiben gekriegt: Fristlos entlassen. Betreten der Schule verboten, konnten nicht mehr kommen … 'n paar Tage später kam ein neuer Herr an, ein Dr. T. aus Köpenick mit goldenem Parteiabzeichen, stellte sich als der neue Leiter dieser Schule vor. Und dann kamen allmählich alle Lehrer an, die Nazi waren. Und ich blieb bloß drin, weil ich keiner Partei angehörte – und die Gewerkschaft rechneten sie nicht so" (Lehrer Otto B., zit. n. Schonig 1994, S. 113).

Und:

„'Na ja, und denn, ich hatte det eigentlich gar nich gemerkt, wat da passiert war. Hitlerzeit, nich wahr', erzählt Erich Liebe. Als die jüdischen Kolleginnen und Kinder nicht mehr zur Schule kommen, bekommt er ‚spitze Ohren':
'Die kam nicht mehr, die wurde abjemeldet, der wurde abjemeldet. Da sagten wir, meine Kollegen: ‚Wat 'n los Kinder?' – ‚Haste nich jehört?' - Ick sage: ‚Is nicht möglich, kann nicht möglich sein.'
‚Also, ich hatte et nich jeglaubt, es nicht jeglaubt. Wir waren ne Schule, wo ne Menge jüdischer Kinder waren, jüdische Lehrer und Lehrerinnen waren. Aber denn merkte ich, wie det so zerbröckelte.'
Erst in einem Gespräch mit einem jüdischen Geschäftsmann erfährt Erich Liebe, daß ‚ganz dicke' Luft ist" (ebd., S. 117).

Für beide Erzähler charakteristisch ist ihre durchgängige Haltung als stille Beobachter. Entscheidend für sie ist, daß sie selbst „drin blieben", nicht betroffen waren. Ein Eintreten für die von Willkürakten und Diskriminierung Betroffenen des eigenen Kollegiums bzw. für die Schüler und Schülerinnen der eigenen Schule und Klasse, in welcher Form auch immer, kommt ihnen nicht in den Sinn, selbst nicht im Rückblick von nahezu 50 Jahren. Ganz offensichtlich steht dahinter ein Wahrnehmungs- und Verhaltensmuster, das in früher Kindheit und Jugend vermittelt und eingeübt wurde: sich um jeden Preis still zu verhalten gegenüber Anordnungen und Maßnahmen von oben, aber auch gegenüber mehrheitsfähigen Einstellungen und Haltungen, in diesem Falle des Antisemitismus. Zweifellos drückt sich darin auch ein Gefühl von Ohnmacht aus, nämlich nichts gegen Anordnungen von oben unternehmen zu können, so daß nur „wegsehen, nichts wissenwollen und durchlavieren" als Reaktionen bleiben – so Bruno Schonig mit Bezug auf den zitierten Erich Liebe (ebd., S. 117).

e) Gleichschaltung der Lehrerverbände

Eine nicht unwichtige Rolle bei der Nazifizierung der Lehrerschaft haben die überkommenen Lehrer- und Lehrerinnenorganisationen gespielt. Mit Ausnahme weniger kleinerer, dezidiert demokratisch orientierter Verbände wie der Allgemeinen Freien Lehrergewerkschaft Deutschlands oder dem Bund Entschiedener Schulreformer standen sie zum großen Teil bereits vor dem 30. Januar 1933 kaum mehr auf dem Boden der Weimarer Demokratie; der Philologenverband z. B. aufgrund seiner traditionell antidemokratisch-ständischen Ausrichtung, der Deutsche Lehrerverein aufgrund des beschriebenen Rechtsrucks in der Krise Weimars. Von daher verwundert nicht, daß ihre Vorstände größtenteils noch im März 1933 ihre bis dahin geübte Zurückhaltung aufgaben, Loyalitätsbekundungen an das neue Regime sandten und sich darin „zur Mitarbeit im Dienste des nationalen Erziehungswesens bereit erklärten" (Bölling 1983, S. 136).[6] Wie insbesondere in Bremen und Sachsen wurden nicht-konforme Mitglieder der Vorstände durch Nationalsozialisten ersetzt (vgl. ders. 1978, S. 219 ff.). Parallel dazu liefen spätestens seit Anfang April verstärkte Bestrebungen zur Eingliederung aller Verbände in den *Nationalsozialistischen Lehrerbund (NSLB)*.

Der NSLB (vgl. Feiten 1981) wurde 1927 von dem Bayreuther Lehrer Hans Schemm (1891–1935) gegründet und gehörte zu den NS-Gliederungen, die schon im Januar 1933 über das gesamte Reichsgebiet verbreitet und gut organisiert waren, mit damals ca. 11 000 Mitgliedern, darunter Ernst Krieck als prominenter Erziehungswissenschaftler und Heinrich Scharrelmann als bekannter und geschätzter Reformpädagoge. Spätestens seit der Reichstagung des NSLB vom 8./9. April 1933 in Leipzig propagierte Schemm öffentlich die Zusammenfassung sämtlicher deutscher Pädagogen und Pädagoginnen vom Kindergarten bis zur Hochschule in einer „einheitlichen deutschen Erzieherfront" (zit. n. ebd., S. 57). Dieses Ziel versuchte er durch Druck von oben und Druck von der Basis der Lehrervereine, aber auch durch Versprechungen und Taktik zu erreichen. Bereits im Frühjahr 1933 waren die meisten Verbände zum Beitritt bereit. Der Zusammenschluß auf der Magdeburger Vertreterversammlung vom 8. Juni 1933 bedeutete faktisch das Ende ihrer Selbständigkeit, auch wenn ihre organisatorische Liquidierung teilweise erst einige Monate später erfolgte (vgl. Bölling 1978, S. 211 ff.; ders. 1983, S. 137; Feiten 1981, S. 55 ff.; für Hamburg: Hochmuth/de Lorent 1985, S. 12 ff.).

Daß sich nicht alle Lehrerverbände bereits im Frühjahr 1933 gleichschalten ließen, hatte in der Regel nichts mit Ablehnung des Nationalsozialismus zu tun, sondern – wie im Falle des *Philologenverbandes* – mit ständischen Interessen oder – im Falle des *Vereins katholischer deutscher Lehrerinnen* – mit dem Wunsch nach religiös motivierter Eigenständigkeit. Das zeigte sich schon daran, daß beide Male lange vor der Selbstauflösung (des Philologenverbandes im Juni 1936) bzw. des Verbots (des Vereins katholischer deutscher Lehrerinnen im August 1937) ein Großteil der Mitglieder dem NSLB einzeln beigetreten waren (vgl. Bölling 1983, S. 138 f.). Dagegen hatte die *Allgemeine Freie Lehrergewerkschaft Deutschlands*, um der Gleichschaltung zu entgehen, im April 1933 auf einem außerordentlichen Verbandstag – „schon unter konspirativen Bedingungen ... (Lokalwechsel aus Angst vor Spitzeln)" – ihre Auflösung aus politischen Gründen beschlossen (Feidel-Mertz/Schnorbach 1981, S. 83; vgl. Schnorbach 1989, S. 153 f.).

Nach 1945 ist verschiedentlich die Frage aufgeworfen worden, ob die Anfälligkeiten für den Nationalsozialismus auf seiten der Lehrerschaft größer waren als in vergleichbaren Berufsgruppen (vgl. Kater 1979, S. 598 ff.; Bölling 1983, S. 140 ff.). Die Mitgliedschaft von 97% im NSLB, von zwischen 25 und über 30% in der NSDAP sowie von etwa 10% in der SA deuten in diese Richtung, wenn man sie in Relation setzt zu den „nur" rund 20% NSDAP-Mitgliedern bei den übrigen Beamten (bei Ärzten jedoch 45%).

Wichtiger als der prozentuale Vergleich ist die Frage nach berufsspezifischen *Ursachen der Anfälligkeit*. Die bisherige Forschung legt durch eine Fülle regionaler und Einzelfallstudien die Vermutung nahe, daß letztendlich ideologische Affinitäten, obrigkeitsstaatliche Beamtenmentalität, karriereorientierter Opportunismus und ein gehöriges Maß an Gleichgültigkeit sowohl gegenüber dem Schicksal von Kollegen und Kolleginnen als auch dem von Schülern und Schülerinnen eine enge Verbindung eingegangen sind. Der von Anfang an sichtbare Unrechtscharakter des NS-Regimes wie auch die Verletzung elementarer humaner Prinzipien durch seine Repräsentanten – innerhalb wie außerhalb der Schule – haben ganz offensichtlich nicht ausgereicht, um solche fest verankerten

Einstellungen und Haltungen ins Wanken zu bringen oder sie gar in Opposition und Widerstand zu verwandeln.

f) Oppositionelles Verhalten von Lehrer- und Schülerschaft

Trotzdem gab es in der Schule nicht nur Gewalt und Anpassung, Opfer und Mitläufer/Mitläuferinnen, sondern auch Opposition und Widerstand, und zwar auf Lehrer- wie Schülerseite. Unterschieden werden heute nach der Reichweite und Radikalität von Opposition auf der untersten Stufe *Nonkonformität* im Sinne „einfacher gesellschaftlicher Normenverletzungen, die noch keine zwingende Konfrontation mit dem NS-Staat" zur Folge haben mußten; als nächste Stufe *Verweigerung* im Sinne „bewußter Nicht-Einhaltung von Anordnungen", die das Risiko einer Konfrontation mit NS-Instanzen einschloß, weiterhin *Protest* als (schul-)öffentlich geäußerte Kritik an einem Merkmal nationalsozialistischer Erziehung oder Politik und schließlich – als radikalste Form – *Widerstand* im Sinne einer *bewußten* Bekämpfung des Regimes als *Ganzem* (van Dick 1988, S. 420f.; vgl. ders. 1991, S. 119f.). Zur Einordnung und Bewertung oppositioneller Akte bedarf es der Kenntnis des jeweiligen Kontextes, möglichst auch einer Zuordnung zu unterschiedlichen Phasen des NS-Regimes; die folgenden Beispiele stammen vorwiegend aus der Anfangszeit.

Widerstand setzte politische Bewußtheit voraus. Seine Träger und Trägerinnen kamen daher zumeist aus der Lehrer- wie Schülerschaft von demokratischen Reformschulen. Soweit es sich um *Lehrerinnen* und *Lehrer* handelte, haben sie sich in der Regel bereits vor 1933 in linken Parteien bzw. Lehrerverbänden organisiert und vor den zunehmenden Gefahren des Faschismus gewarnt. In Hamburg z. B. gehörten sie großenteils der 1931 gegründeten *„Interessengemeinschaft oppositioneller Lehrer"* (*IOL*) an. Als sie sich gleich zu Beginn des Nazi-Regimes zunehmenden Verfolgungen ausgesetzt sahen, beschlossen sie im Februar 1933 deren Auflösung, kamen jedoch in kleineren Gruppen zu drei bis fünf Personen weiterhin „regelmäßig zusammen, tauschten Erfahrungen, Nachrichten (und) illegales Informationsmaterial ... aus dem Ausland ... (aus), stimmten sich über die illegale Arbeit" (Hochmuth/de Lorent 1985, S. 21), z. B. die Erstellung von Flugblättern, ab und organisierten nicht zuletzt solidarische Hilfsmaßnahmen für mittellos dastehende entlassene Kollegen und Kolleginnen. Diese einzige organisierte Lehrerwiderstandsgruppe in Hamburg umfaßte zunächst ca. 30 Personen, wurde „bald durch Verhaftungen geschwächt, bestand jedoch weiter als loser Freundeskreis" (ebd.). Herausragende Repräsentanten und Repräsentantinnen waren neben der bereits erwähnten Emmy Carstensen Dietrich Rothenberg und Rudolf Klug. Teilweise gab es Kontakte zur illegalen KPD, ebenso zu einer entsprechenden *illegalen Berliner Lehrergruppe um Kurt Steffelbauer* sowie zu befreundeten Kollegen und Kolleginnen in England. Während des Krieges schlossen sich einzelne Lehrer und Lehrerinnen neugebildeten Widerstandsgruppen an (vgl. ebd., S. 18 ff. u. ö. mit zahlreichen Lehrerporträts; Lehberger/de Lorent 1986, S. 146 ff. u. ö.).

Bei den *Schülern* und *Schülerinnen* wurde das Fundament für ihre oppositionelle Haltung „in der Regel schon im Elternhaus, in proletarischen Kultur- oder Massenorganisationen gelegt oder – soweit es sich um Jungkommunisten handelte – im Pionierverband oder bei der Kommunistischen Jugend". Die antifaschistisch gesonnenen Lehrer insbesondere der Hamburger und Berliner demokratischen Reformschulen, z. B. der *Neuköllner Rütlischule*, haben „darauf aufgebaut, zur Toleranz gegenüber Andersdenkenden und Minderheiten erzogen und die Schüler in der Ablehnung der faschistischen Bewegung und ihres Terrors vor 1933 bestärkt. Hierbei wirkte das persönliche Beispiel oft stärker als aufklärende Worte und Ermahnungen" (Hoffmann 1991, S. 342 ff.). Auch nach Auflösung der alten Klassenverbände blieb oft ein Zusammenhalt, der den einzelnen Kraft gab. Nicht zufällig sind aus der Neuköllner Rütli- wie der benachbarten Karl-Marx-Schule bekannte Widerstandsgruppen wie die Rütli-Gruppe um Hanno Günther und die Gruppe „Herbert Baum" hervorgegangen (vgl. Sandvoß 1990, S. 229 ff.).

Opposition unterhalb von Widerstand entzündete sich vielfach an NS-Symbolen bzw. im Zusammenhang mit NS-Ritualen im schulischen Alltag, etwa an dem seit Juli 1933 offiziell eingeführten Hitler-Gruß, dem Aufhängen von Hitler-Bildern, dem Hissen von NS-Fahnen (vgl. z. B. Zorn 1977, S. 212) oder dem Absingen faschistischer Lieder. Ehemalige Lehrer wie Schüler berichteten, daß damals – im Sinne von *Verweigerung* oder *Protest* – persönliche Varianten wie „Halt" bzw. „Heilt Hitler" entwickelt wurden, um dem deutschen Gruß zu entgehen (vgl. Geudtner u. a. 1985, S. 144; van Dick 1988, S. 445).

Für die *Zeugen Jehovas* bedeutete der Hitler-Gruß eine besonders schwere Gotteslästerung, so daß er von vielen ihrer Kinder verweigert wurde. Ganz offensichtlich hat dies bei der Schulbürokratie Verunsicherung ausgelöst, wie die entsprechenden Schriftwechsel zwischen betroffenen Schulleitungen und nächsthöheren Dienstbehörden bis hin zum Regierungspräsidenten belegen.[7] Die Vorschläge zur Problemlösung reichen von – nötigenfalls immer wiederholten – polizeilichen Verfügungen gegen die Eltern, einschließlich der Verhängung von Zwangsgeldern, über die Stigmatisierung der verweigernden Schüler als „geistig nicht zurechnungsfähig", als „Schädlinge", die „sich außerhalb der Volksgemeinschaft" stellen und „daher keinen Anspruch auf ihre segensreichen Einrichtungen" haben, als „fanatisierte Pathologen" oder gar als Träger ansteckender Krankheiten, die man von der Schulgemeinschaft ausschließen muß, bis hin zur Einweisung in eine geeignete Anstalt auf dem Wege der Fürsorgeerziehung.

Der Verweigerung des Hitler-Grußes durch die Zeugen Jehovas vergleichbar ist der Protest in *katholischen* Regionen gegen die Ersetzung von Kruzifixen durch Hitler-Bilder in den Schulklassen, z. B. im sog. *Oldenburger Kreuzkampf* des Jahres 1936 (vgl. Damberg 1986, S. 140 ff.). Damals sollten laut Verordnung sämtliche Kruzifixe und Heiligenbilder aus öffentlichen Gebäuden, also auch Schulen, entfernt werden. Aufgrund immenser Proteste mußte die Verfügung wieder zurückgenommen werden. Dieser Erfahrung entsprechend ist in späteren Jahren die mittlere und niedere Schulaufsicht in katholischen Regionen zumeist angewiesen worden, unnötige Schärfen wie die Entfernung von Kruzifixen zu vermeiden (vgl. ebd., S. 226 f.). Es stellt sich die Frage, ob die Bevölkerung nicht auch bei der Verfolgung der Juden viel mehr hätte Einfluß nehmen können!

Teilweise ist *Protest* weit über Verweigerung von NS-Symbolen und -Ritualen hinausgegangen wie im Falle des von Walter Jens porträtierten Lehrers *Ernst Fritz*. Dieser versuchte am renommierten *Hamburger „Johanneum"* in seiner Klasse das Horst-Wessel-Lied zu analysieren, nachdem es die Schüler „anfangs mit Inbrunst" gesungen hatten. Dabei unterzog er etwa den Satz „Kameraden, die Rotfront und Reaktion erschossen, marschiern im Geist in unsern

Reihen mit“ einer grammatikalischen Analyse, „indem er die Frage stellte, wer hier denn nun eigentlich wen erschossen habe, Rotfront die Kameraden oder, was eher anzunehmen, freilich ganz und gar nicht gemeint sei, die Kameraden die Rotfront. *Er*, Sprachmeister Fritz, verstünde den Artikel *die* als Nominativ, Horst Wessel hingegen als Akkusativ – da möchten doch, bitte sehr, wir selber entscheiden, wer hier im Recht sei!“ Am Ende der Lektion war die Hymne für die Schüler „ein für allemal ... als Machwerk erledigt mit Hilfe der aufklärerisch gehandhabten Grammatik“; Ernst Fritz freilich – damals 45jährig – hat mit Entlassung aus dem Schuldienst „wegen staatsfeindlicher Gesinnung“ und Gefängnis teuer bezahlen müssen, nachdem er zuvor denunziert worden war (Jens 1982, S. 109 f.).

Das Beispiel des Lehrers Ernst Fritz ist sicherlich kein Einzelfall. Daß es festgehalten und damit vor dem Vergessen bewahrt worden ist, muß als Verdienst auch dem Chronisten Walter Jens angerechnet werden. Viele ähnlich mutige und zugleich fähige Lehrer und Lehrerinnen haben nie einen Walter Jens gefunden.

Schließlich darf nicht vergessen werden, daß es über die beschriebenen Formen von oppositionellem Verhalten hinaus Beispiele von Mitmenschlichkeit gab, die sich jeder Klassifizierung entziehen, aber trotzdem bedeutsam sind. Lutz van Dick berichtet über die Lehrerin Elisabeth Forck, zu der an einem Winterabend des Jahres 1942 eine ehemalige jüdische Schülerin kam, nur um vor ihrem Abtransport ins KZ „einmal noch einen Menschen (zu) sehen“.

„Sie, die in der Bekennenden Kirche engagiert war, sich für getaufte jüdische Gemeindemitglieder und entlassene Lehrerkolleginnen eingesetzt hatte und deshalb selbst zur Gestapo zitiert worden war: Sie litt, weil sie sich *verantwortlich* fühlte und weil sie mit ihrer Schülerin *mitfühlte*. *Verantwortungsübernahme* und *Einfühlung* in die Situation eines anderen – zwei wesentliche Kategorien zur Definition aufrechten Gangs“ (van Dick 1991, S. 113 u. 114).

Dieser, von Ernst Bloch stammende Begriff des „aufrechten Ganges“ dient Lutz van Dick zur Kennzeichnung einer Grundeinstellung, die jeder Form von oppositionellem und widerständigem Verhalten in der Nazi-Zeit zugrunde lag. Diese Haltung ist das genaue Gegenteil des Wegsehens bzw. des bloß stillen Beobachtens, wie es charakteristisch für die überwiegende Mehrheit der damaligen Lehrerschaft war.

g) Die Schulen der Reformpädagogik zwischen Paktieren, Taktieren und Opponieren

Dem Kontext von Widerstand und Opposition werden vielfach auch die Schulen der Reformpädagogik, also Landerziehungsheime, Waldorf-, Montessori- und Jena-Plan-Schulen zugerechnet. Soweit sie nicht vom Schicksal der Schließung betroffen gewesen seien, hätten sie unter erschwerten Bedingungen weitergearbeitet und „sich auf dem schmalen Grat zwischen äußerlicher Akzeptanz der politischen Gegebenheiten und der Bewahrung des christlich-humanistischen Menschenbildes reformpädagogischer Tradition" bewegt (Potthoff 1992, S. 52); lange Zeit war sogar vom „Ende" (Blättner 1951, S. 218) bzw. von gewaltsamem Abbruch der gesamten Reformpädagogischen Bewegung im Jahre 1933 die Rede (Scheibe 1984, S. 405). Demgegenüber belegen quellengestützte Analysen, daß einige Schulen den Nationalsozialismus begeistert begrüßt, andere sich zumindest sehr gut mit ihm arrangiert haben, eine dritte Gruppe in der Tat wertvolle Traditionen zu bewahren gesucht, eine vierte sich aus ganz verschiedenartigen Motiven aufgelöst hat und schließlich mehrere Schulen gewaltsam zerschlagen bzw. in NS-Einrichtungen umgewandelt worden sind; teilweise verlief ihre Entwicklung auch widersprüchlich. Eine differenziertere Betrachtung muß deshalb ein breites Spektrum von Verhaltensweisen vom Paktieren, über bloßes Taktieren bis hin zum Opponieren beachten (vgl. Feidel-Mertz 1983, S. 25 ff.; Röhrs 1986, S. 19 ff.; Seydel/Vogel 1986).

Die Vielfalt von Reaktionen wird an der Haltung unterschiedlicher Landerziehungsheime sichtbar. Ein Beispiel für besonders reibungslose Selbstgleichschaltung sind die *Hermann-Lietz-Schulen*. Ihr damaliger Leiter, *Alfred Andreesen*, hat sich gleich nach dem 30. Januar 1933 voll auf den Boden des faschistischen Deutschlands gestellt und in immer neuen Variationen die Übereinstimmungen zwischen Hitler und Lietz wie auch zwischen den „Kampfzielen" seiner Schulen und der „großen nationalen Bewegung" betont (Leben und Arbeit 26, 1933/34, S. 52 u. ö.). Tatsächlich lassen sich in den von Hermann Lietz (1869–1919) Ende des vorigen und zu Beginn dieses Jahrhunderts gegründeten Heimen von Anfang an autoritäre, nationalistische, militaristische, antisemitische und rassistische Grundtendenzen kaum übersehen. Allerdings war deren

Ausrichtung vor 1933 noch nicht faschistisch. Davon trennte sie vor allem die gleichzeitige Orientierung am Gedanken individueller und ganzheitlicher Förderung jedes einzelnen Schülers statt – wie im Konzept faschistischer Erziehung – der Prägung und Formung eines bloßen Typus.

Inwieweit dies auch noch für die Heime nach 1933 gegolten hat, ist schwierig zu entscheiden (vgl. Cleve 1974, S. 37 ff.; Bohrer/Renner 1982, S. 34 ff.). Schon seit 1931 (in Spiekeroog) bzw. 1932 (in Buchenau) gab es Vorläufer einer HJ; im Juli 1934 konnte Andreesen melden, daß „alle unsere Schüler ... in HJ, JV (oder BDM)" sind (Leben und Arbeit 1934, S. 179). Seit Oktober 1933 fanden in den Heimen alljährlich unter großer Beteiligung der regionalen Nazi-Prominenz Hitler-Jugend-Treffen mit Feldgottesdienst und wehrsportlichen Übungen statt, „um nach außen zu zeigen, daß wir in vorderster Linie mitarbeiten wollen am Aufbau des neuen Reiches und uns voll und ganz hinter unseren Führer Adolf Hitler stellen" (ebd. 1933, S. 92). Militaristischer und faschistischer Geist durchdrang Heimleben wie Unterricht. In den Kapellen, der für die Landerziehungsheime typischen Form gemeinsamer Meditation, las man nun „vor allem Biographisches ... von Adolf Hitler, Horst Wessel, Schlageter u. a." (ebd. 1934, S. 60), Novellen der Nazi-Schriftsteller Grimm, Schäfer und Beumelburg; zugleich wurden die Juden als „Händlervolk und Parasit der anderen Völker und Kulturen" (ebd., 1935, S. 110), als „religiös und kulturell unfruchtbar, steril" (ebd.) diffamiert, und zwar in Ansprachen des Schulleiters Andreesen, also von höchster Stelle aus. Nicht zufällig lösten die „Erfolge" nationalsozialistischer Politik wie die „Saarrückgliederung" Begeisterung aus (vgl. ebd., S. 15).

Der fünfköpfige Stiftungsvorstand der Heime setzte sich zu diesem Zeitpunkt bereits mehrheitlich aus führenden Repräsentanten des NS-Regimes, insbesondere aus der Wirtschaft (I. G.-Farben) zusammen (vgl. Bohrer/Renner 1982, S. 41 ff.). Kein Wunder, daß die Hermann-Lietz-Schulen, die noch zu Beginn der dreißiger Jahre über rückläufige Schülerzahlen klagten, starken Zulauf hatten, so daß 1941 ein achtes Heim eingerichtet werden mußte, während gleichzeitig andere, weniger konforme Landerziehungsheime von den Nazis geschlossen bzw. in ihrer Arbeit behindert wurden.

Die Hermann-Lietz-Schulen sind kein Einzelfall gewesen; mit Varianten dürfte die Nazifizierung anderer Heime wie des *Landschulheims am Solling* bei Holzminden, *Schondorfs am Ammersee* oder der *Urspringschule* bei Schelklingen auf der Schwäbischen Alb nach ähnlichem Muster erfolgt sein: vor 1933 Affinitäten zur NS-Ideologie, einschließlich Ablehnung des Weimarer Systems, nach dem 30. Januar Bereitschaft zur Mitarbeit im „neuen Staat" bis hin zu begeisterter Zustimmung zu seinen Zielen; Konflikte, die es fast überall gab, waren nicht grundsätzlicher Natur, sondern entzündeten sich an Fragen der Autonomie der Heime bzw. der Entlassung einzelner jüdischer Lehrer/Lehrerinnen oder Schüler/Schülerinnen; gelegentlich wird es sich dabei auch nur um Querelen mit mittelmäßigen Funktionären gehandelt haben.

„Man hatte Berührungspunkte und glaubte, daß der Faschismus sich weiter entwickeln würde", so der Sohn Theophil Lehmanns, des Gründers des *Landschulheims am Solling*, im Rückblick auf die Gleichschaltung 1933. „Widerstand gab es an der Schule nicht, bis zu einem gewissen Grade Anpassung, und sonst lief das Heimleben weiter; man war nicht so politisch", dies die Erinnerung einer Ehemaligen derselben Schule. Begeisterung *und* Verdrängung dicht nebeneinander: Begeisterung in bezug auf die für wertvoll erachteten Ziele des Nationalsozialismus, Verdrängung z. B. in bezug auf Entlassung und Verfolgung jüdischer Lehrer und Schüler. „Das war etwas Bedrohliches, was da nach uns griff, und wir waren froh, wenn wir nichts damit zu tun hatten" (Lehmann jun.)[8]

Selbst Schließung von Heimen brauchte – wie im Falle von *Martin Luserkes* 1925 gegründeter *„Schule am Meer"* auf Juist – nicht Ausdruck von Distanz oder Opposition zum NS-Regime zu sein. Luserke (1880–1968) verzichtete zwar Anfang 1934 auf die Weiterführung der Schule, seine Motive waren jedoch: „Überdruß an Schule und Schülern" wie die „Hoffnung ..., sich als Schriftsteller (im „Dritten Reich", W. K.) eine Existenz aufbauen zu können", was ihm auch gelang (Schwerdt 1993, S. 240; vgl. ders. 1994).

Im Gegensatz dazu wurde die von *Gustav Wyneken* begründete *„Freie Schulgemeinde" Wickersdorf* bei Saalfeld in Thüringen bereits im Dezember 1932 (durch die thüringische NSDAP/Bürgerblock-Regierung) aufgelöst und in eine nationalsozialistische Schule umgewandelt. Ausschlaggebend dafür war ihr „großer Anteil ausländischer und nicht-arischer Schüler", ihre „als links gerichtet bekannte politische Einstellung", aber auch „ihre innere Schwäche, die sich in dem schnellen Wechsel der Direktoren zeigte" (Kupffer 1970, S. 144 ff.). Schlimmer noch erging es der von *Leonard Nelson* begründeten und von *Minna Specht* geleiteten *Walkemühle* bei Melsungen. Sie wurde im März 1933 von SA besetzt, beschlagnahmt und in eine „Gauführerschule" umgewandelt, da ihre ethisch-sozialistische Ausrichtung in grundsätzlichem Widerspruch zum Nazi-Regime stand (vgl. Hansen-Schaberg 1992, S. 58 f.).

Einige Gründer wie *Kurt Hahn* (Salem), *Paul Geheeb* (Odenwaldschule) und *Curt Bondy* (Marienau) sahen sich zur Emigration gezwungen, zu unterschiedlichen Zeitpunkten und aus unterschiedlichen Gründen. „Hahn *mußte* bereits im Frühjahr 1933 Salem verlassen, weil er lange vor der Machtergreifung in verschiedenen politischen Zusammenhängen massiv den Nationalsozialismus öffentlich kritisiert hatte; Geheeb *wollte* spätestens 1934 die Odenwaldschule nicht mehr in Deutschland weiterführen, weil für ihn inhaltliche Kompromisse mit der NS-Ideologie ausgeschlossen waren; Bondy *konnte* mit äußerlichen Anpassungsleistungen die Schule ungehindert sogar bis 1936 in großer Freiheit und großer Unabhängigkeit weiterführen, bevor er bei der Gestapo denunziert wurde" (Seydel/Vogel 1986, S. 68). In allen drei Fällen war die Emigration der Gründer nicht gleichbedeutend mit Schließung oder Oppositionskurs ihrer Heime; vielfach ergaben sich widersprüchliche Prozesse, wie das Beispiel der Odenwaldschule verdeutlicht (vgl. Shirley 1992).

Geheeb (1870–1961), selbst zunächst Lehrer bei Lietz, hatte die *Odenwaldschule* 1910 als liberales, demokratisches wie koedukatives Gegenmodell zu den Lietz-Schulen gegründet, was sich in ihren Zielen wie auch ihrer Praxis niederschlug. Dementsprechend stand er, ohne ein ausgesprochen politischer Mensch zu sein, dem Nationalsozialismus distanziert bis ablehnend gegenüber, zumal seine Frau, Edith Geheeb-Cassirer, aufgrund ihrer jüdischen Abstammung unmittelbar bedroht war. Nachdem die SA die Schule bereits im März 1933 zweimal überfallen hatte, das hessische Kultusministerium Druck ausgeübt, insbesondere die alte Lehrerschaft weitgehend durch Nazi-Sympathisanten ersetzt hatte, Geheeb aber – mit Rücksicht auf das Ausland – nicht gehen lassen wollte, drängte dieser die Eltern zur Abmeldung ihrer Kinder, um auf diesem Wege die Schule zu „entvölkern", was ihm gelang. Im März

1934 emigrierte er mit 25 Schülern und Schülerinnen in die Schweiz und gründete hier – bereits über 60jährig – die *École d'Humanité*; sie wurde zu einer der renommiertesten Exilschulen und besteht bis heute in Goldern/Hasliberg im Berner Oberland.

Damit war jedoch die Geschichte der Odenwaldschule noch lange nicht zu Ende. Zwei ehemalige Mitarbeiter Geheebs führten die Schule auf altem Gelände unter dem Namen „Gemeinschaft der Odenwaldschule" weiter bzw. eröffneten sie neu, nahmen dabei deren Nazifizierung in Kauf, verzichteten also auf demokratische Schulgemeinden, trennten Arier und Juden ebenso wie Jungen und Mädchen und übernahmen Grundelemente nationalsozialistischer Erziehung. Insofern haben sie das NS-System stabilisiert, die Ziele Geheebs pervertiert, so daß dieser das Projekt ausdrücklich mißbilligt, die Haltung des neuen Leiters, *Heinrich Sachs*, verurteilt hat. Von ehemaligen, insbesondere auch jüdischen Schülern und Schülerinnen, ist Sachs indessen nach 1945 bescheinigt worden, daß es ihm trotz vieler Schwierigkeiten gelungen sei, Juden und Andersdenkende in der Schule zu schützen. Er habe die NS-Behörden über das Verbleiben jüdischer Kinder in der Odenwaldschule getäuscht, politisch Andersdenkenden die Verbreitung von Informationsmaterial nicht untersagt und Juden, die sich im Hambacher Tal versteckt hielten, geholfen (vgl. Shirley 1992, S. 186–196). Sachs – ein Pädagoge, der trotz grundsätzlicher Bejahung des nationalsozialistischen Regimes Menschlichkeit im Rahmen des eigenen Lebenskreises bewahrt oder sich sogar nur nach außen hin getarnt hat, um über Verfolgte und Bedrängte schützend seine Hand halten zu können? Darüber wird bis heute nicht nur im Altschülerkreis der Odenwaldschule kontrovers diskutiert.

Neben einer Reihe von Landerziehungsheimen blieben vor allem die nach dem *Jena-Plan Peter Petersens* arbeitenden Reformschulen von Eingriffen durch die Nazis relativ unberührt. Voraussetzung dafür waren wiederum konzeptionelle Affinitäten zum Nationalsozialismus sowie zusätzliche Anpassungsleistungen ihres Gründers. Zwar faßte der erstmals 1927 erschienene Jena-Plan viele Elemente damaliger Reformpädagogik wie jahrgangsübergreifende Gruppen, aufgelockerte Stunden-, Tages- und Wochenpläne, Wechsel von Unterricht, Spiel, Fest und Feier sowie unterschiedliche Arbeitsformen von Tischgruppenarbeit bis zum Kreisgespräch geschickt in *einem* Schulkonzept zusammen; sein Ziel war jedoch nicht nur individuelle Förderung, sondern zugleich „*Wieder*-Herstellung" einer anti-liberal, anti-demokratisch und anti-parlamentarisch strukturierten „völkischen" Lebensordnung, wie sie – mit etwas anderer Akzentuierung – grundsätzlich auch die Nazis wollten. Nach 1933 vertrat Petersen außerdem Positionen, die sich mit einer kindzentrierten Reformpädagogik kaum mehr vereinbaren ließen. So forderte er Anfang 1934, „typische Züge des Politisch-Soldatischen im deutschen Lehrer auszubilden", und nannte dabei als Vorbilder preußische Wehrerziehung, Haltung und Gesinnung des Frontsoldaten sowie den Korpsgeist von SA und SS (Petersen 1934, S. 5f.); ebenso näherte er sich sozial-biologischen und rassistischen Theoremen an (z.B. Petersen 1935). So verwundert kaum, daß sowohl seine Schule in Jena als auch die anderenorts nach seinem Konzept arbeitenden Schulen und Schulversuche ungehindert weiterlaufen, ja sogar – wie im Regierungsbezirk Minden – in den Jahren 1934 und 1935 zahlenmäßig noch ausgeweitet werden konnten. „Das Neue des Mindener Versuchs ist", so der zuständige Referent für die dortigen Jena-Plan-Schulen und -Klassen, „daß das Gesunde in den pädagogischen Reformgedanken der letzten Jahrzehnte zu einer planmäßigen Neuorganisation der Volksschularbeit ausgenutzt, und daß dann die neubelebte Volksschule nachdrücklich in den Dienst der Erziehung zur Heimatverbundenheit und zur Volksgemeinschaft gestellt" wird.[9]

„Sachliche Berührungspunkte" vor 1933 und „gesuchte Nähe" nach 1933 sind auch charakteristisch für das Verhältnis der von *Rudolf Steiner* begründeten *Waldorf-Pädagogik* zum Nationalsozialismus (Leschinsky 1983, S. 272f.). Berührungspunkte ergaben sich aus der gemeinsamen Ablehnung von Aufklärung, Intellektualismus und „liberalistischem Industriezeitalter". Trotzdem bestanden auf nationalsozialistischer Seite höchst unterschiedliche Einschätzungen der Waldorf-Schulen. Während der als besonders fanatisch geltende württembergische Kultusminister Mergenthaler in Stuttgart sie schon früh bekämpfte, wurden sie von Rudolf Heß und Alfred Baeumler lange Zeit gegen Angriffe verteidigt; Baeumler hat 1937 sogar ein entsprechendes Gutachten verfaßt und die Einrichtung staatlicher Versuchsschulen mit einem „modifizierten Waldorf-Lehrplan" vorgeschlagen (zit. n. ebd., S. 283). Wenn sich die Waldorf-Schulen trotzdem nicht behaupten konnten – als letzte wurde die Dresdner 1941 geschlossen –, so aufgrund der „tiefen Abneigung anderer offizieller Stellen", aber auch aufgrund kritischer Distanz zu „biologisch-kosmischen" Elementen der Anthroposophie selbst bei Befürwortern wie Baeumler. Zu erwähnen ist jedoch auch, daß es trotz aller Affinitäten und Anbiederungen Lehrkräfte gab, die „vorwiegend wegen ihrer anthroposophischen Betätigung ... den Weg ins Gefängnis antreten" mußten (ebd., S. 271 f.).

Noch am wenigsten erforscht ist das Verhältnis der *Montessori-Pädagogik* zum Nationalsozialismus. Bekannt sind zum einen das über Jahre währende „kooperative Verhältnis Maria Montessoris zu Mussolini" (Röhrs 1986, S. 32; vgl. Kramer 1977, S. 267 ff.; 282 ff.; 307 ff.), zum anderen das Verbot des „Vereins Montessori-Pädagogik" im Jahre 1936 und als Folge davon die Schließung von 24 Montessori-Kinderhäusern und 12 Montessori-Schulen (vgl. Günnigmann 1979, S. 12 ff.). Als Gründe dafür werden vor allem angenommen, „daß ein großer Teil der Montessorianer in der Weimarer Republik Katholiken, Juden und Sozialisten (Entschiedene Schulreformer) waren", dann aber auch „der internationale Grundcharakter" sowie die „friedenserzieherische Verankerung der Ideen Montessoris" (Röhrs 1986, S. 32).

Festzuhalten ist, daß die Schulen der Reformpädagogik von den Nazis im wesentlichen *nicht* schon aufgrund *reformpädagogischer Besonderheiten als solcher*, sondern erst aufgrund damit verbundener *gesellschaftspolitischer* wie *weltanschaulicher Ziele* behindert und aufgelöst worden sind. Sie konnten sich in der Regel um so länger halten, je größer ihre Affinitäten zur NS-Ideologie waren, während sie umgekehrt schon sehr früh zerschlagen wurden, wenn sie offen oder versteckt in Opposition zum Nationalsozialismus standen, wobei noch einmal auf das Beispiel der demokratischen Reformschulen Berlins und Hamburgs zu verweisen ist.

3. Die Monopolisierung der Hitler-Jugend

Nicht die Schule, sondern außerschulische „Erziehungs"-Einrichtungen wie Hitler-Jugend (HJ), Landjahr und Reichsarbeitsdienst standen nach der Machtübertragung im Zentrum nationalsozialistischer Erziehungspolitik. „Die Intensität der Beeinflussung der Jugend in diesen zunächst freiwilligen, später die gesamte deutsche Jugend zwangsweise erfassenden Organisationen schien geeignet, die Wirkung der übrigen Erziehungsinstanzen (Familie, Kirche,

Schule, W. K.) zumindest auszugleichen und schließlich den Weg freizumachen für den Aufbau eines einheitlichen Erziehungssystems im nationalsozialistischen Geiste" (Lingelbach 1987, S. 103).

Zur wichtigsten Einrichtung dieser Art wurde bereits 1933 die HJ. Sie profitierte von den vielfältigen Affinitäten der damals jungen Generation zur NS-Bewegung wie auch von den autoritätsfixierten und antidemokratischen Leitbildern und Lebensformen der zeitgenössischen Jugendorganisationen, die ihre Gleichschaltung, d. h. ihre Auflösung und Eingliederung in die HJ, erleichterten. Im Unterschied zur Lehrerschaft, die man nicht einfach auswechseln konnte, ließen sich Leitungspositionen hier ohne Schwierigkeiten mit überzeugten jungen Nationalsozialisten und Nationalsozialistinnen besetzen und damit der faschistischen Indoktrination und Formierung dienstbar machen; Reibungen entstanden nur dort, wo man, wie z. B. anfänglich im „Jungvolk", Führer etwa der Bündischen Jugend übernehmen mußte.

a) Junge Generation und Hitler-Jugend 1933

Die damals junge Generation hatte ihre prägenden Erfahrungen in der Kriegs- und Nachkriegszeit gemacht und war von den materiellen Entbehrungen wie von dem Verlust an Orientierungs- und Identifikationsmöglichkeiten als Folge des politischen Umbruchs 1918/19 in besonderer Weise betroffen gewesen (vgl. Schonig 1994, S. 53 ff., 83 ff., 87 ff.). Ganz offensichtlich reagierte sie darauf mit einem starken Verlangen nach Führung, Unterordnung und autoritären Strukturen als Ausdruck von Sicherheit und Geborgenheit (vgl. Stambolis 1982; Götz von Olenhusen 1987). Die NS-Bewegung bot ihr nicht nur solche Muster an, sondern stellte sich darüber hinaus – wie alle Faschismen der Nachkriegszeit – prinzipiell als „politische Jugendbewegung eigenen Stils" dar, mit extrem niedriger Altersstruktur bis in die Führungsgruppen hinein[10] und mit einer die Jugend in besonderer Weise ansprechenden Programmatik wie Rhetorik (Thamer 1986, S. 177 f., 400). „Ihr seid das kommende Volk, ... auf euch ruht die Vollendung dessen, um was wir heute kämpfen" und: „Ihr ... werdet ..., meine lieben Jungen und Mädel, dereinst Deutschland sein", rief Hitler wenige Monate vor der Machtübernahme den rund 80000, auf dem nationalsozialistischen Reichsjugendtag am 1./2. Oktober 1932 in Potsdam versammelten Jugendlichen zu, erinnerte sie an ihre und ihrer Väter Notsituation – „Verlust an Arbeit und Brot" – und versprach ihnen die ersehnte „deutsche Gemeinschaft ... über die Berufsstände und Gesellschaftsschichten hinweg ..., eine Volksgemeinschaft, die vom Kind an beginnt und beim Greis endet" (zit. n. Hellfeld/ Klönne 1985, S. 23 ff.).

Trotz des hohen Stellenwertes der jungen Generation haben die spezifischen NS-Jugendorganisationen relativ spät Bedeutung gewonnen, sieht man einmal vom *NS-Studentenbund* ab, der schon 1931 die Mehrheit der Studentenschaft hinter sich brachte. Die *Hitler-Jugend* dagegen war zu diesem Zeitpunkt im Vergleich zu anderen Jugendverbänden eher randständig. Ihre Vorläufer reichen zwar bis in die Anfangsphase der NS-Bewegung zurück; zeitweise fungierte sie als Jugendabteilung der SA. Ihr Aufstieg begann jedoch erst im Herbst 1931 mit der Ernennung Baldur von Schirachs zum Reichsjugendführer der NSDAP; Hitler honorierte damit dessen Erfolge als „Führer" des NS-Studentenbundes.

Baldur von Schirach (1907–1974) (vgl. Wortmann 1982, 1989) war als Sohn deutsch-amerikanischer Eltern in einem großbürgerlichen Milieu in Weimar aufgewachsen, wo sein Vater von 1908 bis zum Ende des Ersten Weltkrieges das Großherzogliche Hoftheater leitete, nachdem er seinen Abschied als Rittmeister des Königlich-Preußischen-Garde-Kürassier-Regiments genommen hatte. Die deutsche Niederlage von 1918 führte nicht nur zu seiner Entlassung, sondern auch zum Selbstmord von Baldurs Bruder Karl, der den Verzicht auf eine Offizierslaufbahn als Folge des Versailler Vertrages nicht verwinden konnte. Die familiäre Doppelkatastrophe wie auch die „ihn wie selbstverständlich umgebende völkisch-antisemitische Atmosphäre" (Wortmann 1989, S. 247) waren mit dafür verantwortlich, daß der knapp 18jährige Baldur schon Mitte der zwanziger Jahre Hitler-Versammlungen besuchte, in die NSDAP eintrat und sich schließlich – während seines Studiums in München – im Umkreis Hitlers bewegte. Seine Parteikarriere begann mit der Leitung der Münchener Hochschulgruppe des NSDStB, bald schon wurde er Vorsitzender des gesamten NS-Hochschulbundes, 1931 Reichsjugendführer der NSDAP, im Juni 1933 „Jugendführer des Deutschen Reiches". 1940 war er als Gauleiter und Reichstatthalter in Wien u. a. für die Deportation der dort „noch verbliebenen 60000 Juden“ verantwortlich. Obwohl er „spätestens seit Mai 1942 wußte, daß Juden in Gaswagen ermordet wurden, hat er auch danach noch ihre Deportation öffentlich als seinen ‚aktiven Beitrag zur europäischen Kultur‘ gefeiert“ (ebd., S. 254). Im Nürnberger Kriegsverbrecherprozeß ist er 1946 wegen „Verbrechen gegen die Menschlichkeit“ zu 20 Jahren Haft verurteilt worden.

Für seine Tätigkeit als „Jugendführer“ bezog von Schirach zwar offensichtlich Anregungen aus seiner Schulzeit im Waldpädagogium in Bad Berka in der Nähe von Weimar, einer Internatsschule im Sinne der Lietzschen Landerziehungsheime mit kameradschaftlichen Formen des Lehrer-Schüler-Verhältnisses (vgl. Wortmann 1982, S. 28 ff.); wichtiger waren jedoch paramilitärische Vorbilder und Muster, zu denen sich von Schirach im übrigen stets bekannt hat: „Die Hitler-Jugend knüpft an die graue Armee des Weltkrieges an. Ihr Vorläufer ist kein noch so sympathischer Wandervogel-Führer von einst, sondern ihr Vorläufer ist derselbe Gefreite des Weltkrieges, der heute (März 1933, W. K.) ihr und des ganzen deutschen Volkes Führer ist“ (zit. n. Brandenburg 1982, S. 271 f.). Der Name „*Hitler*-Jugend“ war so zugleich Programm, ihre völlige Abhängigkeit von der Partei (im Unterschied zu den meisten anderen Jugendorganisationen) sowohl in politisch-inhaltlichen als auch organisatorischen Fragen unverkennbar.

Bereits vor 1933 vertrat von Schirach für die HJ einen „Totalitäts- und Führungsanspruch“ gegenüber anderen Jugendverbänden (vgl. Hellfeld 1987, S. 50 f.). Dem widersprach jedoch die zahlenmäßige Bedeutungslosigkeit der HJ. Verteilte sich doch das Drittel aller Jugendlichen, das 1932 überhaupt organisiert war, auf die großen Verbände wie folgt:

ca. 2000000	auf Sportjugendverbände,
ca. 1000000	auf katholische Jugendverbände,
ca. 600000	auf evangelische Jugendverbände,
ca. 400000	auf die Gewerkschaftsjugend,
ca. 90000	auf die Sozialistische Arbeiterjugend (SAJ),
ca. 70000	auf Organisationen der Bündischen Jugend,
ca. 55000	auf den Kommunistischen Jugendverband (KJVD)

und nur

ca. 40000	auf die Hitler-Jugend (HJ)

(vgl. Hellfeld/Klönne 1985, S. 17).

Der Anteil der HJ an allen damals in Jugendverbänden organisierten Jugendlichen betrug somit weniger als ein Prozent. Darüber hinaus war die HJ in dem – als eine Art Dachverband fungierenden – „Reichsausschuß deutscher Jugendverbände“ bis Ende 1932 nicht einmal vertreten, weil sie zumindest in Preußen staatlicherseits als nicht förderungswürdig galt. Hauptaktivitäten der HJ während der letzten Jahre der Weimarer Republik bestanden „in Kundgebungen und Aufmärschen, in Klebeeinsätzen für Parteiaufrufe und Wahlplakate, in Protestaktionen gegen den Friedensvertrag von Versailles und den Youngplan, im Saalschutz für Parteiversammlungen und in der Teilnahme an Demonstrationen“ (Brandenburg 1982, S. 118). Ein eigentliches Jugendleben mit Fahrt und Lager, aber auch kulturelle Aktivitäten gab es demgegenüber kaum. Als politische Kraft trat die HJ zum ersten Mal auf dem erwähnten NS-Reichsjugendtag vom 1./2. Oktober 1932 in Potsdam hervor. Vor dem 30. Januar 1933 entbehrte also ihr Führungsanspruch jeder realistischen Grundlage.

Dies änderte sich mit dem Beginn der Hitler-Regierung und der Außerkraftsetzung des Rechtsstaates. Nun gelang es den Nazis, die *HJ* in weniger als einem Jahr als einzige und ausschließliche *Staatsjugend* zu monopolisieren. Dazu diente die zwangsweise Übernahme und Gleichschaltung von Dachverbänden, weiterhin die gewaltsame Zerschlagung, das Verbot bzw. die Ein- und Angliederung konkurrierender Jugendorganisationen sowie der Aufbau eines von zentraler Stelle aus gelenkten und straff durchorganisierten Führungsapparates. Zugleich wurden Erziehungsfunktionen, Arbeitsbereiche und Betätigungsfelder der HJ ausgeweitet, damit ihre Attraktivität erhöht und ihre Massenbasis verbreitert. Die dabei eingesetzten Mittel wie auch das Wechselverhältnis von Zwang und Freiwilligkeit waren grundsätzlich dieselben wie bei der Nazifizierung der Schule.

Die Ausschaltung der vor 1933 bestehenden Dachorganisationen begann mit der widerrechtlichen Besetzung der Berliner Geschäftsstelle des *Reichsausschusses deutscher Jugendverbände* am 5. April 1933 durch 50 Angehörige der Berliner HJ. Ihr folgte der erzwungene Rücktritt des amtierenden Vorstandes, an dessen Stelle sich von Schirach selbst zum „Führer des Reichsausschusses“ ernennen ließ. Seine Begründung für diesen Gewaltakt: die Hitler-Jugend habe die „politische Führung der Jugendlichen bereits in Besitz gehabt" (sic!, zit. n. Brandenburg 1982, S. 281). Wenige Tage später brachte er auch den einflußreichen *Reichsverband für deutsche Jugendherbergen* und die für die sog. „Grenzlandarbeit" der Jugendbünde wichtige *Mittelstelle deutscher Jugend in Europa* unter seine Kontrolle, indem er sie dem „Reichsausschuß" anschloß; dieser wurde dann am 22. Juni 1933 ganz aufgelöst (vgl. ders., S. 146 ff.).

Schon vor der Gleichschaltung des „Reichsausschusses" waren im Zuge von Reichstagsbrand und März-Wahlen auf Länderebene zunächst die der KPD, bald auch die der SPD nahestehenden Jugendverbände wie *KJVD* und *SAJ* verboten und gewaltsam zerschlagen worden; viele ihrer Mitglieder haben sich später am Widerstand gegen Hitler beteiligt und – teilweise über die vor 1933 aufgerissenen Gräben zwischen den sozialistischen Parteien hinweg – zu gemeinsamen antifaschistischen Aktionen gefunden (vgl. Klönne 1990, S. 143 ff.). Anfang April folgte der Ausschluß sämtlicher sozialistischer Jugendverbände aus dem „Reichsausschuß", sozusagen die erste Amtshandlung seines neuen Vorsitzenden. Die vom Ausschluß ebenfalls betroffenen *jüdischen Jugendverbände* durften zunächst noch unter einem eigenen Zentralverband weiterbestehen, wurden allerdings in ihren Möglichkeiten zunehmend eingeschränkt.

Die zu den rechten Parteien und Gruppierungen tendierenden Jugendorganisationen wie *Hindenburg-*, *Bismarck-Jugend* und *Scharnhorst-Bund* überlebten nur wenig länger; sie ließen sich im Verlaufe des Sommers 1933 geschlossen und weitgehend freiwillig in die HJ überführen. Ebenfalls problemlos gelang die Eingliederung der *Sportjugendverbände* in die HJ, so daß eine grundsätzliche Regelung zwischen von Schirach und dem NS-Reichssportführer bis 1936 verschoben werden konnte. Danach sollten für die körperliche Ertüchtigung der 10- bis 14jährigen ausschließlich die Unterorganisationen der HJ, also „Jungvolk" und „Jungmädel", zuständig sein, bei den Älteren die Aufnahme in einen Turn- und Sportverein die HJ-Mitgliedschaft voraussetzen.

b) Bündische und konfessionelle Jugend 1933

Sehr viel komplizierter gestaltete sich das Verhältnis von HJ und *Bündischer Jugend* (vgl. Hellfeld 1987, S. 80 ff.; Klönne 1990, S. 105 ff.). Auf die in beiden Lagern weithin gemeinsamen ideologischen Grundüberzeugungen ist bereits hingewiesen worden. Daraus resultierten nach 1933 zahlreiche Bekenntnisse von Vertretern bündischer Gruppen zur Hitler-Regierung. Allerdings beanspruchte die Mehrzahl der Bünde ein eigenständiges bündisches Leben und verhielt sich gegenüber der Absicht der HJ, eine zentralistisch gelenkte Einheitsjugend aufzubauen, distanziert. Solches Beharren auf der eigenen Autonomie war der HJ-Führung ein Dorn im Auge und wurde von ihr als „Sondertum der Bünde" bzw. als „gespreizter Dünkel ihrer Führerklüngel" gebrandmarkt (zit. n. Klönne 1990, S. 106).

Viele bündisch organisierte Jugendliche glaubten allerdings im Frühjahr 1933 noch daran, ihre Eigenständigkeit in der HJ behaupten oder sie sogar in ihrem Sinne beeinflussen zu können; teilweise traten sie deshalb mit ihren Gruppen geschlossen in die HJ ein und versuchten dort, Führungspositionen zu übernehmen. Ihre Hoffnungen erwiesen sich jedoch schon bald als Illusion, da die HJ, wo immer sie bündische Inhalte, Formen und Elemente übernahm, diese in ihre paramilitärischen Strukturen transformierte. Und selbst dort, wo es bündischen Gruppen gelang, kurzfristig stärkeren Einfluß zu gewinnen, wie im „Deutschen Jungvolk", der HJ-Unterorganisation für die 10- bis 14jährigen, wurde dieser Einfluß von der HJ-Führung bereits nach kurzer Zeit unterdrückt und verfolgt.

Dies ist schon bald nach Machtantritt Hitlers von der Mehrzahl der Bünde befürchtet worden. Deshalb vereinigten sie sich, zur Wahrung ihrer Interessen wie auch um zahlenmäßig ein Gegengewicht zur Hitler-Jugend bilden zu können, noch im März 1933 im „*Großdeutschen Bund*" unter der „Führerschaft" des Vizeadmirals a. D. von Trotha. Sie bekannten sich zum Hitler-Staat, schlossen auch – ganz im Sinne des NS-Systems – Demokraten, Sozialisten und Juden aus ihrem Bund aus; dies alles half jedoch nicht, ihre Eigenständigkeit zu erhalten. Ein knappes Vierteljahr nach seiner Gründung wurde der Bund am 17. Juni 1933 mit seinen Unter- und Teilorganisationen aufgelöst, sein Vermögen und seine Jugendheime der HJ übertragen.

Wie groß die Verunsicherung der Nazis durch fortbestehende Reste der Bünde wie auch das Weiterwirken bündischer (Gegen-) Kulturen innerhalb der HJ gewesen sein muß, zeigen Rundschreiben und Erlasse der folgenden Jahre zur bedingungslosen Unterdrückung und Verfolgung Bündischer Jugend, selbst unter Einschaltung der Gestapo, aber auch rigide Verbote bezüglich des Tragens bündischer Abzeichen und Uniformen, des Bezuges von Druckschriften und Liederbüchern aus den damals bündischen Verlagen etc. (vgl. Hellfeld/Klönne 1985, S. 50 ff.; Klönne 1990, S. 120). Diese Erfahrung von Verbot und Verfolgung führte Teile der Bündischen Jugend in die Illegalität oder – wie die Geschwister Scholl – zum Widerstand gegen Hitler.

Ähnlich kompliziert wie bei den Bünden stellt sich das Verhältnis der HJ zu den *konfessionellen Jugendverbänden* dar. Zumindest für die Phase der faschistischen Machteroberung kann weder für die evangelische noch die katholische Seite von oppositioneller Haltung oder gar von Widerstand gesprochen werden. Die evangelischen Jugendverbände begrüßten 1933 aufgrund der traditionell staatstragenden Rolle der Evangelischen Kirche wie auch deren damaliger Nähe zu völkischen und deutsch-nationalen Positionen mehrheitlich die NS-Regierung. So wurde in einer „Erklärung“ des „Reichsverbandes der Evangelischen Jungmännerbünde“ vom Mai 1933 von „einer neuen Stunde deutscher Geschichte“ gesprochen, in der „Deutschlands Schicksal ... hart am Abgrund des Bolschewismus ... noch einmal zurückgerissen“ worden sei, ebenso der evangelischen Jugend Deutschlands von ihrer Führerschaft „ein freudiges Ja zum Aufbruch der deutschen Nation“ zugerufen (zit. n. Brandenburg 1982, S. 139 f.). Die Mehrheit der katholischen Jugendverbände stand zwar – trotz Ablehnung von Liberalismus und Sozialismus – vor 1933 wie die Katholische Kirche grundsätzlich auf dem Boden der Weimarer Republik; dies änderte sich jedoch spätestens mit der Aufforderung der katholischen Bischöfe zur loyalen Unterstützung der Hitler-Regierung vom März 1933. Trotzdem nahmen die katholischen Organisationen dem NS-Staat gegenüber insgesamt „eine reserviertere Haltung“ ein als die evangelischen (ebd., S. 143).

Auch den konfessionellen Jugendverbänden nutzte ihre Loyalität in der Anfangsphase des NS-Regimes nichts. War es doch das Ziel der HJ-Führung von Beginn an, sie ebenfalls bedingungslos ihrem

Einfluß zu unterwerfen, und d.h. sie in die HJ einzugliedern, ihnen eine begrenzte Eigenständigkeit höchstens bei der Wahrnehmung seelsorgerischer Aufgaben zu überlassen. Dabei bedienten sich die Nazis hier wie anderswo der „Taktik des Lockens und Drohens" (ebd. S.148), des Nebeneinanders von „bereitwilliger Kooperation und feindseligem Druck" (Klönne 1990, S.165). In bezug auf die *evangelischen Verbände* führte diese Strategie mit dem „Abkommen" zwischen Reichsbischof Müller und von Schirach „über die Eingliederung der evangelischen Jugend in die Hitler-Jugend" vom 19. Dezember 1933 zum Erfolg; allerdings distanzierten sich davon der *Bekennenden Kirche* nahestehende Gruppen wie das *Evangelische Jugendwerk* und der *Bund deutscher Bibelkreise* öffentlich und zogen es vor, ihre Gruppen aufzulösen, statt sie in die HJ zu überführen (vgl. Brandenburg 1982, S.158ff., 296ff.). Mit der Eingliederung, deren „Vollzug" sowohl Müller als auch von Schirach Hitler bereits am 20.12., also nur einen Tag später, meldeten, beschränkte sich eine eigenständige evangelische Jugendarbeit in der Folgezeit fast vollständig auf den innerkirchlichen Raum (vgl. Jahnke/Buddrus 1989, S.83). Soweit sich dabei im Kontext der Auseinandersetzungen zwischen „Deutschen Christen" und „Bekennender Kirche" Opposition jugendlicher Gruppen gegen das NS-System entwickelte, hielt sich diese fast ausschließlich in einem theologisch-grundsätzlichen Rahmen, bediente sich „rein kirchlicher" Mittel und lehnte es ab, „in die Illegalität zu gehen"; trotzdem „gingen Staat, Gestapo und HJ immer stärker gegen diese Arbeit an" (Klönne 1990, S.170).

Den *katholischen Verbänden* und ihrer Eigenständigkeit bot zumindest in den ersten Jahren das Konkordat zwischen Hitler und dem Vatikan vom Juli 1933 einen gewissen Schutz, ohne daß es allerdings ständige Bespitzelungen, Provokationen, Übergriffe, Restriktionen, ja selbst Terrorakte und Verbote von seiten der Nazis verhindern konnte (vgl. Klönne 1990, S.178ff.). Schon im Sommer 1933 wurde z.B. eine gleichzeitige Mitgliedschaft in konfessionellen Verbänden und der HJ verboten oder erwuchsen Mitgliedern katholischer Jugendverbände Nachteile während ihrer Ausbildung. Aber erst 1935 kam es auf Anweisung Himmlers zum generellen Verbot konfessioneller Jugendarbeit und wurde das Tragen entsprechender Uniformen und Abzeichen unter Strafe gestellt; trotzdem konnten einige Organisationen und eine Vielzahl katholischer Jugendgruppen noch halb legal bis 1937 bzw. 1938 öffentlich existieren, vielfach haben sie danach im Untergrund weiter bestanden, mit gelegentlichen Kontakten zu illegalen bündischen Gruppen, mitunter zu illegalen Zirkeln sozialistisch-kommunistischer Orientierung (vgl. ebd., S. 167, 194f.).

Fazit ist, daß bereits im Frühjahr 1933 die Dachorganisationen deutscher Jugendverbände fest in der Hand der HJ-Führung gewesen sind, die Gegner der Nazis – insbesondere die den sozialistischen Parteien nahestehenden Organisationen – ausgeschaltet waren. Bis zum Sommer 1933 konnten die Bünde der deutschen Jugendbewegung, bis Ende des Jahres die evangelischen Jugendverbände in die HJ integriert bzw. hineingepreßt werden. Lediglich die katholischen Jugendorganisationen erwiesen sich zu diesem Zeitpunkt noch als sperrig, ohne allerdings den Monopolanspruch der HJ ernsthaft gefährden zu können. Die Gründe für die weithin reibungslose Gleichschaltung der Jugendverbände lagen zunächst in den auch dort weit verbreiteten antidemokratischen, völkischen und antisemitischen Grundüberzeugungen. Sie erst erklären die breite Zustimmung zu Hitler nach dem 30. Januar 1933 sowohl auf seiten von Verbandsvertretern als auch der Mehrheit der Jugendlichen. Der Wunsch nach Eigenständigkeit und Selbstbestimmung trat demgegenüber – zumindest in der Anfangsphase – ganz offensichtlich als zweitrangig zurück, sofern er überhaupt bestand. Vielfach dürfte die Entschlossenheit der HJ-Führung zur bedingungslosen Durchsetzung ihres Monopolanspruchs auch unterschätzt worden sein. Nicht zuletzt gelang es den Nazis ohne Mühe, die bereits in der Weimarer Zeit miteinander konkurrierenden Bünde und Verbände gegeneinander auszuspielen und damit solidarische Aktionen weitgehend zu verhindern (vgl. Jahnke/Buddrus 1989, S. 74).

c) Der Ausbau der Hitler-Jugend

Mit der Ausschaltung konkurrierender Jugendverbände und -organisationen Hand in Hand ging der Aufbau eines straff organisierten und zentralisierten HJ-Führungsapparates. Eine wichtige Voraussetzung dafür bildete die Ernennung von Schirachs zum „Jugendführer des Deutschen Reiches“ am 17. Juni 1933. Wie in vielen anderen gesellschaftlichen Bereichen des NS-Staates lagen damit auch in der Jugendverbandsarbeit Partei- und staatliche Funktionen in einer Hand, so daß jede parteiunabhängige Kontrolle und Vermittlung entfiel: Die neugeschaffene Dienststelle „Jugendführer des Deutschen Reiches“ „hatte von nun an die Aufsicht über die gesamte Jugendarbeit in Deutschland ..., sie hatte über die Zulässigkeit der Organisationen und ihrer Führungen zu entscheiden, Neugründungen bedurften ihrer Genehmigung“; sie übernahm „zugleich die Obliegenheiten der bisherigen staatlichen und kommunalen Ausschüsse zur Förderung der Jugendarbeit“, so daß es keinen Bereich gab, der nicht der „Kontrolle und Lenkung der HJ-Führung“ unterstand (Klönne 1990, S. 21). Kontrolle und Lenkung wurden erleichtert durch die bereits im April 1933 eingeleitete Straffung und Zentralisierung der gesamten HJ, insbesondere ihres einheitlichen, geschlechtsspezifisch getrennten Aufbaus nach Altersstufen, ihrer Organisation nach hierarchischen Ebenen von der Kameradschaft über die Schar, die Gefolgschaft, über Stamm und Bann, Gebiet und Obergebiet bis hin zur Reichsjugendführung, schließlich der Ausrichtung ihrer Kommunikationsstrukturen nach militärischem Vorbild (vgl. Gamm 1984, S. 472; Klönne 1990, S. 42 ff.). Das dazu notwendige Repertoire entsprechender „Führungs-Muster“ wurde in den zahlreichen neu eingerichteten Reichsführerschulen vermittelt; damit gelang es bereits 1933 ca. 7000, 1934 schon 21000 und 1935 24000 HJ-Führer zu erfassen (vgl. Jahnke/Buddrus 1989, S. 40).

Mit ihrem Ausbau verzeichnete die HJ zugleich einen immensen Mitgliederzuwachs, von reichlich 100000 Ende 1932 auf 2,3 Mill. Ende 1933 und auf über 3,5 Mill. Ende 1934 (eigene Angaben der HJ, zit. n. Klönne 1990, S. 24, 34). Ein großer Teil der neuen Mitglieder entstammte den freiwillig oder zwangsweise integrierten Jugendverbänden und -gruppen; die übrigen waren einzeln eingetretene Jugendliche, Jungen und Mädchen, mit idealistischen wie opportunistischen Motiven. Werbekampagnen hatten an die „Ehrenpflicht aller Väter und Mütter in Deutschland“ appelliert, „ihre Söhne und Töchter der HJ oder dem BDM zuzuführen“ (ebd., S. 25), und im gleichen Atemzug allen nicht in der HJ organisierten Jugendlichen damit gedroht, daß sie eine Lehrstelle nicht zu erwarten hätten. Hinzu kam eine geschickte Propaganda, insbesondere über Rundfunk und Film (z. B. „Hitler-Junge Quex“) (vgl. ebd., S. 63 ff.). Beim Durchblättern der 1933 bereits gleichgeschalteten

Publikationsorgane der deutschen Jugendverbände vermittelt sich auch heute noch etwas von der Sogwirkung, die von den pausenlosen Erfolgsmeldungen damals ausgegangen sein muß, beispielsweise von folgender Überschriften-Reihe der „Amtlichen Bekanntmachungen des Jugendführers des Deutschen Reiches" im Dezember-Heft 1933 der Zeitschrift „Das junge Deutschland": „Wieder ein neuer Hitlerjugend-Bann"; „Hindenburg-Bund kommt zur Hitlerjugend"; „Zur Eingliederung der DHV-Jugend in die Hitler-Jugend", „Weitere Übertritte in die Hamburger Hitler-Jugend", „Die Leipziger Schreberjugend kommt zur Hitler-Jugend", „Die Bünde sind verschwunden" usf. (alle auf S. 351).

Ende 1933 war die Gleichschaltung der in Verbänden organisierten Jugendlichen im wesentlichen vollzogen. Ihren Abschluß fand sie allerdings erst mit dem „Gesetz über die Hitler-Jugend" vom Dezember 1936; es sah die Zusammenfassung der „gesamten deutschen Jugend ... in der HJ" quasi als einer dritten Erziehungsinstanz neben Elternhaus und Schule vor, mit der Aufgabe, alle Jugendlichen „körperlich, geistig und sittlich im Geiste des Nationalsozialismus zum Dienst am Volk und zur Volksgemeinschaft zu erziehen" (zit. n. Klönne 1990, S. 28). Die zweite Durchführungsverordnung zu diesem Gesetz vom 25. März 1939 drohte dann sogar den Erziehungsberechtigten bei Nicht-Anmeldung ihrer Kinder Strafe an (vgl. ebd., S. 36f.). Damit war der letzte Rest von Freiwilligkeit – einst ein zentrales Kriterium für die Zugehörigkeit zu einem Jugendverband – rigidem Zwang gewichen und der am Beginn der Jugendbewegung maßgebliche Gedanke eines sich selbst bestimmenden bündischen Jugendlebens vollends pervertiert worden.

4. Erwachsenenbildung zwischen Nazifizierung und Kompetenzenstreit

Die Erwachsenenbildung hatte sich in der Weimarer Republik zu einem wichtigen Bestandteil des öffentlichen Bildungswesens entwickelt; sie verfügte über eine Fülle von Einrichtungen und Organisationen und über ein breites Spektrum weltanschaulicher und politischer Positionen.[11] Die Nazis stellten sie ganz in den Dienst ihrer Propaganda, bald auch der betrieblichen „Leistungsertüchtigung" und der parteigesteuerten Freizeitgestaltung (vgl. Bd. II). Der Prozeß der Nazifizierung verlief ähnlich wie in anderen Bereichen des Erziehungswesens als Mischung aus Gleichschaltung, Selbstgleichschaltung und nur wenig Opposition. Um die institutionelle Verankerung der Erwachsenenbildung kam es jedoch zu Machtkämpfen zwischen unterschiedlichen Parteiorganisationen, -einrichtungen wie auch staatlichen Organen, die bis weit in die zweite Hälfte der dreißiger Jahre andauerten und zu einem Durcheinander führten, das beispielsweise die Arbeit der städtischen Volkshochschulen stark behinderte. Schon zeitgenössische Beobachter sprachen vom „Zuständigkeits-Wettstreit der einzelnen Organisationen", der insbesondere „die kleinen Gemeinschaftszellen im Lande ... vielfach völlig aufgerieben und zersprengt" habe (Kindt 1937, zit. n. H. Keim/Urbach 1976, S. 172). Ursache dafür war die polykratische Struktur des NS-Regimes, die sich als Neben- bzw. Gegeneinander von Machtträgern und -gruppen innerhalb der Partei wie auch zwischen Staat und Partei charakterisieren läßt (vgl. Thamer 1986, S. 351 ff.). Die Rivalität um die institutionelle Zuordnung der Erwachsenenbildung und um Einfluß auf ihre Gestaltung änderten jedoch nichts am Tempo wie der Gründlichkeit der Nazifizierung. Im folgenden soll zunächst anhand von Beispielen der Prozeß der Gleichschaltung in seinen beiden entgegengesetzten Möglichkeiten als Arrangement und Kooperation bzw. als gewaltsame Zerschlagung des „pädagogischen Fortschritts" (Feidel-Mertz) dargestellt, anschließend die Situation der Abendvolkshochschulen nach dem 30. Januar 1933 betrachtet und schließlich die Neustrukturierung der Erwachsenenbildung und ihre Einbindung in das faschistische Herrschaftssystem analysiert werden.

a) Arrangement und Kooperation mit dem NS-Regime

Wie in der Lehrerschaft und bei den Jugendverbänden haben sich im Frühjahr 1933 auch Repräsentanten der Erwachsenenbildung zum NS-Staat bekannt und Vorschläge zur Kooperation gemacht (vgl. H. Keim/Urbach 1976, S. 12 ff., 69–108; R. Schmidt 1980, S. 63 ff.; Langewiesche 1989, S. 349 ff.). Dabei spielten als Motive neben gelegentlichem Opportunismus sicher auch Angst vor Sanktionen, vor Entlassung aus dem Amt und damit Vernichtung der eigenen beruflichen Existenz eine Rolle; ebenso „berufs-

und obrigkeitsbezogenes Pflichtbewußtsein und eine kaum bestimmbare Mischung von Erwartungen und Hoffnungen" (zit. n. Langewiesche 1989, S. 350). Die Herausgeber der „Freien Volksbildung", *Fritz Laack* und *Eduard Weitsch,* z. B. artikulierten im April-Heft lediglich Sorge über Gerüchte, die den Zusammenbruch „volksbildnerischer Arbeit" vorhersagten, ansonsten aber beteuerten sie ihre Bereitschaft, die „alten bewährten Wirkkräfte" der Volksbildung „für neue Möglichkeiten und Formen" bereitzuhalten. Die Bindung an den bestehenden Staat war ihnen selbstverständlich, wobei sie sich der illusionären Hoffnung hingaben, daß das NS-Regime „in einem Volksbildungsgesetz die äußere Seite der Arbeit" regeln würde, „während die innere ihren eigenen Gesetzen folgt und sich ... frei entfaltet" (zit. n. H. Keim/Urbach 1976, S. 69 ff.).

Letztendlich ausschlaggebend für die Bereitschaft führender Vertreter Weimarer Erwachsenenbildung zur Kooperation mit dem NS-Staat dürfte gewesen sein, daß ihnen 1933 eine demokratische Alternative zum Nationalsozialismus gefehlt hat und ihre an Grundpositionen der „konservativen Revolution" orientierten Zielvorstellungen bereits lange vor 1933 ein offenes Einfallstor für Positionen der NS-Ideologie dargestellt haben. So konnte z. B. *Theodor Bäuerle* (1882–1956), Hauptinitiator des *Hohenrodter Bundes* und führender Repräsentant der Weimarer Erwachsenenbildung in Württemberg, in der Machtübernahme der Nazis die große Chance für echte Volksbildung sehen, die im Weimarer Staat aufgrund der zerstörten Gemeinschaftsbindungen nicht mehr möglich gewesen sei.

„Durch die nationalsozialistische Revolution ist auch für die Erwachsenenbildung eine radikale Wandlung vor sich gegangen. An Stelle des Kampfes aller gegen alle trat die Volksgemeinschaft, an Stelle des Klassenstaates der ständische Aufbau. ... Für alle Volkserziehung ergibt sich hieraus eine Aufgabe von ungeheurer Tragweite. Sie muß das politisch und organisatorisch Erreichte zum inneren lebendigen Volksbesitz machen und die errungene Gemeinschaft geistig und seelisch unterbauen" (Bäuerle, zit. n. ebd., S. 75; vgl. S. 12 ff.).

Seit März 1933 betrieb Bäuerle als Vorsitzender des *Vereins zur Förderung der Volksbildung in Württemberg*, dem auch die Stuttgarter Volkshochschule angeschlossen war, konsequent die Eingliederung beider in die NS-Kulturpolitik. Dabei nahm er die enge Zusammenarbeit mit NS-Repräsentanten des Ministeriums in Kauf, verfügte im September 1933 mit sofortiger Wirkung die Einführung des „deutschen Gruß(es) in allen Abteilungen" (zit. n. Recknagel 1989, S. 58), akzeptierte schon im Mai die Kündigung der langjährigen Leiterin der Frauenabteilung der Stuttgarter Volkshochschule, Dr. Carola Rosenberg-Blume, aufgrund des GWBB und lieferte dem Ministerium wunschgemäß die Namen der Lehrkräfte, „die Mitglieder der SPD sind, und andere, deren Gesinnung als die eines ‚religiösen Sozialismus' bezeichnet wird" (ebd. S. 61). Trotz weitestgehender Kooperationsbereitschaft gelang es Bäuerle nicht, die organisatorische Eigenständigkeit seines Vereins zu retten und seine Position zu behaupten. Zwar bescheinigten ihm oberste Kulturfunktionäre der Regierung, im Grunde schon seit Gründung des Vereins „nationalsozialistische Kulturarbeit geleistet zu haben" (zit. n. ebd., S. 73), dennoch mußte er 1936 sein Amt aufgeben; er ließ sich pensionieren. Zwischen 1947 und 1951 war er – ohne Mitgliedschaft in einer Partei – Kultusminister von Württemberg-Baden. In späteren biographischen Würdigungen ist die Rede von „sittlichen Grundsätzen des Christentums" als „Grundtenor seiner Lebensarbeit", von Resignation bezüglich der Beantragung seiner Pensionierung im Jahre 1936, „als ... ein *zumutbares* Arrangement mit den Nationalsozialisten nicht mehr möglich" gewesen sei (Wolgast/Knoll 1986, S. 29 f., Sperrung W. K.), sowie von „Unverständnis gegenüber dem Antisemitismus Zeit seines Lebens" (Pache 1971, S. 101) – Bewertungen, die angesichts des Ausmaßes an Kooperation zwischen 1933 und 1936 zumindest kritisch hinterfragt werden müssen.

Ähnlich wie Bäuerles „Verein zur Förderung der Volksbildung in Württemberg" „buhlten" auch andere Verbände „um die Gunst der Parteiorganisationen und -ämter", wie z. B. die *Gesellschaft für Volksbildung* (R. Schmidt 1980, S. 81), die sich schließlich freiwillig in die NS-Gemeinschaft „Kraft durch Freude" einordnete (ebd., S. 80). Demgegenüber beantragte der als Dachverband der freien Volkshochschulen fungierende *Reichsverband der deutschen Volkshochschulen* (mit 18 Landesverbänden, 206 Volkshochschulen und 16 Heimvolkshochschulen) im Juli 1933 seine Auflösung beim Reichsinnenminister, nachdem dort eine neue Zentralstelle für Erwachsenenbildung verankert worden war (vgl. H. Keim/Urbach 1976, S. 109 ff.).

b) Zerschlagung des „pädagogischen Fortschritts“

Gewalt und Repression richteten sich auch im Bereich der Erwachsenenbildung zunächst gegen sozialistische Einrichtungen und deren Personal, darüber hinaus gegen sämtliche Bildungsstätten mit einem demokratischen Selbstverständnis, schließlich gegen die aus rassistischen Motiven verfolgten Personengruppen vor allem jüdischer Herkunft. Zerschlagen bzw. in Nazi-Einrichtungen umfunktioniert wurden die – vornehmlich der (gehobenen) Funktionärsbildung dienenden – Schulungsstätten der Arbeiterbewegung. Sie waren durchweg erst in der Weimarer Republik entstanden und sollten „das gewachsene Selbstbewußtsein der Arbeiterschaft und die geistige Substanz ihrer Bildungsarbeit auch baulich repräsentieren“. Dazu gehörten u. a. die 1926 errichtete *Bundesschule des Arbeiter-Turn- und Sportbundes* in Leipzig, die 1924 eröffnete *Zentrale Bildungs- und Erholungsstätte der Sozialistischen Arbeiterjugend* in Tännich bei Rudolstadt (Thüringen), die in enger Zusammenarbeit mit der Universität stehende, vor allem der wissenschaftlichen Qualifizierung von Arbeitern und Arbeiterinnen für Funktionen in der demokratischen Gesellschaft dienende *Akademie der Arbeit* in Frankfurt/Main sowie die *Bundesschule des Allgemeinen Deutschen Gewerkschaftsbundes* in Bernau. Letztere „wurde ebenso wie die Gewerkschaftshäuser nach dem 2. Mai 1933 besetzt und enteignet“ (Feidel-Mertz 1990, S. 67 f.; vgl. Wittrock 1991).

Ähnlich erging es vielen *Heimvolkshochschulen* wie z. B. der bereits erwähnten, in einem ehemaligen Schloß untergebrachten *Heimvolkshochschule Tinz* bei Gera (Thüringen), einer Modelleinrichtung sozialistischer Arbeiterbildung (vgl. Feigenspann o. J.; Zymner 1994). Sie stand zwar eindeutig auf marxistischer Grundlage, war jedoch parteipolitisch nicht festgelegt und schon gar nicht dogmatisch ausgerichtet. Im Mittelpunkt ihrer Arbeit standen 4- bis 5monatige Unterrichtskurse für Männer oder Frauen mit jeweils 50 Teilnehmern bzw. Teilnehmerinnen zwischen 18 und 46 (später 30) Jahren, die in der Regel zur Hälfte von SPD und Gewerkschaften delegiert wurden, zur anderen Hälfte aus Freibewerbern bestanden. Ihr Lehrplan beschränkte sich nicht auf die klassischen Fächer der Arbeiterbildung wie Wirtschaftslehre und Geschichte, sondern bezog Literatur, Kunst und Musik, Psychologie sowie ein Fach „Technik der geistigen Arbeit“ mit ein; letzteres diente dazu, die Teilnehmer und

Teilnehmerinnen zu befähigen, „Referate und Artikel auszuarbeiten und ihre eigene Arbeit darzustellen und zu begründen" (ebd., S. 95). Als Gastlehrer und -lehrerinnen wirkten in Tinz prominente Sozialisten und Sozialistinnen der damaligen Zeit mit, u. a. Anna und August Siemsen, die Mitbegründerin der Arbeiterwohlfahrt, Marie Juchacz, der in der österreichischen Kinderfreundebewegung führende Pädagoge und Erziehungstheoretiker Otto Felix Kanitz, die Juristen Ernst Fraenkel und Hermann Brill, der marxistische Theoretiker Karl Korsch sowie der Sexualwissenschaftler Max Hodann.

Die Heimvolkshochschule Tinz war eine Gründung der Revolutionszeit von 1918/19 und fand bei den rein sozialistischen thüringischen Landesregierungen zwischen 1920 und 1923 Unterstützung. Nach der Reichsexekution in Thüringen und der Etablierung einer bürgerlich-konservativen Landesregierung des sog. „Ordnungsbundes" im Frühjahr 1924 begannen jedoch bereits massive Angriffe auf die wirtschaftliche Existenz der Schule. Sie verstärkten sich ab 1930 in der Ära der Koalitionsregierungen mit Nazi-Beteiligung unter dem Innen- und Volksbildungsminister Frick. Doch erst die Verkündung des Ausnahmezustandes und die Außerkraftsetzung wesentlicher Artikel der Weimarer Verfassung im Gefolge des Reichstagsbrandes schufen die Grundlage zu ihrer Liquidierung: Am Sonntag (!), 19. März 1933, gegen halb 11 Uhr vormittags drang ein Überfallkommando der Polizei Gera, darunter SS-Männer, auf das Schulgelände, besetzte, durchsuchte und beschlagnahmte sämtliche Gebäude und verordnete die Abreise der in Tinz zu der Zeit untergebrachten Kursisten binnen weniger Stunden. Diese mußten zuvor die Durchsuchung ihres Gepäcks sowie Leibesvisitationen, teilweise „vor den Augen des draußen am Zaune stehenden Publikums", über sich ergehen lassen und durften sich „nur in Gegenwart eines Polizisten bzw. Hilfspolizisten ... verabschieden". „Gegen 4 Uhr Nachmittag" – so das Protokoll des stellvertretenden Schulleiters über diesen Gewaltakt – „rückte die SA uniformiert mit klingendem Spiel ... ein. Der Zug begab sich bis zum Schloß und nahm (dort) Aufstellung. Unter den Klängen des Horst-Wessel-Liedes wurde die Hakenkreuzfahne gehißt. Dann wurde eine Ansprache gehalten" und das Deutschlandlied abgesungen (St. A. Weimar, Heimvhs Tinz 100, Bl. 131 f.). Der am übernächsten Tag im „Geraer Beobachter" veröffentlichte Bericht mit der Überschrift „Eine Brutstätte des Marxismus beseitigt" sprach von einer, den Aufmarsch begleitenden „Menschenmenge, die sich ständig vermehrte", und zitierte die Ansprache des Ortsgruppenleiters, daß „in Zukunft ... in diesen Räumen nicht mehr der Internationalismus und die Irrlehren des Juden Marx gepredigt werden, sondern deutsche Menschen mit heißer Liebe zu ihrem Volk und Vaterland erfüllt und im Geiste des Nationalsozialismus erzogen" würden (ebd., Bl. 128).

Wenige Tage später am 30. März besetzte gut 100 km von Tinz entfernt die Meininger SA die wesentlich bekanntere *Heimvolkshochschule* im thüringischen *Dreißigacker*, nachdem am selben Tag deren Leiter *Eduard Weitsch* (1883–1955) die Schule zusammen mit seinen Mitarbeitern und Schülern – aufgrund vorangegangener Terrorisierungen durch die Nazis – verlassen hatte. Im Unterschied zu Tinz basierte Dreißigacker auf einem Konzept bürgerlich-liberaler Erwachsenenbildung und bejahte das Prinzip weltanschaulicher Neutralität. Spezifika dieser Schule waren ihre teilnehmerorientierte, erwachsenenspezifische Didaktik und Methodik sowie – ähnlich wie in Tinz – eine weitgehende Selbstverwaltung durch die Kursisten bzw. Kursistinnen. Weitsch selber läßt sich dem Umfeld der Neuen Richtung zuordnen mit Beeinflussungen durch Neuhumanismus, Kulturkritik und bürgerliche Jugendbewegung. Sein Biograph Josef Olbrich kennzeichnet seine politische Position als die eines „Vernunftrepublikaners" (Olbrich 1972, S. 153). Trotzdem stand auch die von ihm geleitete Heimvolkshochschule schon lange vor 1933 auf der „Abschußliste" des konservativen Meininger Bürgertums und wurde als „Kommunistennest" und „Hort des Bolschewismus" verdächtigt. Dazu reichte bereits „das Streben nach unangepaßter Lebensführung und die Gleichgültigkeit gegenüber bürgerlichen Konventionen" aus. Erschwerend trat hinzu, daß die „Schüler (Dreißigackers, W. K.) vorwiegend aus der Arbeiterbewegung kamen, ... sozialistisch orientiert waren und gelegentlich proletarische Kampflieder im Ort" sangen. Als in Meiningen 1924 ein Vortrag über „Das Christentum als heroisch-arische Religion und Grundlage der deutschen Erneuerung" mit eindeutig nationalistischen und rassistischen Thesen gehalten und hinter dem Referenten „eine schwarz-weiß-rote Fahne mit Hakenkreuz entrollt wurde", protestierten dagegen 9 Schüler Dreißigackers, unter ihnen „der spätere Ministerpräsident von Nordrhein-Westfalen, Fritz Steinhoff ... Die anschließenden Auseinandersetzungen über das

Verhalten der Schüler im ‚Meininger Tageblatt' waren so emotional, daß Worte wie ‚Volkshochschule' und ‚Volkshochschüler' zu Schimpfworten wurden" (ebd., S. 101). Die erzwungene Auflösung Dreißigackers dürfte deshalb Ausdruck eines breiten Mehrheitswillens in der Bevölkerung gewesen sein.

Die Gewaltakte gegen Tinz und Dreißigacker waren keine Einzelfälle; von den Nazis weitergeführt und gefördert wurden lediglich die dem völkisch-rechtsextremistischen Spektrum zuzurechnenden Bauernvolkshochschulen. An die Stelle der auf individuelle und kollektive Bildungsprozesse gerichteten Idee der Heimvolkshochschule – sei es mit liberaler, sozialistischer oder konfessioneller Ausrichtung – trat das Konzept der faschistischen Formations- und Lagererziehung. Die Umwandlung der Heimvolkshochschule Tinz in ein nationalsozialistisches Arbeitsdienstlager war insofern nur konsequent.

c) *Die Abendvolkshochschulen nach dem 30. Januar 1933*

Auch die *Abendvolkshochschulen* blieben von repressiven Maßnahmen nicht verschont. Der überwiegende Teil ihrer Leiter und Leiterinnen, viele ihrer Mitarbeiter und Mitarbeiterinnen wurden aus politischen wie rassistischen Motiven entlassen, von den bekannten Weimarer Erwachsenenbildnern u. a. *Ada Lessing* (1883–1953), die bis 1933 Leiterin der Volkshochschule Hannover war (verheiratet mit dem in den zwanziger Jahren bereits verfolgten und mit Berufsverbot belegten Philosophen Theodor Lessing), der Leiter der Volkshochschule Dresden, *Franz Mockrauer* (1889–1962), der später nach Dänemark und Schweden emigrierte, der – bereits als Vorsitzender des „Reichsausschusses der deutschen Volkshochschulen" erwähnte – Leiter der Volkshochschule Breslau, *Alfred Mann* (1898–1937), sowie die Kölner und Nürnberger Leiter *Paul Honigsheim* (1885–1963) und *Eduard Brenner* (1888–1970). Keine(r) der Genannten hat im Rahmen der von ihnen verantworteten Bildungsarbeit eine einseitig sozialistische oder gar marxistische Tendenz verfolgt; alle hätten uneingeschränkt den Neutralitäts-Standpunkt Brenners unterschreiben können, den dieser am 11. 2. 1933 auf der letzten Hörerversammlung vor Schließung der Volkshochschule noch einmal öffentlich bekräftigte:

„Die Neutralität der VHS besteht darin, daß sie allen Weltanschauungen politischer und religiöser Art eine Diskussionsmöglichkeit gibt. Die VHS ist gerade der Platz für die Vertiefung und Klärung der einzelnen Weltanschauungen nicht im Sinne einer Dogmenlehre, sondern im Sinne einer Besprechung der Probleme ... Die VHS hat die Aufgabe, die Demokratie geistig zu unterbauen ... Sie kann nicht die Schule einer Partei sein" (zit. n. Bildungszentrum Stadt Nürnberg 1989, S. 3; vgl. entsprechend Honigsheim 1991, S. 29f.).

Freilich setzte sich das konservative Bürgertum schon lange vor 1933 gegen dieses Selbstverständnis immer dann zur Wehr, wenn Standpunkte vorgetragen wurden, die dem eigenen entgegenstanden; z. B. als die Nürnberger Volkshochschule 1928 eine Vortragsreihe unter dem Gesamtthema „Umstrittene Probleme" ankündigte, zu der u. a. Theodor Lessing, die Filmemacherin Lucia Moholy-Nagy, der Maler Wassily Kandinsky oder der Friedensnobelpreisträger und Pazifist Ludwig Quidde eingeladen worden waren, und zwar als Frauen und Männer, „deren Name und Stellung ihren künstlerischen und wissenschaftlichen Wert verbürgen, die aber gleichzeitig Persönlichkeiten darstellen, die irgendwelche Traditionen angreifen und neue, noch eifrig umstrittene Wege eröffnen" (zit. n. Bildungszentrum Stadt Nürnberg 1991, S. 11). Solche und ähnliche Veranstaltungen stießen zunehmend auf Kritik des konservativen Bürgertums. Die Nazis fanden 1933 breite Zustimmung, als sie die von Brenner geleitete Volkshochschule als einen „Tummelplatz oft abwegiger Gelehrsamkeit bis zu bolschewistischen kulturellen Bestrebungen herunter" schimpften (zit. n. ebd., S. 3)[12] und Brenner Ende März 1933 entließen. Wo es nicht einmal solche Anhaltspunkte für „Bolschewismus" gab, reichte die Zuschreibung politischer „Unzuverlässigkeit" nach § 4 GWBB – wie im Falle Paul Honigsheims – zur Entlassung aus (vgl. Friedenthal-Haase 1991, S. 326ff.). Im übrigen fehlt bis heute eine Übersicht über sämtliche 1933 an deutschen Volkshochschulen von den Nazis Entlassenen.

Zeitpunkt der Entlassungen wie auch *Zeitpunkt* und *Verfahren faschistischer Formierung* der Volkshochschulen differierten. Größtenteils dürfte der Winter-Lehrabschnitt noch regulär beendet worden sein. In *Leipzig* jedoch warteten die Nazis selbst diesen Abschluß Ende März nicht einmal mehr ab, sondern verlangte der zu diesem Zeitpunkt als Reichskommissar für Volksbildung im Freistaat Sachsen fungierende Wilhelm Hartnacke am 14. 3. von allen

Lehrenden eine sofortige schriftliche Loyalitätserklärung, daß sie sich in jedem Augenblick ihrer Verantwortung „für die Erziehung deutscher Jugend zum nationalen und völkischen Gedanken, zum Christentum und zu echter Volksgemeinschaft" bewußt seien (Stadt A. Leipzig, Kap. 10, Nr. 408, Beih. 3, Bd. 4, Bl. 100). Einige der Dozenten und Dozentinnen erhielten den Revers unmittelbar vor Beginn ihrer Veranstaltung. Ein Dozent für Französisch erklärte sich „selbstverständlich bereit" zur Unterschrift: „Solange ich öffentliche Unterstützung erhalte, ist es nur natürlich, daß ich den herrschenden Standpunkt in der loyalsten Weise vertrete" (ebd., Bl. 110). Andere zögerten; ein Dozent für Wirtschaft gab in seiner Antwort an den noch amtierenden Leiter der Volkshochschule deutlich zu verstehen, daß er das Ansinnen als unwürdig empfand, brach den Kurs ab und bat darum, „den kleinen Honorarbetrag, der (ihm) aus (s)einer diessemestrigen Arbeitsgemeinschaft zusteh(e), sei es den Teilnehmern, sei es der Volkshochschule selbst zuzuführen" (ebd., Bl. 123). Eindrucksvoll ist auch das knappe Schreiben des – als Assistent bei Theodor Litt – mit der Leipziger Erwachsenenbildung der Weimarer Zeit eng verbundenen *Fritz Borinski* (1903–1988), der 1933 nach England emigriert ist: „Ich gebe meine Lehrtätigkeit an der Volkshochschule auf, die ich seit fast 10 Jahren auf nationaler und christlicher Grundlage in der Haltung der freien Volksbildung ausübte. Diese Haltung scheint mir fernerhin nicht mehr möglich zu sein" (ebd., Bl. 161). Daß in Leipzig letztendlich nur etwa ein Drittel der ca. 75 Lehrenden unterschrieben hat, dürfte nicht typisch gewesen sein, sondern mit der sozialistischen Ausrichtung der Volkshochschule zusammenhängen. Einige haben wohl aus Sorge um ihre berufliche Existenz unterschrieben; „außerdem gab es ... eine kleine Gruppe NSDAP-Mitglieder" (Meyer 1969, S. 101).

Die von einem Verein getragene Leipziger Volkshochschule löste sich Anfang Mai 1933 selbst auf, nachdem die Stadt ihre Unterstützung aufgekündigt hatte. Ihre Aufgaben übernahm die 1916 gegründete, völkisch orientierte *Fichte-Hochschule* mit Rückhalt im konservativen Leipziger Bürgertum. Ihre Themen lauteten bereits lange vor 1933 „Deutscher Mensch", „Kriegserlebnis", „Grenz- und Auslandsdeutschtum", „Arbeitsdienstpflicht" oder „Italienischer Faschismus und deutscher Staatsgedanke" (alle Winter 1926/27). Bis 1932 hatte sie sich vergeblich um städtische Bezuschussung bemüht; sie konnte sich ihrer endlich gewonnenen Machtposition nicht lange erfreuen, da sie schon 1935, also nur zwei Jahre später, zwangsweise in den Schulungsapparat der NSDAP eingegliedert wurde.[13]

Auch die *Volkshochschule Eßlingen* faßte im Mai 1933 – nach 14jährigem Bestehen – den Beschluß zur Einstellung des Lehrbetriebs, mit der öffentlich mitgeteilten Begründung, daß ihre Arbeit „den Zielen und Plänen der neuen Regierung nicht mehr entsprechen dürfte“ (zit. n. R. Schmidt 1980, S. 70). Weitere Volkshochschulen waren aufgrund gestrichener öffentlicher Zuschüsse zur Auflösung gezwungen oder wurden – wie die kommunale *Nürnberger Volkshochschule* – von bereits nazifizierten Stadtverwaltungen zwangsaufgelöst und vielfach durch systemnahe Neugründungen ersetzt.[14] In *Hamburg* hat man mit dem Argument der leeren Kassen die erteilten Lehraufträge für die 165 Kurse des Sommersemesters 1933 nach Entlassung des Leiters widerrufen; die Hamburger Volkshochschule ist anschließend in eine Nazi-Einrichtung mit wechselnder Bezeichnung und wechselnder Trägerschaft umgewandelt worden (vgl. Hamburger VHS 1960, S. 14 ff.; Siewert/Ingwersen 1994, S. 30 ff.). Im Land *Thüringen* fand die Nazifizierung der Volkshochschulen, abgesehen von den auch hier praktizierten Entlassungen, ihren sichtbaren Ausdruck in einer *Umbenennung*; sie hießen hier ab Herbst 1933 *„Deutsche Heimatschulen“* und übernahmen damit den Namen einer völkischen Vorläuferinstitution. Schließlich wurde die *VHS München* unter demselben, bereits vor 1933 den Nazis nahestehenden Geschäftsführer im Mai 1933 aus einer satzungsmäßig neutralen in eine „nationale Bildungsstätte des deutschen Volkes“ überführt (vgl. Fischer 1981, S. 67 f.). Ein einheitliches Vorgehen faschistischer Formierung hat es also offensichtlich nicht gegeben, der Nazifizierungsprozeß der Volkshochschulen dürfte jedoch bis zum Beginn des Herbstabschnittes 1933 abgeschlossen gewesen sein[15], unabhängig von ihrer zu diesem Zeitpunkt noch offenen institutionellen Verankerung.

d) Eingliederung der Erwachsenenbildung in das NS-System

Bereits im Herbst 1933 lagen neue Volkshochschul-Richtlinien – zumindest im Entwurf – vor. Am 19. September hatte das Reichsinnenministerium, dem die Erwachsenenbildung damals unterstand, die Unterrichtsverwaltungen der Länder zunächst über die neuen Ziele des Volkshochschulwesens instruiert, nämlich den Willen des deutschen Volkes „zu erbgesundem Leben, zur Wehrhaftigkeit, zur völkischen Selbstbehauptung, zum Bekenntnis zu Blut und Boden und zur Einordnung in die Volksgemeinschaft" zu stählen.[16] Bereits einen Monat später folgten – noch nicht endgültig abgestimmte – *Richtlinien für die deutsche Volkshochschule* und der *Entwurf eines Gesetzes über die Anerkennung von Unterrichtsunternehmen als Volkshochschulen* (im folgenden zit. n. H. Keim/Urbach 1976, 1976, S. 140–144). Die Richtlinien enthielten insbesondere inhaltliche Festlegungen: Im Rahmen eines ersten Schwerpunktes „Raum und Geschichte" sollte u. a. der „Kampf an den Volksgrenzen, namentlich im Osten, ... in seiner Tiefe und Bedeutung so (dargestellt werden), daß sich jeder Teilnehmer eng mit den Trägern dieses Kampfes verbunden fühlt". Im Mittelpunkt des zweiten Schwerpunktes „Volk und Staat" stand „die Beschäftigung mit Vererbungslehre, Rassenkunde, Gesundheitslehre, Bevölkerungs- und Familienkunde". Ziel war dabei, „die Verantwortung des Einzelnen vor seinem Volke (zu) schärfen. Er (sic!) soll(te) sich als ein Glied in der Kette eines Geschlechtes fühlen und mit Stolz auf seine germanische Herkunft erfüllt werden". Dem Herrschaftsverständnis des faschistischen Staates entsprechend durfte „die Leitung einer VHS ... nicht (länger, W. K.) durch Vorstands- und Mehrheitsbeschlüsse geregelt werden", sollte vielmehr „der Leiter der VHS ... der verantwortungsvolle Führer der Gesamtarbeit" sein. Interessanterweise wurden typische Elemente Weimarer Erwachsenenbildung wie die Verbindung von gemeinsamer körperlicher und geistiger Arbeit, die Eigentätigkeit der Hörer, die „Fahrt ... als wichtigstes Mittel zur Förderung der Gemeinschaftserziehung und Persönlichkeitsbildung" bzw. „die Kernarbeit ... in kleinen Kreisen" übernommen, allerdings für die Ziele faschistischer Erziehung funktionalisiert. Von den Paragraphen des Gesetzentwurfs hatte vor allem der § 8 einschneidende Konsequenzen:

„Inhaber von Volkshochschulen sowie Leiter, Lehrer und Teilnehmer an solchen können nur Personen sein, deren staatsbürgerliche und sittliche Zuverlässigkeit feststeht. Nichtarier sind an Volkshochschulen weder als Lehrer noch als Teilnehmer zugelassen" (ebd., S. 144).

Zu diesem Zeitpunkt, also im Herbst 1933, war ein entsprechender *Arierparagraph* bereits in vielen Organisationen und Verbänden eingeführt, bestanden seit August z. B. in zahlreichen Orten Badeverbote (an Badestränden, in öffentlichen Bädern usw.) für Juden etc. (vgl. Benz 1988, S. 739 ff.). Die faktische Umsetzung des Arierparagraphen im Volkshochschulwesen dürfte in der Regel erst ein Jahr später erfolgt sein. Im Arbeitsprogramm der als Nachfolgeorganisation der Leipziger Volkshochschule fungierenden Fichte-Hochschule (ab 1934/35: Deutsche Heimatschule) heißt es für Mai/Juni 1934 noch, „daß jeder Erwachsene Zutritt hat", für den Winter 1934/35 dagegen, daß „Nichtarier ... ausgeschlossen" sind, ein Jahr später, also 1935/36, daß „der Besuch *allen* deutschen Volksgenossen gestattet, **Juden ... die Teilnahme verboten**" ist (Hervorhebungen im Original, W. K.).[17]

„Richtlinien" wie „Gesetzentwurf" dürften dem damaligen Diskussionsstand entsprochen und ihrerseits die Entwicklung des Volkshochschulwesens beeinflußt haben, auch wenn sie nie offizielle Gültigkeit bzw. Gesetzeskraft erlangten. Die Zuständigkeit für die Erwachsenenbildung ging nämlich schon im folgenden Mai (1934) vom Reichsinnenministerium an das neugeschaffene REM über. Dort hat die Erwachsenenbildung de facto keine große Rolle mehr gespielt.

Sehr viel wichtiger für den Prozeß der Umstrukturierung wurden – wie bereits angedeutet – eine Reihe unterschiedlicher Ämter und Dienststellen der NSDAP bzw. ihr angeschlossene Gliederungen, Verbände und Organisationen: das – dem Reichsorganisationsleiter Robert Ley unterstellte – *Reichsschulungsamt der NSDAP*; das für die „Überwachung der gesamten geistigen und weltanschaulichen Schulung und Erziehung der Partei und aller gleichgeschalteten Verbände" eingerichtete *Amt Rosenberg*; die dem Einflußbereich des Reichspropagandaministers Joseph Goebbels zugeordnete *Reichskulturkammer*; die – ebenfalls von Ley beherrschte – Deutsche Arbeitsfront (DAF) mit der ihr angeschlossenen Freizeitorganisation *Kraft durch Freude* (KdF) sowie ihrem *Amt für Ausbilbildung*; außerdem der 1928 von Alfred Rosenberg gegründete

Kampfbund für deutsche Kultur (ab 1934: *NS-Kulturgemeinde*) und der 1933 der DAF unterstellte *Reichsbund Volkstum und Heimat*. Sie alle erhoben in unterschiedlicher Weise Anspruch auf die Volkshochschulen, wobei insbesondere Rosenberg, Ley und Goebbels Einfluß zu nehmen versuchten (vgl. Bollmus 1970; R. Schmidt 1980, S. 57–128). Schließlich wollten die Gemeinden, sofern sie Träger von Volkshochschulen waren, diese nicht freiwillig aufgeben und wurden dabei vom Deutschen Gemeindetag unterstützt. Teilweise scheint es, wie z. B. in Halle/Saale, regelrechte Nötigungen einzelner Städte zur Umwandlung kommunaler Volkshochschulen in parteinahe „Volksbildungsstätten" gegeben zu haben (vgl. H. Keim/Urbach 1976, S. 151 f.).

Zur Koordinierung der unterschiedlichen Interessen konstituierte sich 1937 eine *"Reichsarbeitsgemeinschaft für Erwachsenenbildung"* und legte bis 1939 „Richtlinien" zu deren Neugestaltung vor (vgl. ebd., S. 172 ff., 178). Zu diesem Zeitpunkt ist allerdings der parteiinterne Konkurrenzkampf um die Volkshochschulen im wesentlichen zugunsten Leys entschieden gewesen. Im Juni 1936 war nämlich innerhalb der NS-Freizeitorganisation „Kraft durch Freude" ein neues Amt *Deutsches Volksbildungswerk* (DVW) eingerichtet worden; es sollte „alle volksbildenden und volkserzieherischen Aufgaben" übernehmen, wobei nicht nur an Volkshochschulen alten und neuen Typs – sog. Volksbildungsstätten, wie sie jetzt hießen, – gedacht war, sondern auch an entsprechende Einrichtungen in Betrieben.[18] In den „Richtlinien" zur „Neugestaltung der Erwachsenenbildung" von 1939 wird dementsprechend das DVW als „Träger der Erwachsenenbildungsarbeit" bezeichnet, in bezug auf die „noch bestehenden Volkshochschulen, Volksbildungsvereine, Vortragsämter und ähnliche Einrichtungen" jedoch nur von „Betreuung" durch das DVW gesprochen, ebenso an der staatlichen Aufsicht von „Einrichtungen der Erwachsenenbildung" durch das REM festgehalten. Herausgenommen aus dem Komplex Erwachsenenbildung wurde „die weltanschauliche Schulung", sie sollte alleinige „Aufgabe der Partei" sein (H. Keim/Urbach 1976, S. 178). Damit war das DVW zwar „in den Jahren 1936 bis 1939 zum *wichtigsten* Träger der Erwachsenenbildung" geworden, hatte aber „seinen Anspruch auf ‚*alleinige* Trägerschaft' … nicht durchzusetzen" vermocht (R. Schmidt 1980, S. 127, Sperrung W. K.).

5. Sozialpädagogik auf dem Weg zur „Minderwertigen"fürsorge

Die Sozialpädagogik verdient im Zusammenhang mit der Machteroberung und Machtdurchsetzung des NS-Regimes aus mehreren Gründen besondere Beachtung. Ihre Adressaten und Adressatinnen gehörten zu den gesellschaftlichen Randgruppen, die von den Nazis als „unerziehbar", „minderwertig" oder gar als „Ballastexistenzen" erbarmungslos diskriminiert, entrechtet, verfolgt, verletzt und schließlich vernichtet worden sind: auffällige, verwahrloste, kranke Kinder und Jugendliche in vielfältigen sozialen und gesundheitlichen Notlagen; arbeits-, erwerbs- und/oder obdachlose Erwachsene, die durch Eigen- und/oder Fremdverschulden aus ihren sozialen Bezugssystemen herausgefallen waren oder aber dergleichen überhaupt nie gekannt hatten; nicht zuletzt pflege- und unterstützungsbedürftige Alte und Kranke. Darüber hinaus war die Sozialpädagogik – wie gesehen – seit dem Kaiserreich besonders anfällig für rassistische Paradigmen, z.B. der Rassenhygiene. Bereits im November 1932, auf dem Höhepunkt der Weltwirtschaftskrise, wurde die Ausgrenzung spezifischer Menschengruppen von Hilfeleistungen legalisiert; nur ein halbes Jahr später traten mit dem „Gesetz zur Verhütung erbkranken Nachwuchses" (GzVeN) vom Juli 1933 zum ersten Mal die Konsequenzen nationalsozialistischer Ausmerze voll ins Blickfeld. Bevor darauf ausführlicher eingegangen wird, sei zunächst wiederum eine kurze Skizze der disziplinspezifischen Prozesse von Gleichschaltung und Neukonstituierung vorangestellt.

a) Nazifizierung im Spannungsfeld von Zwang und Freiwilligkeit

Zwang und Freiwilligkeit haben sich auch im Bereich von Fürsorge- und Wohlfahrtspflege wechselseitig bedingt. Faschistische *Gewaltakte* richteten sich in den Hochburgen der Arbeiterbewegung, z.B. *Berlins*, schon sehr früh *gegen sozialdemokratische und bürgerlich-liberale Stadt- und Bezirksverordnete* sowie deren für Wohlfahrtspflege und Fürsorge zuständige Dezernenten und Dezernentinnen. Zeitzeugen berichten, wie am 30. Januar (!) 1933 „die braunen Horden ins Rathaus (Wedding) eindrangen und die leitenden Leute die Treppen ‚runterschleiften', mißhandelten". Im Bezirksamt Kreuzberg, das die SA stürmte, stellte man „die Leiter ... auf dem Hof an die Wand ...; einen Magistratsrat Ebstein, der kein Jude war, der nur den Namen hatte", drohte man zu erschießen; dem jüdischen Bürgermeister Herz wurde ein Schild umgehängt: „Ich bin Jude". In ähnlicher Weise vollzog sich die Auswechslung der Amtsinhaber in Prenzlauer Berg im Norden Berlins, wo sie die Juden sofort mitnahmen und einen neuen Bürgermeister einsetzten. Schon ab Mitte März, vor allem nach Inkrafttreten des GWBB am 7. April, vollzog sich die Auswechslung des Personals in gewohnter bürokratischer Form, wobei auch hier „manche das Parteibuch der neuen Herrscher (schon) in der Tasche" hatten, nicht selten „Fürsorgekräfte ihre Kollegen denunzierten", um die eigene Stellung zu sichern (zit. n. Kramer 1983, S. 200 f.).

Zu den aus politischen wie rassistischen Motiven verfolgten und entlassenen Berliner Amtsinhabern gehörte der Sozialpädagoge *Walter Friedländer* (1891–1984). Er hatte als Stadtrat im Bezirk Prenzlauer Berg in den zwanziger Jahren eine fortschrittliche Fürsorgeverwaltung aufgebaut, nur „Personen mit sozialer Ausbildung und sozialer Gesinnung" eingestellt und als Berater und Beraterinnen u. a. die bekannte Malerin Käthe Kollwitz und ihren Mann, den Arzt Dr. Karl Kollwitz, herangezogen (Friedländer 1982, S. 62). Darüber hinaus war er Verfasser zahlreicher grundlegender Veröffentlichungen zu einer an demokratischen und sozialen Werten orientierten Wohlfahrts- und Jugendpflege, Dozent an der von Alice Salomon gegründeten Sozialen Frauenschule Berlins (s. u.) wie Mitglied und Berater in entsprechenden Gremien und Verbänden, u. a. im Bund Entschiedener Schulreformer. Nur durch Zufall konnte er der Verhaftung und Vernehmung „durch die Nazihorden" entkommen, da er sich gerade auf einer Inspektionsreise außerhalb Berlins befand und auch „später bei einer Hausdurchsuchung in (s)einer Wohnung ... nicht zugegen war" (ebd., S. 67). Nach seiner Flucht aus Deutschland baute er zusammen mit sozialdemokratischen Emigranten in Paris eine Beratungsstelle der Arbeiterwohlfahrt auf, begründete später in Chicago eine Ortsgruppe „Selbsthilfe für Einwanderer aus Europa" und erwarb sich nach dem Kriege durch seine Lehr- und Forschungstätigkeit als Professor für Sozialfürsorge an der Universität Berkeley/Kalifornien wie durch vielfältige internationale Kontakte Verdienste um die Weiterentwicklung sozialpädagogischer Theorie und Praxis (ebd., S. 69 ff.; vgl. Röder/Strauss 1980, S. 199).

Außerhalb Berlins und weniger anderer Reformzentren überwogen Anpassungsbereitschaft und Gefügigkeit; von Distanz oder gar Opposition war kaum irgendwo die Rede. Hier reichten in der Regel die Auswechslung von Oberpräsident und Landeshauptmann, die Auflösung von Gemeindevertretungen und Kreistagen sowie für die nachgeordneten Verwaltungsbehörden des Fürsorge-, Wohlfahrts- und Gesundheitswesens entsprechende Verordnungen (vgl. Kuhlmann 1989, S. 56 f.).

Wesentlich schwieriger war die Nazifizierung der in der Weimarer Zeit neu entstandenen sozialpädagogischen Ausbildungsstätten und wissenschaftlichen Einrichtungen, die im wesentlichen Maße zur Professionalisierung der Disziplin beigetragen hatten. Ihre führenden Repräsentantinnen kamen zumeist aus der Frauenbewegung, waren vielfach jüdischer Herkunft und standen dem Faschismus ablehnend gegenüber. *Alice Salomon* (1872–1948) z. B., getaufte Jüdin und seit 1933 Mitglied der Bekennenden Kirche, hatte sich vor und nach dem Ersten Weltkrieg als Vertreterin der bürgerlichen Frauenbewegung und als Mitbegründerin und Förderin sozialpädagogischer Ausbildungs-, Fortbildungs- und Forschungseinrichtungen national wie international einen Namen gemacht; auf ihre Initiative gingen vor allem die – später nach ihr benannte – Soziale Frauenschule und die „Deutsche Akademie für soziale und pädagogische Frauenarbeit“, beide in Berlin, zurück. Bei letzterer handelte es sich um eine „eng mit der Praxis sozialer Arbeit verbundene Weiterbildungs- und Forschungsstätte“ (Landwehr, zit. n. Wieler 1987, S. 90), in der zwischen 1929 und 1933 u. a. wichtige Arbeiten zum Thema „Bestand und Erschütterung der Familie in der Gegenwart“ (mit bereits 13 veröffentlichten Titeln) entstanden waren. Sie basierten auf „qualitativ, nicht statistisch analysierenden Fallstudien von Familien, meist Unterschichtfamilien, die durch eine Art teilnehmender Beobachtung am Vorabend des Dritten Reiches erhoben worden sind“ (Hecker 1984, S. 215). Auch wenn „die Monographienschreiberinnen ... unpolitisch denkende Frauen aus dem Bürgertum“ (ebd.) waren und die den Arbeiten zugrunde liegenden patriarchal geprägten Frauen- und Familienbilder heute kritisch hinterfragt werden müssen, stellten sie vom damaligen Diskussionsstand her ohne Zweifel wissenschaftliche Pionierleistungen dar. Als im Mai 1933 eine Beamtin des REM zu Alice Salomon kam und sie aufforderte, die jüdische Direktorin der Akademie, Dr. Hilde Lion, zu entlassen, sagte sie ihr, daß sie „eher die Akademie zerstören würde", die ihr so lieb sei wie das jüngste Kind, als daß sie „eine Mitarbeiterin betrügen würde", und daß sie nie jemand aus rassischen oder religiösen Gründen entlassen würde (Salomon 1983, S. 248 f.). Der von ihr telegraphisch einberufene Vorstand faßte daraufhin den Beschluß zur Auflösung der Akademie und vernichtete das gesamte Archiv, einschließlich aller Studienlisten, so daß es für die Nazis nichts mehr zu beschlagnahmen gab. Nach Gestapo-Verhör und Ausweisungsbefehl emigrierte Alice Salomon 1937 über England in die USA. Dort hat sie in ihrer Autobiographie die Differenz zwischen der von ihr vertretenen Sozialpädagogik und der der Nazis wie folgt umschrieben:

„Liebe und Fürsorge für die schwächeren Mitglieder der Gesellschaft hatte humanisierende und zivilisatorische Haltungen hervorgebracht, zuerst innerhalb der Familie, dann innerhalb des Gemeinwesens. Nun wurden wir mit dem Prinzip vom Überleben des Stärkeren konfrontiert ... Von Anfang an erhielten die Fürsorgerinnen, von denen ich Tausende dazu ausgebildet hatte, den Schwachen und körperlich Leidenden zu helfen, Anordnungen, nur die gesunden Mitglieder des Gemeinwesens zu unterstützen" (Salomon 1983, S. 275 ff.).

In vielen Fällen bedurfte es zur Gleichschaltung von sozialpädagogischen Ausbildungsstätten nicht einmal der Entlassung ihrer Leiterinnen oder Mitarbeiterinnen; einige entwickelten von sich aus Vorstellungen zu einer neuen Ausbildung auf nationalsozialistischer Grundlage und setzten diese bereits in konkrete Lehrpläne um, bevor sie ministerieller Erlaß waren (vgl. Wieler 1987, S. 84).

Von den *freien Trägern* und Verbänden wurden wiederum die den sozialistischen Parteien nahestehenden Organisationen, *Arbeiterwohlfahrt* (AWO), *Rote Hilfe* oder *Dissidentische* (= konfessionslose) *Fürsorge*, von den Nazis zerschlagen, die Arbeitsmöglichkeiten des *Jüdischen Wohlfahrtsverbandes* – zunächst – beschränkt, während sich „Innere Mission" (evangelisch) und „Caritas" (katholisch) mit ihren Organisationen und Einrichtungen bruchlos den neuen Verhältnissen anpassen konnten, teilweise die Machtübernahme der Nazis sogar enthusiastisch begrüßten (vgl. Klee 1989; Kuhlmann 1989, S. 61 f.).

Als Beispiel für gewaltsame Zerschlagung von Fürsorgeeinrichtungen mit sozialistisch-reformpädagogischer Ausrichtung sei der bereits erwähnte, als „Modellversuch" der AWO 1927 gegründete und seit 1929 von *Hanna Grunwald-Eisfelder* geleitete *Immenhof* in der Lüneburger Heide genannt. Dabei handelte es sich um das einzige offene Fürsorgeheim der Weimarer Republik, in dem gefährdete Mädchen eine Berufserziehung erhielten, „verbunden mit einem Erholungsheim für schwierige und gesundheitlich anfällige Kinder aus Hamburg und Berlin" (Feidel-Mertz 1990, S. 71). Die Schließung bzw. Umfunktionierung des Heims 1933 erfolgte sowohl aufgrund seines sozialistisch-reformpädagogischen Charakters als auch der jüdischen Herkunft seiner Leiterin, Hanna Grunwald-Eisfelder; sie flüchtete im April 1933 zunächst ins französische, 1942 weiter ins amerikanische Exil (vgl. ebd., S. 102 f.; Otto 1992).

Solidarität auf seiten der nicht von Auflösung betroffenen Verbände und Einrichtungen gegenüber den Opfern faschistischer Gleichschaltung vermißt man auch hier, obwohl die Ausschlußprozeduren öffentlich vonstatten gingen. Im Februar 1933 wirkten z. B. in der „Deutschen Zentrale für freie Jugendwohlfahrt" noch jüdische und sozialistische Vertreter und Vertreterinnen mit, im Dezember 1933 legten die Nazis eine neue Satzung ohne jüdische und sozialistische Beteiligung vor – zu Protesten ist es nicht gekommen (vgl. Kuhlmann 1989, S. 65).

b) Der Aufstieg der Nationalsozialistischen Volkswohlfahrt (NSV)

Wichtig für die Funktionalisierung der Sozialpädagogik und ihre Einbindung in das faschistische Herrschaftssystem wurde wiederum eine spezifische NS-Organisation, die Nationalsozialistische Volkswohlfahrt (NSV). Sie war erst 1931 als lokaler Wohlfahrtsverein in Berlin-Wilmersdorf entstanden, dann auf Groß-Berlin ausgedehnt und im April 1932 ins Vereinsregister beim Amtsgericht Berlin-Tempelhof eingetragen worden. Ein Jahr später, im Mai 1933, als in anderen Bereichen die entscheidenden Weichenstellungen für die Gleichschaltung längst erfolgt waren, bestimmte Hitler sie zur maßgeblichen Organisation in der Partei auf dem Gebiet der Wohlfahrtspflege. Ihre Mitgliederzahl stieg rasch von nur 112 000 Ende 1933 auf über 3,5 Millionen 1934, 5 Millionen

1935, 10 Millionen 1938 und 17 Millionen 1943 (vgl. Kramer 1983, S. 184ff.; Schoen 1985, S. 108ff.; Kuhlmann 1989, S. 64ff.). Nach der Deutschen Arbeitsfront stellte sie die „zweitgrößte NS-Organisation und eigentliche Alltagsrepräsentanz der Partei“ dar (Vorländer 1993, S. 166).

Der Aufstieg der NSV verband sich mit der Karriere Erich Hilgenfeldts (1897–1945): Freiwilliger im Ersten Weltkrieg, dekorierter Fliegeroffizier, abgebrochenes landwirtschaftliches Studium, seit 1925 Mitglied des Stahlhelms, seit August 1929 Mitglied der NSDAP, kurzzeitig auch der SA; Stationen innerhalb der Partei: Blockleiter – Kreisleiter – Reichsredner – Gauinspektor und schließlich (seit Mai 1933) „Reichswalter der NSV“ (ebd., S. 167). Ehrgeiz und Machtbesessenheit prädestinierten ihn zu „Hitlers ergebenem Werkzeug bis zuletzt“ (ebd., S. 176); Organisationstalent und taktisches Geschick, insbesondere im Umgang mit den konkurrierenden Fürsorge- und Wohlfahrtsverbänden, machten ihn rasch unentbehrlich. An die Stelle bisheriger – „gemeinschaftsschädigender“ – Fürsorge und Wohlfahrt setzte er „wirkliche nationalsozialistische ‚Volkspflege‘ ... auf der Basis von ‚Rassenzucht‘ und ‚Erbgesundheit‘, mit bevölkerungs- und rassenpolitischer Zielsetzung und den Mitteln ‚ausmerzender Erbpflege‘“ (ebd., S. 168). Dementsprechend beanspruchte er für die NSV vor allem die Betreuung der erbgesunden und wertvollen Volksgemeinschaftsglieder, während die „Minderwertigenfürsorge“ in den Händen der kirchlichen Verbände verbleiben sollte.

Die NSV war keine Parteiorganisation, sondern ein der Partei angeschlossener Verband, hatte jedoch unmittelbare Verbindung zur Partei durch das 1934 dort installierte, ebenfalls von Hilgenfeldt geleitete Hauptamt für Volkswohlfahrt; es verfügte über entsprechende Vertretungen auf allen Parteiebenen bis hinunter zur Ortsgruppe, der Zelle und dem Block. Als Vorsitzender des führenden Wohlfahrtsverbandes des NS-Staates beanspruchte Hilgenfeldt im März 1934 den Vorsitz der neugebildeten *Reichsarbeitsgemeinschaft der freien Wohlfahrtspflege*, in der außer der NSV nur noch Innere Mission, Caritas und Rotes Kreuz vertreten waren; 1936 übernahm er ebenso die Leitung des *Reichszusammenschlusses für öffentliche und freie Wohlfahrtspflege*, eines weiteren Instrumentes zur Durchsetzung des Machtanspruches der NSV. Diesem Ziel diente im übrigen auch die verstärkte Besetzung kommunaler Ämter mit linientreuen Funktionären (vgl. Schoen 1985, S. 122).

Das Verhältnis von NSV und NSDAP zu kommunalen und kirchlichen Trägern blieb konfliktreich. Dabei ging es – ähnlich wie bei den Jugendverbänden und in der Erwachsenenbildung – nicht so sehr um ideologische Differenzen als vielmehr um Kompetenzen und Einflußbereiche; die NSV versuchte z. B. den kommunalen Stellen die Verteilung der Einzelfälle auf unterschiedliche Träger und Einrichtungen der Fürsorge abzunehmen und den Einfluß der Kirchen nach Möglichkeit ganz auszuschalten, was jedoch schon aufgrund der kaum ersetzbaren personellen Kapazitäten kirchlicher Einrichtungen nicht realisierbar war (vgl. Kuhlmann 1989, S. 71).

c) Das „Gesetz zur Verhütung erbkranken Nachwuchses" und seine Bedeutung für die Sozialpädagogik

Für die inhaltliche Ausrichtung von Fürsorge- und Wohlfahrtspflege erfolgte eine zentrale Weichenstellung bereits im Juli (!) 1933 mit dem erwähnten *Gesetz zur Verhütung erbkranken Nachwuchses* (GzVeN) (vgl. Gütt u. a. 1936). Seine Vorgeschichte reicht – wie dargestellt – bis weit in die zwanziger Jahre zurück, als im Rahmen rassenhygienischer Diskurse die Freigabe der damals generell verbotenen Sterilisation[19] zu eugenischen Zwecken gefordert wurde. Damit sollten die, wie es damals hieß, „ungehemmte Fortpflanzung Minderwertiger" verhindert und die Kosten der Allgemeinheit für deren Anstaltsunterbringung reduziert werden (vgl. Reyer 1991, S. 97 ff.). Trotz dieses Vorlaufes, der sich in unterschiedlichen Gesetzentwürfen niedergeschlagen hatte, scheint es fraglich, ob es *tatsächlich* zu einem entsprechenden Gesetz durch die bis zum Ermächtigungsgesetz dafür zuständigen Gremien der Weimarer Verfassung, Reichstag und Reichsrat, gekommen wäre. Gisela Bock spricht deshalb von der nationalsozialistischen „Machtergreifung" als zentraler Voraussetzung für die „'Machtergreifung' des hygienischen Rassismus" (Bock 1986, S. 89), betont den Zeitpunkt für die Einleitung des Verfahrens *nach* der endgültigen Ausschaltung der oppositionellen Parteien und weist auf Geheimhaltung und Eile hin, mit der das Gesetz vorangetrieben worden sei.[20] An seiner Verabschiedung waren im übrigen auch die deutschnationalen Mitglieder der Regierung, allen voran Papen, beteiligt. Letzterer riet dazu, die bevorstehende Unterzeichnung der Konkordatsvereinbarung (20. Juli) abzuwarten, um diese nicht zu gefährden. Hatte doch der Vatikan mit seiner Enzyklika „Casti connubium" vom 31.12. 1930 der weltlichen Obrigkeit jedes Recht auf Verletzung „körperlicher Organe ihrer Untertanen", auch zu eugenischen Zwecken, abgesprochen (zit. n. Reyer 1991, S. 120). Deshalb wurde das Gesetz vom 14. Juli erst am 26. Juli bekanntgegeben und sollte zum 1. Januar 1934 in Kraft treten.

Die entscheidende Bestimmung des GzVeN (Gütt u.a. 1936, S. 73 ff.) enthält § 1, Abs. 1, daß nämlich „wer erbkrank ist, ... durch chirurgischen Eingriff unfruchtbar gemacht (sterilisiert) werden (kann), wenn nach den Erfahrungen der ärztlichen Wissenschaft mit großer Wahrscheinlichkeit zu erwarten ist, daß seine Nachkommen an schweren körperlichen oder geistigen Erbschäden leiden werden"; Abs. 2 und 3 definieren, was Erbkrankheiten sind.[21] § 12, Abs. 1 erklärt sogar „die Anwendung unmittelbaren Zwanges" für zulässig, § 14 demgegenüber freiwillige Sterilisationen, beispielsweise aus sozialer Indikation, für gesetzeswidrig, um der „Volksgemeinschaft" „gesunden" Nachwuchs nicht zu entziehen. Schließlich bestimmen § 2 und 3 den Kreis der Antragsteller, zu dem „für die Insassen einer Kranken-, Heil- oder Pflegeanstalt der Anstaltsleiter" gehörte; ausdrücklich wurden per Verordnung vom 5. Dezember 1933 (ebd., S. 83 ff.) zu den Pflegeanstalten auch Fürsorgeerziehungsanstalten gerechnet (Art. 3). Die offizielle Begründung des Gesetzes brachte keine neuen Einzelargumente, betonte allerdings besonders deutlich den „Primat und die Autorität des Staates, die er sich auf dem Gebiet des Lebens, der Ehe und der Familie endgültig gesichert" habe (ebd., S. 5; vgl. Bock 1986, S. 87).

Die Zahl der Opfer des GzVeN wird auf etwa 400 000 geschätzt (vgl. Bock 1986, S. 230 ff.), seiner Umsetzung diente ein riesiger Verwaltungsapparat mit 205 Sterilisationsgerichten und 18 Sterilisationsobergerichten; letztere waren nötig, weil die Mehrzahl der Betroffenen sich gegen ihr Schicksal zur Wehr setzte (vgl. Kuhlmann 1989, S. 133). Hauptakteure bei der Durchführung waren Mediziner, Psychiater und Juristen. Fürsorgerinnen haben zumindest daran mitgewirkt, und zwar auf allen Ebenen; vornehmlich „als

Anzeigende, meist im Auftrag der NSV, der Jugend-, Wohlfahrts-, Gesundheitsämter und der Gefährdetenfürsorge" (Bock 1986, S. 208). Die „Niederschrift über eine Oberfürsorgerinnensitzung" in Hamburg von 1937 enthält den ausdrücklichen Hinweis, wie wichtig es sei, „daß die Familienfürsorgerinnen bei diesen erbpflegerischen Maßnahmen mitarbeiten", zugleich werden darin die vorliegenden Berichte der Fürsorgerinnen als „ganz ausgezeichnet" gelobt: sie hätten „für die Amtsärzte ein unerläßliches Hilfsmittel bedeutet" (zit. n. Ebbinghaus 1987, S. 59 ff.).

In den meisten Fürsorgeheimen scheint das Gesetz weitgehend widerstandslos, wenn auch nicht problemlos in den pädagogischen Alltag integriert worden zu sein. Als Probleme werden genannt: häufiger Widerstand der Eltern, gelegentliche „körperliche Folgen" des Eingriffs wie „Drüsenfunktionsstörung, die sich im Abmagern oder Zunehmen äußere", und die notwendige Revision des Erziehungszieles für weibliche Zöglinge, „das nicht länger auf die späteren Aufgaben der Frau und Mutter" hin ausgerichtet sein könne. Auch dafür gab es eine Lösung. So schlug die Leiterin eines evangelischen Mädchenerziehungsheimes in Düsseldorf vor, „diese, von der Mütterlichkeit Ausgeschlossenen zu einer seelischen Mütterlichkeit und praktischen Hausfraulichkeit zu führen, die sie vor der Prostitution" schützen könnten. Gelegentlich scheint die Angst der Zöglinge vor einer möglichen Sterilisation sogar als Disziplinierungsinstrument benutzt worden zu sein, etwa wenn „im täglichen Leben bei Versagen gegenüber einer Aufgabe, Bock, Ungehorsam usw. den Mädchen gesagt" wurde, „nun, du siehst, daß es bei dir nicht geht, ein nicht schwachsinniges Mädchen würde das schaffen". Damit konnte dem Gesetz sogar ein „erzieherischer" Effekt abgewonnen werden, nämlich „bei den halbwegs Fähigen tatsächlich das Letzte" herauszuholen (alle Zitate n. Kuhlmann 1989, S. 134 ff.).

Trotz der zitierten Enzyklika „Casti connubium" kamen ab 1934 Anzeigen, seltener Anträge auf Sterilisation „auch aus katholischen Anstalten, wenngleich in geringerer Zahl als aus anderen" (ebd., S. 138), wurden schließlich auch Zöglinge aus katholischen Fürsorgeerziehungsheimen zwangssterilisiert (vgl. Bock 1986, S. 297). Insgesamt wird man jedoch der katholischen Kirche und der von ihr betriebenen Fürsorge – vor allem im Vergleich zur evangelischen und zur Inneren Mission (vgl. Klee 1989; Reyer 1991,

S. 120 ff., 169 ff.) – eine begrenzte Widerständigkeit gegenüber der zwangsweisen psychischen und physischen Verletzung von Menschen durch das GzVeN nicht absprechen können. Für die gesamte (selbst-)gleichgeschaltete Sozialpädagogik und Sozialarbeit gilt indessen, daß sie sich bereits lange vor 1933 auf die „schiefe Ebene“ rassenhygienischer Diskurse begeben hatte und ebenso am „rapiden Verfall der Fähigkeit zu verstehender Zuwendung“ bzw. an der „Aushöhlung der eigenwertigen Fürsorglichkeit“ (Reyer 1991, S. 171) beteiligt war.

Mit der Zwangssterilisation war die Unterbringung und „Aufbewahrung“ der als „minderwertig“ und „unerziehbar“ abgestempelten Fälle noch lange nicht gelöst. Gefordert wurde deshalb bereits lange vor 1933 zusätzlich ein *Bewahrungsgesetz*, wobei die in diesem Zusammenhang abgegebenen „Denkschriften und Diskussionsbeiträge“ nach dem 30. Januar 1933 eindrucksvoll belegen, „wie sich die Haltung der professionellen Fürsorger gegenüber ihren Schutzbefohlenen unter dem Gesichtspunkt des Primats der Volksgemeinschaft radikalisierte. Dabei traten die medizinischen, psychiatrischen und sozialpflegerischen Konstruktionen zugunsten eines rassistischen Ausmerzevokabulars und einer kaltherzigen pragmatischen Maxime, daß geboten sei, was der Volksgemeinschaft nütze, zurück“ (Peukert 1986, S. 281). Zu einem solchen Bewahrungsgesetz ist es auch während der NS-Zeit nicht gekommen, obwohl de facto bereits seit 1934 entsprechende Heime oder Abteilungen bestanden. Ab 1936 bekam die „Bewahrungs“diskussion einen neuen Charakter, insofern die Initiative zunehmend von der Fürsorge auf die unter Himmler vereinigte Polizei und SS überging; das Problem der Bewahrung Verwahrloster und Fürsorgebedürftiger wurde – wie vom Reichsinnenministerium im Zusammenhang mit dem Entwurf für ein Gemeinschaftsfremdengesetz im Mai 1940 ausdrücklich festgestellt – „aus einem fürsorgerechtlichen im wesentlichen zu einem polizeilichen“ Problem (zit. n. Peukert 1986, S. 283). Von hier aus war es nur noch ein kleiner Schritt bis zur Einrichtung von Jugend-Konzentrationslagern wie in Moringen (Niedersachsen) für männliche, in Uckermark (Mecklenburg) für weibliche Jugendliche ab 16 Jahren, ein etwas größerer Schritt bis zur Euthanasie. Aus „Minderwertigen“*fürsorge* wurde damit „Minderwertigen“*vernichtung*.[22]

6. Deutsche Erziehungswissenschaft 1933 – Kontinuität und Bruch

Die Tatsache, daß sich die Erziehungswissenschaft nach dem 30. Januar und 5. März 1933 nahezu reibungslos selbst-gleichschaltete und viele ihrer Vertreter das Hitler-Regime begeistert begrüßt, ja ihm ihre Unterstützung angedient haben, ist auch heute noch schwer verständlich.[23] Gehörten doch zum erziehungswissenschaftlichen Selbstverständnis Traditionen wie Aufklärung und Neuhumanismus, Namen wie Lessing, Kant, Humboldt und Pestalozzi und verbanden sich damit Zielvorstellungen wie Mündigkeit und gleichberechtigte Teilhabe aller, ebenso der Anspruch auf Zuwendung und auf Mitmenschlichkeit für jeden einzelnen. Elemente einer solchen verallgemeinerbaren Vorstellung von Humanität lassen sich noch in weiten Teilen der Reformpädagogik finden, gingen allerdings hier bereits einher mit ausgesprochen antiliberalen, antidemokratischen und antiemanzipatorischen gesellschaftspolitischen Zielen. Entsprechendes gilt für die in der Weimarer Zeit dominante Geisteswissenschaftliche Pädagogik. So traten Herman Nohl, Eduard Spranger und Wilhelm Flitner als ihre zentralen Repräsentanten zwar nachdrücklich für „relative Autonomie" der Erziehung gegenüber sog. gesellschaftlichen Mächten ein, verkannten jedoch zugleich deren Verletzbarkeit durch autoritäre und antiliberale Herrschaftssysteme, zu denen sie selbst tendierten (vgl. Lingelbach 1987, S. 38ff.; 1990, S. 128ff.). Daneben gab es bereits vor 1933 dezidierte Nazi-Pädagogen wie Ernst Krieck und Alfred Baeumler mit ausgesprochen antihumanistischen Erziehungskonzepten.

Erklären läßt sich die widersprüchliche politische Haltung vieler Pädagogen vor 1933 mit der veränderten Rolle der bürgerlichen Intelligenz. War sie im ausgehenden 18. Jahrhundert als Teil des revolutionären Bürgertums noch an menschheitlichen Zielen in einem universalen Sinne orientiert, entwickelte sie sich spätestens nach der gescheiterten 48er Revolution zum Träger des preußisch-deutschen Machtstaates und zum festen Bestandteil der aufsteigenden bürgerlichen Klasse, an deren Herrschaft und Privilegien sie partizipierte. So konnte sie in den Demokratisierungstendenzen der Weimarer Republik mehrheitlich eine Bedrohung ihrer eigenen Machtstellung, im Faschismus 1933 einen möglichen Ausweg aus der

Krise sehen. Teile der Intelligenz hielten allerdings an Grundprinzipien der Aufklärung fest, bezogen sie auf die veränderten Bedingungen von Kapitalismus und Industriegesellschaft, bedienten sich dazu sozialwissenschaftlicher und psychoanalytischer Methoden und nahmen Anregungen des Marxismus und Sozialismus auf. Sie wurden spätestens mit Beginn der faschistischen Herrschaft Opfer von Entlassung, Verfolgung und Vertreibung, wie z. B. die Frankfurter Pädagogen Carl Mennicke, Paul Tillich und Hans Weil. Damit kam es zugleich zum Abbruch der von ihnen vertretenen Denktraditionen, und zwar bis weit über das Jahr 1945 hinaus. Umgekehrt konnten die dem faschistischen Herrschaftssystem angepaßten Richtungen, insbesondere die Geisteswissenschaftliche Pädagogik, ihre „Schulen“ fortführen. Dies ist gemeint mit dem Gegensatzpaar: Kontinuität und Bruch.

Im folgenden wird zunächst die Situation an den deutschen Hochschulen nach der nationalsozialistischen Machteroberung skizziert; anschließend werden exemplarisch die Nazi-Pädagogen Krieck und Baeumler, die der Geisteswissenschaftlichen Pädagogik zuzurechnenden Spranger und Flitner sowie die verdrängten Pädagogen Mennicke, Tillich und Weil mit ihren spezifischen Reaktionen im Jahre 1933 vorgestellt.

a) Zur Situation an den Hochschulen nach dem 30. Januar 1933

In keinem anderen Bereich des Bildungswesens haben die *Entlassungen* und *Vertreibungen*, teilweise schon vor dem Inkrafttreten des GWBB, ein solches Ausmaß erreicht und derartigen Schaden angerichtet wie im Hochschulwesen; von den menschlichen Tragödien, die sich damit verbunden haben, ganz zu schweigen. „Allein in der ersten Entlassungsaktion (bis April 1936) (wurden) insgesamt 1145 Personen oder 14,34% des 1932/33 amtierenden Lehrkörpers aus ihren Stellungen vertrieben ... Durch ergänzende und verschärfende Bestimmungen ... schied (bis 1938) ... etwa ein Drittel aller deutschen Hochschullehrer zwangsweise aus“ (Titze 1989, S. 225). Der Anteil von Betroffenen differierte von Fach zu Fach und von Hochschule zu Hochschule: zwischen über 30% in Berlin und Frankfurt/Main, ca. 25% in Heidelberg, um 20% in

Breslau, Göttingen, Freiburg/Breisgau und Hamburg bis zu einem verschwindenden Anteil von 1,6% in Tübingen (alle Zahlen auf April 1936 bezogen). Der Kreis von Entlassenen umfaßte ordentliche Professoren bis hin zu Wissenschaftlichen Assistenten und zu Mitarbeitern an wissenschaftlichen Instituten; darunter waren auch einige der ohnehin wenigen Frauen im Hochschulbereich. Zu den Opfern gehörten allein 20 Nobelpreisträger; z.B. Albert Einstein, Max Born, Martin Buber, Theodor Adorno, Max Horkheimer und Karl Mannheim (ebd., S. 224ff.).

Von seiten der Selbstverwaltungsorgane und Funktionsträger an den Hochschulen hat es auf diese und andere Entlassungen nur „schwache *Reaktionen*" gegeben (Vogel 1991, S. 46). In einem Protokoll des Hamburger Universitätssenats vom 27. April 1933 heißt es:

„Der Rektor berichtet, daß den Professoren Heimann, Salomon, Stern, Panofsky, Plaut und Berendsohn von der Hochschulbehörde nahegelegt worden sei, Vorlesungen für das Sommersemester 1933 nicht anzusagen. Die genannten Herren hätten diesem Wunsch entsprochen. Professor Cassirer habe aus Gesundheitsrücksichten um Urlaub gebeten, der ihm auch gewährt worden sei. Es sei Aufgabe der Fakultäten, die Lehrpläne, soweit es erforderlich sei, entsprechend zu ergänzen.
In einer anschließenden allgemeinen Aussprache wird von mehreren Herren betont, daß angesichts der gegenwärtigen Lage ein geschlossenes aktives Vorgehen der Universität notwendig sei; Träger dieses Vorgehens müßten Rektor und Senat sein" (zit. n. Bottin 1991, S. 28).

Dazu ist es jedoch weder in Hamburg noch an irgendeiner anderen deutschen Hochschule gekommen. Schon wenige Wochen später, im Juli 1933, reduzierte sich das Problem für denselben Senat bereits auf die Frage, „wie die Universität sich gegenüber den von dem Berufsbeamtengesetz betroffenen Dozenten bei ihrem Ausscheiden verhalten solle", wobei dafür plädiert wurde, daß dies in erster Linie Sache der Fakultäten sei und der Rektor im Einzelfalle zu entscheiden habe, „ob auch er namens der Universität dem entlassenen Kollegen in schriftlicher oder mündlicher Form den schuldigen Dank" ausspricht (zit. n. ebd.).

Der *Abgang* der von der Universität *Vertriebenen* vollzog sich in der Regel geräuschlos. Da im März 1933 die Vorlesungsverzeichnisse für das Sommersemester bereits vorlagen, mußten „Beurlaubungen" und Entlassungen den Studierenden durch Anschlag am Schwarzen Brett bekanntgemacht werden. In dem in meinem Besitz befindlichen Vorlesungsverzeichnis der Universität Berlin für das Sommersemester 1933, das offensichtlich einem Studenten für das höhere Lehramt mit den Fächern Englisch, Französisch und Geschichte gehört hat, sind verschiedene Veranstaltungen mit einem Fragezeichen versehen, z.B. die des renommierten, 1933 in die USA emigrierten Sozialpsychologen Kurt Lewin sowie des – erst ein Jahr später wegen seines pazifistischen Engagements entlassenen – Theologen und Sozialpädagogen Friedrich Siegmund-Schultze (vgl. Schottlaender 1988, S. 70ff.). Mehrfach durchgestrichen und mit dem Vermerk „ab" versehen sind die, unmittelbar neben Spranger aufgeführten Ankündigungen des seit Sommer 1931 mit einem Lehrauftrag an der Berliner Universität tätigen Fritz Karsen; seine Themen für das Sommersemester 1933 lauteten: „Schule der Großstadt. Ein Kapitel vergleichender Pädagogik" und „Amerikanische und russische Erziehungsphilosophie". Bekanntlich befand sich Karsen zu Beginn des Sommersemesters am 20. 4. 1933 bereits fast zwei Monate im Schweizer Exil.

Die von repressiven Akten des Nazi-Regimes *verschont gebliebene Professorenschaft* hat zu einem großen Teil auf diese und viele andere Entlassungen nicht nur nicht reagiert, sondern nahezu zeitgleich Ergebenheitsadressen an die Hitler-Regierung formuliert und unterzeichnet. So war im selben April 1933 Karsens Kollege Eduard Spranger federführend beteiligt an einer am 22. 4. verabschiedeten öffentlichen Erklärung des Vorstandes des „Verbandes der Deutschen Hochschulen", die mit dem Satz beginnt: „Die Wiedergeburt des Deutschen Volkes und der Aufstieg des neuen Deutschen Reiches bedeutet für die Hochschulen unseres Vaterlandes Erfüllung ihrer Sehnsucht und Bestätigung ihrer stets glühend empfundenen Hoffnungen" (zit. n. Frontabschnitt Hochschule 1982, S. 21). 1932 hatten 87 Hochschullehrer Wahlaufrufe für die Nazis unterschrieben, vor den Märzwahlen 1933 bereits über 300 eine entsprechende „Erklärung" und im November desselben Jahres sogar über 700 ein „Bekenntnis der Professoren an den deutschen Universitäten und Hochschulen zu Adolf Hitler und dem nationalsozialistischen Staat" (Weber 1979, S. 347). In letzterem Falle waren daran neben berühmten Gelehrten wie dem Mediziner Ferdinand Sauerbruch, dem Philosophen Martin Heidegger, dem Kunsthistoriker Wilhelm Pinder und dem Soziologen Hans Freyer auch zahlreiche Pädagogen beteiligt, unter ihnen Wilhelm Flitner, Fritz

Blättner, Otto Friedrich Bollnow und sogar Theodor Litt (vgl. ebd.; Faust 1980).

Eine nicht zu unterschätzende Rolle bei der Nazifizierung der Hochschulen im Winter, Frühjahr und Sommer 1933 kam der *überwiegend nationalsozialistisch ausgerichteten aktiven Studentenschaft* zu. Wo noch kein vom NSDStB beherrschter Asta bestand, änderte sich dies schon bald. Konkurrierende Hochschulgruppen, insbesondere soweit sie zum liberalen und linken Spektrum gehörten, wurden – zumeist durch Verbot – ausgeschaltet, die Korporationen – trotz mehrheitlich voller Systemkonformität – ihres Einflusses beraubt und die demokratische Studentenverfassung durch das Führerprinzip ersetzt. In vielen Hochschulen bildeten militante Aktionen von NS-Studenten einen ständigen Unruheherd. Sie richteten sich gegen einzelne, vornehmlich jüdische Hochschullehrer oder ganze Hochschullehrergruppen, gegen linke und jüdische Studierende oder entsprechende Studentenorganisationen bzw. unterstützten außeruniversitäre NS-Kundgebungen und -Aufzüge, wie anläßlich des 1. Mai oder der Bücherverbrennungen knapp anderthalb Wochen später; in Hamburg und Heidelberg z. B. wurden letztere fast ausschließlich von Studierenden vorbereitet und getragen (vgl. für Heidelberg: Giovannini 1990, S. 174 ff.; für Hamburg: Grüttner 1991, S. 208).

Auch bei der Entlassung von Hochschullehrern wie der Relegation von Studierenden spielten „die NS-Studenten eine unrühmliche Vorreiterrolle. Bereits am 12. April übermittelte der NSDStB (in Hamburg, W. K.) Senator Ofterdinger eine Liste von sechs jüdischen Professoren, deren Entlassung den Nazi-Studenten besonders dringlich erschien. Den sechs genannten Hochschullehrern wurde daraufhin von der Hochschulbehörde telefonisch nahegelegt, auf Lehrveranstaltungen im Sommersemester zu verzichten, ‚da die Studenten sonst nicht für die Ruhe in der Universität garantieren könnten'" (Grüttner 1991, S. 208; vgl. für Frankfurt: Stuchlik 1984, S. 94).

Umgekehrt gehörten auch *Studierende* zu den *Opfern* der faschistischen Gleichschaltung, und zwar aus politischen und aus rassistischen Motiven. Aufgrund vorliegender Berechnungen wurden aus politischen Gründen zwischen Mai und Dezember 1933 547 Studierende relegiert, davon allein 131 in Berlin und 66 in Frankfurt/Main (vgl. Stuchlik 1984, S. 83). Der nationalsozialistische Rassismus betraf mit dem „Gesetz gegen die Überfüllung deutscher Schulen und Hochschulen“ vom 25. April 1933 (vgl. Kap. II. 1) bereits rückwirkend die zum Sommersemester Neuimmatrikulierten „nicht-arischer“ Herkunft; ihr Anteil an der Gesamtzahl der Studienanfänger war bekanntlich auf 1,5% festgelegt worden, wobei auch hier zunächst Kinder von Frontsoldaten des Ersten Weltkrieges noch ausgenommen waren. Darüber hinaus blieben die unter den Arierparagraphen fallenden Studierenden nach der faschistischen Studentenrechtsordnung (in Preußen vom 12. 4. 1933, s. o.) von der verfaßten Studentenschaft ausgeschlossen, womit sie zugleich das Recht auf Inanspruchnahme von deren Einrichtungen (Stipendien, Arbeitsvermittlung etc.) verloren. Eine große Zahl jüdischer Studierender brach angesichts der neuen Gesetzgebung wie der „teilweise bis zum Rassenterror gesteigerten antisemitischen Stimmung ... ihr Studium in Deutschland ab“ (A. Götz von Olenhusen 1966, S. 181). Im Sommer 1937 studierten beispielsweise in Heidelberg nur noch fünf jüdische Studenten gegenüber 177 im Sommer 1933 (Giovannini 1990, S. 183).

Auch in der Studentenschaft gab es das breite Spektrum von *nonkonformem Verhalten* bis hin zum *Widerstand*, letzteren vor allem im Rahmen sozialistischer Parteien und Gruppierungen, aber auch z. B. der Bekennenden Kirche bis hin zur Weißen Rose, auf die an anderer Stelle noch ausführlicher eingegangen wird (vgl. Bd. II). Protest von Studierenden hat sich gelegentlich auch an der Verfolgung von Hochschullehrern entzündet, in Frankfurt z. B. „anläßlich der Schwierigkeiten, die ihr beliebter Lehrer Ernst Kantorowicz aufgrund seiner jüdischen Herkunft zu erwarten hatte“ (Stuchlik 1984, S. 147). Die Eingabe der Studierenden „an den Reichserziehungsminister Rust zugunsten des Professors endete für sie mit der Relegation“ (ebd.). Im übrigen begegnete der Oppositionelle „in den ersten Semestern nach der Machtübernahme“ einem „Klima des Enthusiasmus ...; er war konfrontiert mit Gleichaltrigen, ... die für seine Skepsis kein Verständnis hatten“ (Giovannini 1990, S. 185).

Was bedeuteten Gleichschaltung und Nazifizierung für die *Struktur der Hochschule*? Sicherlich vor allem die Ersetzung der auf Humboldt und Schleiermacher zurückgehenden Selbstverwaltung durch das faschistische *Führerprinzip* mit zentralistischer Ausrichtung. In Baden bereits seit Ende August, in anderen Ländern seit Ende Oktober 1933 wurden Rektoren nicht mehr durch Hochschulgremien gewählt, sondern zunächst von den Kultusministerien der Länder, nach deren Auflösung vom Reichserziehungsminister bestimmt, wobei die Mitwirkungsmöglichkeiten der Hochschulen umstritten blieben. Damit war der Rektor nur noch dem Reichserziehungsminister verantwortlich, konnte Dekane und Kanzler selbst ernennen und sie seiner unmittelbaren Kontrolle unterstellen. Die Selbstverwaltungsgremien, vor allem der Senat, verloren ihre Entscheidungsbefugnisse und verkamen bestenfalls zu unverbindlichen Beratungsgremien (vgl. Seier 1964; Carmon 1977).

Weitreichende Bedeutung hatte die neue *Reichs-Habilitations-Ordnung* vom Dezember 1934 (DWEuV 1935, S. 12 ff.; 1936, S. 55 ff.). Sie unterschied zwischen der Habilitation als fachlicher Prüfung und der Erteilung der Dozentur. Letztere sollte neben der Habilitation besondere körperliche wie weltanschauliche „Tauglichkeit", selbstverständlich auch den Arier-Nachweis, voraussetzen. Bewerber mußten ihre Eignung im Anschluß an die Habilitation im Rahmen einer sechswöchigen Dienstzeit in einem von der Partei getragenen Gemeinschaftslager bzw. einem Dozentenakademielehrgang nachweisen (vgl. Losemann 1980).

Zu einer weiteren Formierung der Universitäten in einem spezifisch faschistischen Sinne ist es nicht mehr gekommen. Weder konnte der von Parteiseite propagierte, erst im Juli 1935 gegründete *Nationalsozialistische Deutsche Dozentenbund* (NSDDB) als für alle Lehrenden maßgebliche NS-Organisation durchgesetzt werden, noch gelang es, alternative Hochschulkonzepte zu realisieren. Dazu gehörten etwa die von Alfred Rosenberg seit 1938 betriebene *„Hohe Schule"* der Partei (vgl. Bollmus 1980) oder die von dem Hamburger Historiker Adolf Rein propagierte *„Politische Universität"* mit dem Zentrum einer „Politischen Fakultät", die der ehemals Theologischen bzw. Philosophischen Fakultät entsprechen sollte (vgl. Vogel 1991, S. 42 ff.). Haupthindernisse hier wie dort waren unklare Zielvorstellungen, vor allem aber der übliche Kompetenzenstreit, in diesem Falle zwischen Rusts Reichserziehungsministerium und einer 1934 von Rudolf Heß gegründeten „Hochschulkommission der Partei". Wie der amerikanische Historiker Reece C. Kelly festgestellt hat, sind „die traditionelle Wissenschaft und die Hochschulen (somit, W. K.) hauptsächlich durch die Schwächen derer, die sie zerstören wollten, gerettet (worden) ...

und nicht durch die moralischen Kräfte jener, die die Wissenschaft hätten schützen sollen – der Professoren selbst" (Kelly 1980, S. 74). Die meisten von ihnen konnten deshalb lehren und forschen „fast wie in der Zeit vor 1933 – sicher mit den notwendigen Verbeugungen vor dem Regime" (ebd.).

b) Nazi-Pädagogik: Krieck und Baeumler

Zu den Wissenschaftlern, die aufgrund bereits bewährter faschistischer Einstellung 1933 ins universitäre Machtzentrum rückten und weit über ihr Fach hinaus die öffentliche Diskussion beeinflußten, gehörten mit Ernst Krieck und Alfred Baeumler zwei Pädagogen. Krieck wurde 1933/34 erster nationalsozialistischer Rektor an der als besonders „verjudet" geltenden Frankfurter Universität, Baeumler im Frühjahr 1933 auf einen neugeschaffenen Lehrstuhl für Politische Pädagogik an der renommierten Berliner Universität berufen.

Ernst Krieck (1882–1947), Sohn eines südbadischen Maurers und Kleinbauern, in ländlichen Verhältnissen aufgewachsen und in pietistischem Geist erzogen, wie viele begabte Kinder aus unbemittelten Schichten über das Lehrerseminar zum Volksschullehrer aufgestiegen, gehörte nach 1918/19 zum Kreis um Moeller van den Bruck und seit 1931 – inzwischen als Hochschullehrer an der Pädagogischen Akademie Frankfurt/Main – zu dem von Alfred Rosenberg gegründeten „Kampfbund für deutsche Kultur"; im Januar 1932 trat er der NSDAP bei. Wegen einer pronazistischen Rede anläßlich einer Sonnwendfeier wurde er im Herbst 1931 vom damaligen preußischen Kultusminister Adolf Grimme an die Pädagogische Akademie Dortmund strafversetzt, konnte jedoch bereits im Herbst 1932 – nach dem Staatsstreich gegen Preußen – nach Frankfurt zurückkehren, erhielt drei Monate nach Machtantritt der Nazis sogar den Ruf auf einen Lehrstuhl für Philosophie an die dortige Johann Wolfgang Goethe-Universität und übernahm hier im Sommer 1933 das Rektoramt. Hatte Kriecks Vorgänger, der Staatswissenschaftler Gerloff, noch am 5. November 1932 anläßlich der Übernahme des Rektorats „vor übertriebenem Nationalismus und Radikalismus" gewarnt und „dem nationalsozialistischen Wissenschaftsverständnis ... eine Absage" erteilt (Stuchlik 1984, S. 88), so legitimierte Krieck nur ein halbes Jahr später die nationalsozialistischen Verfolgungen und Entlassungen, indem er auf die neue Funktion der Universität im NS-Staat verwies: eine „soldatische und militante Wissenschaft" zu entwickeln und eine „politische Hochschule" zu schaffen, die sich ganz in den Dienst des NS-Regimes stellte – im Sinne der nationalen Aufgabe" und als „Organ des Ganzen" (alle Zitate nach ebd., S. 89). Im Januar 1934 wechselte er an die Universität Heidelberg, wo er bis 1945 lehrte; 1947 ist er in einem US-Internierungslager in Moosburg (Bayern) gestorben (vgl. G. Müller 1978; Leaman 1993, S. 56).

Als Erziehungswissenschaftler machte sich Krieck bereits mit seiner 1922 erschienenen Schrift „Philosophie der Erziehung" einen Namen. Die etablierten erziehungswissenschaftlichen Schulen beschäftigten sich damals vor allem mit der Begründung von Erziehungszielen und -normen. Krieck konfrontierte sie dagegen mit der damals neuartigen These, daß Erziehung nicht in erster Linie absichtsvoll, sondern funktional, und zwar sowohl durch Einzelpersonen als durch Gemeinschaften (Volk, Staat, Kirche, Familie etc.) vermittelt werde. Damit wollte er zugleich ein neues Verständnis „reiner Erziehungswissenschaft" begründen, die *nicht* zuerst danach fragt: „Wie *soll* sich Erziehung vollziehen?", sondern vielmehr: Wie vollzieht sie „sich *tatsächlich* überall und zu jeder Zeit?" (Krieck 1922, S. 3, Sperrung W. K.; vgl. Lingelbach 1987, S. 67 ff.). Dieser rein deskriptive Ansatz war damals prinzipiell neu. Er wurde jedoch von Krieck bereits zehn Jahre später in seiner 1932 erschienenen Schrift „Nationalpolitische Erziehung" durch ein Wissenschaftsverständnis ersetzt, das sich voll auf den Boden der faschistischen Ideologie stellte. Mit einer Gesamtauflage von 80 000 galt die „Nationalpolitische Erziehung" als Standardwerk der NS-Zeit (vgl. Lingelbach 1987, S. 164 ff.). In späteren Jahren ging der Einfluß Kriecks stark zurück; seine zwischen 1936 und 1938 erschienene dreibändige „Völkisch-politische Anthropologie" fand in Parteikreisen nur noch wenig Resonanz (vgl. G. Müller 1978, S. 139 ff.; Lingelbach 1987, S. 316).

Der zweite Nazi-Repräsentant unter den wissenschaftlichen Pädagogen, *Alfred Baeumler* (1887–1968), war im April 1933 – 46jährig – auf eine Professur für Politische Pädagogik nach Berlin berufen worden und hielt hier am 10. Mai, nur knapp vierzehn Tage vor Kriecks Frankfurter Rektoratsrede, „die erste Vorlesung seines Kollegs ‚Wissenschaft, Hochschule, Staat'".

„Der große Saal war vollkommen überfüllt. Der größte Teil der Studenten nahm in SA-Uniform an der Vorlesung teil. Vor Beginn der Vorlesung marschierte eine studentische Fahnenabordnung mit dem Hakenkreuzbanner ein" (Neuköllner Tageblatt v. 12. 5. 1933, zit. n. Poliakov/Wulf 1978, S. 119).

Die Vorlesung bildete zugleich den Auftakt zu der am selben Abend hier wie in vielen anderen Universitätsstädten inszenierten Bücherverbrennung, angeblich zur „Säuberung von undeutschem Geist" (vgl. Zimmer 1983). Baeumler lieferte dabei den Studierenden nicht nur die Argumente für diesen Akt kultureller Barbarei, sondern marschierte selbst an der Spitze des Zuges, der abends gegen elf Uhr auf dem „in weitem Umfang abgesperrten und von einer dichten Kette von Zuschauern umsäumten" Opernplatz eintraf (Poliakov/Wulf 1978, S. 120), um mit den Büchern auch ihre Verfasser und Verfasserinnen „symbolisch für immer" auszutilgen – so Erich Kästner, der bekanntlich als einziger bei der Verbrennung seiner Bücher persönlich zugegen war (zit. n. Walberer 1983, S. 138).

Ähnlich wie Krieck stand auch Baeumler lange vor 1933 im nationalsozialistischen Lager, wenn er auch erst am 1. Mai 1933 der NSDAP beitrat. Geboren 1887 als Sohn eines Porzellanmalers in Neustadt an der Tafelspitze (Sudetenland) hatte er Philosophie und Kunstgeschichte studiert, über Kants Ästhetik promoviert und es an der TH Dresden bis 1929 zum ordentlichen Professor für Philosophie und Pädagogik gebracht. Von 1933 bis Kriegsende behielt er die für ihn eingerichtete Professur für Politische Pädagogik an der Berliner Universität mit eigenem Institut, von 1934 bis 1941 leitete er die ideologische Überwachung der Wissenschaft in der Dienststelle Rosenbergs, von 1941 bis 1944 die Planungen für eine „Hohe Schule" der Partei. Daneben unterstand ihm die Deutsche Hochschule für Leibesübungen, war er seit 1935 Ehrenmitglied des „Reichsinstituts für die Geschichte des neuen Deutschland" und gab er zwei führende NS-Zeitschriften, die „Internationale Zeitschrift für Erziehung" und „Weltanschauung und Schule", heraus; er hatte also „als gewichtiger kulturpolitischer Funktionsträger aktiv an der nationalsozialistischen Herrschaftsausübung" Anteil (Lingelbach 1987, S. 319; vgl. Leaman 1993,

S. 29 f.). Nach 1945 verlor er seine Professur, wurde im Anschluß an eine dreijährige Internierung 1948 in einem Spruchkammerverfahren zunächst als „belastet" eingestuft, ein Jahr später im Revisionsverfahren jedoch als bloßer „Mitläufer" weitgehend entlastet (vgl. M. Baeumler u. a. 1989, S. 192 ff.).

Im Unterschied zu Kriecks zahlreichen Veröffentlichungen beschränkten sich Baeumlers Beiträge zur Pädagogik im wesentlichen auf drei relativ schmale Sammelbände (1934, 1937, 1942) mit Aufsätzen, von denen die meisten zunächst als Vorträge gehalten wurden, der erste im Oktober 1929. Grundlage seiner „Politischen Pädagogik" war die Prämisse, daß „jedes geschlossene Erziehungssystem ... in sich eine Aussage über den Sinn der Welt und des Lebens" enthält und enthalten muß (Baeumler 1937, S. 67). Dieser Sinn konnte sich für ihn nur aus den spezifischen rassischen und geschichtlichen Merkmalen eines Volkes ergeben. Für das deutsche Volk konstruierte er dementsprechend das Idealbild eines aus Griechen- und Germanentum entwickelten heroisch-aktiven Menschen (= Mannes) mit einer männerbündischen und kriegerischen Lebensform, für die das „Fronterlebnis" des Ersten Weltkrieges das Vorbild abgab (vgl. ders. 1934, S. 1 ff.).

Die Ersetzung humanistischer Traditionen durch heroisch-aktive Tat- und Kriegsbereitschaft sowie die Orientierung an einem auf „Rasseninstinkt" basierenden, positiv bewerteten „nordischen Barbarentum" mußten nachhaltige Konsequenzen für das Grundverständnis von Erziehung zur Folge haben. An die Stelle des „Gebildeten" trat als neues Ideal der „politische" Soldat, an die Stelle der Individualität der bloße Typus; in ihm sollte die „neue Einheit des Volkes" ihren Ausdruck finden (ders. 1934, S. 129). Dementsprechend galt es, den Primat der „formalen Bildung" in der Schule zugunsten „unmittelbarer Erziehung ‚von Angesicht zu Angesicht'" in den „Formationen" zu überwinden (ders. 1937, S. 85).

Baeumlers „männerbündischem" patriarchalen Denken entsprechend sollten Männer und Frauen jeweils ihre eigenen, streng voneinander getrennten gesellschaftlichen Bereiche und Wirkungsfelder haben. Während den Knaben, Jünglingen und Männern „Politik und Staat" zugeordnet waren, blieben Mädchen und Frauen – eingeschliffenen Rollenmustern entsprechend – „Haus und Familie" überlassen. Dementsprechend mußten erstere Kampfgeist entwickeln, sich im Wettkampf üben und an feierlichen Aufmärschen teilnehmen, letztere hingegen Spielfreude kultivieren, tanzen und sich in Gruppen „tummeln". Im übrigen intendierte Baeumler nicht nur eine strenge Trennung der Geschlechter für den Zeitraum der Erziehung, sondern hatte „einen Zustand vor Augen", „in welchem sich die Geschlechter nur noch auf Festen begegnen, die von Frauenorganisationen im Rahmen der deutschen Leibesübungen veranstaltet werden" (ders. 1934, S. 73 f.).

Ohne Zweifel war Baeumler, viel stärker noch als Krieck, eigentlicher Repräsentant faschistischer Erziehungsideologie. Seine „Politische Pädagogik" zeigt beispielhaft den Bruch mit „Wertvorstellungen der Aufklärung und des Christentums, etwa dem Prinzip der geistig-sittlichen Autonomie des Menschen, dem Postulat der ‚Brüderlichkeit' und mitmenschlichen ‚Solidarität' oder der Hoffnung auf eine ‚bessere und glücklichere Menschheit'". Darüber hinaus trug sie ausgesprochen anachronistische Züge, indem sie „einer hochindustrialisierten Gesellschaft ... die Gesinnung und den Lebensstil ... (eines) mythischen Heroismus aufzuprägen" versuchte (Lingelbach 1987, S. 201 f.).

c) Geisteswissenschaftliche Pädagogik: Spranger und Flitner

Bekanntlich hat die deutsche Erziehungswissenschaft in ihrer überwiegenden Mehrheit auf die Herausforderung durch den Faschismus so gut wie überhaupt nicht reagiert. „Eine Reihe bekannter Hochschullehrer, die vor der ‚Machtergreifung' ideologisch und politisch mit der ‚nationalen Bewegung' sympathisiert hatten", schwenkten „nun vollends in die Linie der ‚nationalsozialistischen Erziehungswissenschaft' ein, ... besetzten ... nach und nach bedeutende Lehrstühle der Erziehungswissenschaft und der pädagogischen Psychologie oder gewannen als außerordentliche Professoren in ihren Hochschulen an Einfluß; so z. B. Oswald Kroh in Tübingen, Gerhard Pfahler in Gießen und später in Göttingen, Rudolf Lochner in Breslau ..., Gustav Deuchler in Hamburg, Wilhelm Hehlmann in Halle" und v. a. m. (Lingelbach 1987, S. 153 f.).

Die Haltung einer zweiten, der Geisteswissenschaftlichen Pädagogik zuzurechnenden Gruppe von Erziehungswissenschaftlern läßt sich anhand von Stellungnahmen charakterisieren, die Eduard

Spranger und Wilhelm Flitner im April-Heft der von ihnen mit herausgegebenen Zeitschrift „Die Erziehung“ zum „März 1933“ abgegeben haben. Flitner war damals Ordinarius für Erziehungswissenschaft am Pädagogischen Institut der Hamburger, Spranger Ordinarius für Philosophie und Pädagogik an der Berliner Universität. Den Ausschlag für ihre der Tendenz nach pronazistischen Meinungsäußerungen gab die Einschätzung Flitners, daß „die Ereignisse des 5. (Wahlsieg der Nazis, allerdings ohne absolute Mehrheit, W. K.) und 21. März („Tag von Potsdam“, W. K.) ... so aufwühlend für jeden Deutschen“ seien, „daß er von einer Zeitschrift enttäuscht sein“ müsse, die dazu nicht Stellung beziehe (zit. n. Herrmann 1988, S. 281 ff.). Obwohl das April-Heft bereits im Umbruch vorlag, schrieben sowohl Flitner als auch Spranger noch je einen Beitrag für dieses Heft.

Entsprechend dem Stichwort Flitners von den „aufwühlenden Ereignissen“ beginnt Sprangers Beitrag – mit dem programmatischen Titel „März 1933“ – wie folgt:

> „Die großen Ereignisse, die der März 1933 für das deutsche Volk und das Deutsche Reich gebracht hat, bergen in sich die höchsten Verpflichtungen“ (Spranger 1933, S. 401).

Und er endet:

> „Nach den begeisterten Tagen des März, die uns das lange gefährdete Bewußtsein wiedergaben, daß wir noch ein Volk sein können, beginne nun die geduldige und treue Arbeit im einzelnen! Sie ist oft hart und schwer, zumal in der eng gewordenen, notdurchfurchten deutschen Welt. Aber auch diese deutsche Erziehungsarbeit sei alles zugleich: Freiwilliger Arbeitsdienst und Arbeitsdienstpflicht, Wehrwille des Leibes und Wehrwille des Geistes, Freiheit und Bindung, Wille zur Macht und Achtung vor Recht, irdisches Bauen und demütiger Gottesdienst!“ (ebd., S. 408).

Positiv werden von Spranger wie Flitner die Beseitigung des Parteienstaates, die erfolgreiche Bekämpfung des Bolschewismus und die Wiederherstellung eines starken nationalen Staates begrüßt. Ganz auf der Linie des bereits vorgestellten Beitrages zum „September 1932“ (vgl. Kap. II. 1) und sogar im Einklang mit Baeumler (!) lastet Spranger dem Weimarer „System“ vor allem Materialismus, Marxismus wie „vielverzweigte Auflösungserscheinungen (an), die schwer unter einem Namen zu fassen sind“; darunter „das vom Westen her eingedrungene Programm“ einer „rein innerweltlich gerichteten Gesellschaftsreform“ wie den Anspruch, „Wohlfahrt und

Glückseligkeit einer demokratisch und sozialistisch nivellierten Masse heraufzuführen"; dadurch sei „der wahre Volkszusammenhang immer mehr verloren" gegangen. Nicht zuletzt attackiert Spranger die Psychoanalyse und macht sie verantwortlich für die Zerstörung „geistiger Volksgesundheit" (ebd., S. 401 f.). Nur wenige Tage nach Erscheinen des April-Heftes landeten anläßlich der Bücherverbrennungen in Berlin, wenige Schritte von der Universität entfernt, auch die Werke Freuds, Adlers und anderer psychoanalytischer Repräsentanten auf den Scheiterhaufen der Nazis, begleitet von dem sog. „Feuerspruch": „Gegen seelenzerfasernde Überschätzung des Trieblebens, für den Adel der menschlichen Seele" (zit. n. Poliakov/Wulf 1978, S. 121). Ressentiments bürgerlich-konservativer Kreise wie die Sprangers haben solche Exzesse erst ermöglicht.

Sprangers Nähe zum faschistischen deutschen Staat ging jedoch noch wesentlich weiter, hob er doch als „positiven Kern der nationalsozialistischen Bewegung" ihren „Willen zur Volkwerdung", ihren „Sinn für den Adel des Blutes und für Gemeinsamkeit des Blutes", ja ihre „bewußte Pflege der Volksgesundheit (und) Sorge für einen leiblich und sittlich hochwertigen Nachwuchs (Eugenik)" hervor (Spranger 1933, S. 403). Daß er den Antisemitismus der Nazis nach allem, was seit dem 30. Januar 1933 in Deutschland geschehen war, nur als *„übersteigert"* bezeichnet hat, muß heute in der Tat als „blanker Zynismus" empfunden werden (Herrmann 1988, S. 288).

Die sich an Sprangers Text unmittelbar anschließende Stellungnahme Flitners über „Die deutsche Erziehungslage nach dem 5. März 1933" ist zwar im Ton insgesamt wesentlich moderater, von vaterländischer Begeisterung *und* „Beklommenheit" zugleich getragen (Flitner 1933, S. 408) wie auch von Zweifeln, daß die neuen Machtträger „Gesittung", „Ritterlichkeit" und christliches Ethos wirklich als Grundlage ihrer Macht anerkennen würden (ebd., S. 416). Gleichwohl preist auch er die in der „feldgrauen Frontkameradschaft" bereits erlebte und von einer Elite im Vorkriegsdeutschland – der Bündischen Jugend – geahnte wirkliche Volksordnung (ebd., S. 413) und verwirft umgekehrt „die bloß gesellschaftliche Auffassung von Staat und Erziehung, ... den konsequente(n) naturrechtliche(n) Liberalismus als Staatsanschauung" wie die „Emanzipation des Individuums" (ebd., S. 410, 412).

Wie sind die Stellungnahmen Sprangers und Flitners zum März

1933 zu interpretieren? Auf einer rein deskriptiven Ebene kann man sicherlich mit Adalbert Rang feststellen, daß es sich dabei – vor allem im Beitrag Flitners – um ein „eigentümliches … Mischungsverhältnis von Affinität zum Faschismus einerseits, Distanz dazu andererseits“ handelt; Rang spricht deshalb von Ambivalenz (Rang 1991, S. 74). Dies erklärt jedoch ebensowenig wie Tenorths Umschreibungen „wenig hellsichtig“, „leichtfertig“, „blind“ und „politisch unvernünftig“ (Tenorth 1986, S. 308; ders. 1989, S. 135 f.). „Blind“ waren die Stellungnahmen Sprangers wie Flitners ganz und gar nicht, weil die darin artikulierten Grundpositionen sich – wie bei Spranger – gegenüber früheren Beiträgen kaum unterschieden, höchstens zugespitzt haben. Insofern sind sie Konsequenz ihrer Positionen vor 1933, stehen in einer Kontinuität pädagogischen Denkens, die sich bis ins Kaiserreich zurückverfolgen läßt. Dieses Denken war – wie bereits ausgeführt – zwar nicht faschistisch, sondern eher deutsch-national-bildungsbürgerlich, trug aber aufgrund seiner breiten Affinitäten und Schnittmengen zum Nationalsozialismus zu dessen Machteroberung und Machtdurchsetzung bei (vgl. für Spranger: Himmelstein 1990, S. 55 f.).

Erst nach Enttäuschung der übersteigerten Erwartungshaltung traten früher oder später die Differenzen zur NS-Ideologie stärker hervor. Diese ergaben sich vor allem aus dem Festhalten an Vorstellungen wie Gewissen, Gesittung, Anstand und christlichem Ethos. Beispielsweise verletzten Flitner die Ereignisse im Zusammenhang mit der Pogromnacht 1938 zutiefst in seinem Empfinden für Anstand, zumal er mit einer – nach Nazi-Kriterien – „halbjüdischen“ Frau verheiratet war. Aufgrund solcher Erfahrungen entwickelte er in der Folgezeit nach eigenen Angaben eine Position „scheinbarer Zurückhaltung und leidenschaftlicher innerer Mißbilligung“ (Flitner 1986, S. 366), ohne damit freilich seine (relativ) unangefochtene Stellung als Hochschullehrer ernsthaft zu gefährden. Ob die Bezeichnung „innere Emigration“ (Lingelbach 1987, S. 157) für diese Haltung glücklich gewählt ist, mag dahingestellt bleiben; sie hat in der Vergangenheit vielfach zur Verwischung von Unterschieden gegenüber den 1933 wirklich zur Emigration gezwungenen Pädagogen und Pädagoginnen geführt.

In bezug auf Spranger ist sogar von „Widerstand“ gesprochen worden, und zwar sowohl im Zusammenhang mit seinem Rücktrittsgesuch vom Frühjahr 1933 als auch mit seiner Verhaftung im

September 1944. Ersteres richtete sich nur in zweiter Linie gegen Auswüchse nationalsozialistischer Umtriebe an den Hochschulen, indessen primär gegen die Tatsache, daß er (Spranger) bei der Berufung Baeumlers auf einen Lehrstuhl für Politische Pädagogik und der Einrichtung eines entsprechenden Instituts an der Berliner Universität praktisch übergangen worden ist; Spranger selbst spricht in seinem erst 1945 geschriebenen und 1955 veröffentlichten Bericht „Mein Konflikt mit der nationalsozialistischen Regierung 1933" von „Kränkung im Amte" als „letztem, affektauslösenden Accedens"; im übrigen hat er sein Rücktrittsgesuch nach einer Besprechung mit Rust im Juni 1933 öffentlich wieder zurückgenommen (Spranger 1955, S. 461); schließlich ist Spranger 1944 nach eigenen Angaben „schuldlos das Opfer eines politischen Verdachtes" geworden (zit. n. Himmelstein 1990, S. 53); in die Planung des Attentates gegen Hitler am 20. Juli war er nicht eingeweiht. Ganz im Gegenteil, hat er – bei aller Distanz zu bestimmten Erscheinungsformen des deutschen Faschismus – bis weit in den Krieg hinein als dessen Repräsentant fungiert, uneingeschränkt publiziert und zahlreiche Vorträge gehalten, allein 80 während eines einjährigen Gastaufenthaltes 1936 in Japan (vgl. Löwith 1989, S. 113; Himmelstein 1990, S. 50 ff.).

Spranger und Flitner waren – neben Herman Nohl und Erich Weniger – nur zwei besonders herausragende Repräsentanten Geisteswissenschaftlicher Pädagogik. Andere wie Gerhard Giese, Heinrich Weinstock, Fritz Blättner und der bereits mehrfach erwähnte Peter Petersen haben in sehr viel stärkerem Maße ihre „entschiedenen Bekenntnisse zur nationalsozialistischen ‚Weltanschauung', einschließlich der Rassenlehre, mit Elementen traditioneller erziehungswissenschaftlicher Konzeptionen – von reformpädagogischen Richtungen bis hin zur völkischen Neuauflage der ‚humanistischen' Gymnasialpädagogik – in oft brüchigen Synthesen" verbunden (Lingelbach 1987, S. 157 f.). Der einzige aus diesem Kreis, der sich – trotz seiner Unterschrift unter das „Bekenntnis ... zu ... Hitler" vom November 1933 – aus einer konservativen Haltung heraus stärker vom Nationalsozialismus distanziert hat und 1937 auf eigenen Wunsch emeritiert worden ist, war Theodor Litt (vgl. Klafki 1982, S. 271 ff.; Leaman 1993, S. 62 f.).

d) Verdrängte Pädagogik: Mennicke, Tillich, Weil

Daß von den Entlassungen und Vertreibungen der Nazis auch Pädagogen und Pädagoginnen aus dem universitären und nichtuniversitären Wissenschaftsbereich betroffen waren, ist erst in den letzten Jahren, hauptsächlich durch die Exilforschungen von Hildegard Feidel-Mertz, von der Erziehungswissenschaft zur Kenntnis genommen worden (vgl. Keim 1986; ders. 1990, S. 73 ff.). Opfer der faschistischen Machteroberung wurden zunächst einmal – ganz unabhängig vom Wissenschaftsverständnis und ihrer politischen Ausrichtung – sämtliche als „nicht-arisch" etikettierten Fachvertreter und -vertreterinnen, und zwar zumeist aufgrund von § 3 GWBB; außerdem Repräsentanten und Repräsentantinnen mit pädagogisch und politisch tendenziell nach „links" hin abweichenden Positionen.

Entlassung aus rassistischen Gründen betraf im Grunde alle Richtungen der Erziehungswissenschaft; aus dem Kreis der Geisteswissenschaftlichen Pädagogik z. B. die Nohl-Schülerin Elisabeth Blochmann und den Spranger-Schüler Walter Feilchenfeld. *Elisabeth Blochmann* (1892–1972) lehrte von 1930–1933 an der Pädagogischen Akademie Halle/Saale als Professorin mit sozialpädagogischem Schwerpunkt, emigrierte nach ihrer Entlassung im Jahre 1933 nach England, kehrte gleich nach dem Krieg wieder nach Deutschland zurück, erhielt aber erst 1952 – bereits 60jährig – gegen Widerstände aus der Hochschule den Lehrstuhl für Pädagogik an der Universität Marburg (vgl. Horn/Tenorth 1991, S. 180). *Walter Feilchenfeld* (1896–1953) war bis 1933 neben seiner Tätigkeit als Lehrer an höheren Schulen – sozusagen als Wissenschaftler außerhalb des Hochschulbereiches – an einer von Spranger mitherausgegebenen Pestalozzi-Edition beteiligt, wurde nach seiner Entlassung aus dem Schuldienst auch aus der wissenschaftlichen Arbeit an der Edition verdrängt und ist „schon in der Zeit des Nationalsozialismus und zum Teil noch danach in den einzelnen Bänden nicht mehr erwähnt (worden), so daß seine Leistungen auch auf diesem Gebiet fast völlig vergessen sind" (ebd., S. 189). Bis 1939 lehrte er als Dozent an der Jüdischen Lehrerbildungsanstalt in Berlin, emigrierte über die Schweiz in die USA, mußte dort zunächst als Hausdiener seinen Lebensunterhalt bestreiten und erhielt schließlich 1946 eine Professur für Philosophie an einem „black college" in Pennsylvania (vgl. ebd., S. 188).

Zahlenmäßig weitaus größer war die Gruppe derer, die zunächst aus *politischen*, oft zusätzlich auch aus rassistischen Gründen ihre Stellungen im Wissenschaftsbetrieb verloren. Eine Reihe von ihnen kam aus Randgebieten des Faches wie der Sozialpädagogik und Erwachsenenbildung bzw. aus randständigen wissenschaftlichen Einrichtungen wie den in der Weimarer Republik neu entstandenen Ausbildungsstätten für Sozialpädagogik. Soweit sie überhaupt in Universitäten verankert waren, befanden sie sich wiederum tendenziell in rangniedrigen Positionen: so z. B. die sozialistische und pazifistische Pädagogin *Anna Siemsen*, die Honorarprofessorin in Jena war[24]; der im Bund Entschiedener Schulreformer aktive Sozialwissenschaftler und Erwachsenenpädagoge *Paul Honigsheim*, der als außerordentlicher (und das bedeutete als unbesoldeter) Professor in Köln lehrte[25], oder der sozialistische Schulreformer *Fritz Karsen*, der – wie bereits erwähnt – einen Lehrauftrag in Berlin hatte; dem jüdischen Sozialisten, Psychoanalytiker und Pädagogen *Siegfried Bernfeld* (1892–1953) wurde selbst der verwehrt (vgl. ebd., S. 187).

Lediglich in *Frankfurt/Main* hatte sich am Ende der Weimarer Republik eine fortschrittliche, und das hieß in diesem Falle: eine sozialwissenschaftlich, sozialpolitisch, in der Grundtendenz demokratisch-sozialistisch ausgerichtete Erziehungswissenschaft auf breiterer Basis entwickeln können. Dies hing damit zusammen, daß die an der Gründung und Ausstattung der Universität beteiligten, überwiegend jüdischen Bürger sich ebenso ein Mitspracherecht z. B. bei Stellenbesetzungen und Strukturentscheidungen hatten einräumen lassen wie die Stadt Frankfurt/Main, die nach dem Kriege die Hochschule mitfinanzierte (vgl. Stuchlik 1984, S. 33 ff.). Der besondere Charakter der Universität fand seinen Ausdruck vor allem in einer – im Vergleich zu anderen Hochschulen – beachtlichen Zahl demokratischer Hochschullehrer, die sich, obwohl auch hier als Minderheit, in der Endphase Weimars aktiv gegen den Faschismus engagierten. Dazu gehörten z. B. der Soziologe Karl Mannheim, der Volkswirtschaftler Adolf Loewe, der Politologe Hendrik de Man und der Sozialphilosoph Max Horkheimer. Darüber hinaus entstanden in enger Verbindung mit der Universität wissenschaftliche Einrichtungen, die der Etablierung gesellschaftskritischer Sozialwissenschaften, einschließlich der Erziehungswissenschaft, zugute kamen; so das berühmte Institut für Sozialforschung, aus dem – über das Exil hinweg – die Kritische Theorie der „Frankfurter Schule" um Max Horkheimer und Theodor W. Adorno hervorging, bzw. die „Akademie der Arbeit", die der Qualifizierung gesellschaftspolitisch interessierter bzw. gewerkschaftlich engagierter Arbeiter und Angestellter für staatliche und kommunale Berufe und Ehrenämter diente (vgl. Wittrock 1991, S. 149 ff.).

Aus diesem interdisziplinären, auf gesellschaftliche Praxis hin ausgerichteten sozialwissenschaftlichen Kontext hat sich zwischen 1929 und 1933 in ersten Anfängen so etwas wie eine eigenständige *Frankfurter Pädagogik* herausgebildet. Hauptsächlich daran beteiligt waren als Professoren der Religionswissenschaftler, Sozialphilosoph und Pädagoge *Paul Tillich* (1886–1965), seit 1929 Nachfolger von Max Scheler auf dem Lehrstuhl für Philosophie, sowie der Soziologe, Berufs- und Sozialpädagoge *Carl Mennicke* (1887–1959). Als wichtige Stationen seiner beruflichen Karriere seien genannt Tätigkeiten als Pfarrer in einer Bergmannssiedlung am Niederrhein während des Weltkrieges sowie als Ausbilder von Sozialarbeitern am Sozialpolitischen Seminar der Deutschen Hochschule für Politik in Berlin während der zwanziger Jahre; erst 1930 – ein Jahr nach Tillich – wurde er als Professor für Soziologie und Sozialpädagogik nach Frankfurt berufen. Schließlich gehörte zum Kreis der damals fortschrittlichen Frankfurter Pädagogik der noch junge Soziologe und Pädagoge *Hans Weil* (1898–1972); er hatte 1927 bei Herman Nohl in Göttingen promoviert und sich in Frankfurt mit derselben Arbeit habilitiert, war seit 1930 Assistent und zum Wintersemester 1932/33 gerade Privatdozent geworden.[26]

Tillich und Mennicke kannten sich bereits aus dem von ihnen begründeten „Berliner Kreis religiöser Sozialisten". Dort hatten sie lange vor ihrer Frankfurter Zeit Entwürfe für eine Erneuerung der Gesellschaft auf demokratisch-sozialistischer Grundlage diskutiert. Tillichs und Mennickes Beiträge zur Pädagogik bestanden zunächst einmal in grundlegenden Gesellschaftsanalysen, die Fragen von Bildung und Erziehung einschlossen, ebenso Orientierungen und Perspektiven politischer wie pädagogischer Art zu entwickeln versuchten. Dies gilt insbesondere für *Tillichs* 1933 erschienene, sofort beschlagnahmte und verbotene, trotzdem unter der Nazi-Herrschaft im Untergrund viel gelesene, 1948 erneut aufgelegte Schrift: „Die sozialistische Entscheidung" (Tillich 1948; vgl. Lingelbach 1992). Darin rief Tillich die fortschrittlichen Kräfte des Bürgertums wie die Arbeiterschaft zur Entscheidung für einen freiheitlichen und humanen Sozialismus auf, der weder dogmatisch gebunden noch auf reinen Ökonomismus beschränkt sein durfte. Mit „Sozialismus" verband er sowohl die Forderung nach materieller Gerechtigkeit als auch – in Anknüpfung an den frühen Marx – das Ziel der Befreiung aller Menschen von Verdinglichung und bloß technisch-wirtschaftlicher Funktionalisierung in der bürgerlichen Gesellschaft (vgl. Tillich 1948, S. 49 ff.). Zur Verwirklichung solcher Ziele forderte er eine Rückbesinnung auf die sozialistische Idee wie auf eine sozialistische Ethik. Aufgabe der sozialistischen Erziehung sollte sein, jungen Menschen „die sozialistische Bewegung, ihre Einrichtungen und ihre Symbolik" nahezubringen (ebd., S. 120 f.), um sie so zu bewußten Trägern sozialistischer Veränderungen zu machen.

Letzterer Gedanke stammt von *Carl Mennicke*, der damals im Rahmen sozialhistorisch orientierter Analysen nachdrücklich auf „den Mangel eines einheitlichen, allgemein verpflichtenden gesellschaftlichen Wertgehaltes" hingewiesen hatte (Mennicke 1926, S. 330 u. ö.). Das Zerbrechen der quasi selbstverständlich funktionierenden vormodernen Sozialisationsmuster im Zuge der Industrialisierung hätte zwar einen Zuwachs an personaler Autonomie zur Folge gehabt, zugleich aber keine neuen Bindungen geschaffen, die geeignet gewesen wären, „den Menschen ganz in Anspruch zu nehmen und in eine Gemeinschaft einzugliedern" (ders. 1929, S. 298). Dies war der Hintergrund von Tillichs Forderung nach sozialistischen Bildungseinrichtungen neben dem öffentlichen Schulwesen, „in denen die sozialistische Bewegung sich selbst, ihren Sinn, ihre Vergangenheit und ihre mögliche Zukunft deuten kann" (Tillich 1948, S. 121; vgl. Lingelbach 1992, S. 190 ff.).

Mit seiner Kritik an der „pseudo-humanistischen bürgerlichen Grundlage" damaliger Erziehung (Tillich 1948, S. 120) konnte sich Tillich bei *Hans Weil* und seiner 1927 entstandenen, viel beachteten Dissertation über „Die Entstehung des deutschen Bildungsprinzips" orientieren. Deren innovativer Charakter bestand vor allem in der Verbindung geisteswissenschaftlich-hermeneutischer Verfahren mit Ansätzen soziologischer Analyse, wie sie auf breiterer Basis erst mit der sozialwissenschaftlichen Wende der Erziehungswissenschaft in den sechziger Jahren an Bedeutung gewann.[27] Weils Beitrag zur Frankfurter Pädagogik bestand darin, die problematische Rolle des klassischen Bildungsprinzips im Entstehungszusammenhang der bürgerlichen Gesellschaft an der Wende vom 18. zum 19. Jahrhundert zu analysieren. Es habe – so Weil im Vorwort zur zweiten Auflage seiner Untersuchung von 1927 – zum einen sozial-selektiv gewirkt, zum anderen zur persönlichen und politischen Vereinzelung geführt (Weil 1967, S. IX).

Die Frankfurter Pädagogen Tillich, Mennicke und Weil bemühten sich zu Beginn der dreißiger Jahre um rationale, sozialwissenschaftlich geleitete Analysen der damaligen gesellschaftlichen Krise wie auch um begründete Entwürfe und Perspektiven für ein humanes Zusammenleben. Konservative wie faschistische Deutungsmuster wurden von ihnen ideologiekritisch interpretiert, nämlich als Flucht in rückwärtsgewandte, antiaufklärerische, vormoderne und damit anachronistische Vorstellungen staatsmetaphysischer oder völkischer Art. Spätestens hier wird deutlich, warum die Nazis sie im Unterschied beispielsweise zu Spranger und Flitner nicht tolerieren konnten. Bereits im März und April 1933 erhielten Mennicke, Tillich und Weil aufgrund ihrer (wissenschafts)politischen Haltung, Weil auch aufgrund seiner jüdischen Herkunft, Berufsverbot, wurden zur Emigration gezwungen und als Folge davon in verschiedenartige Arbeitszusammenhänge versprengt. Das vielversprechende Projekt einer gesellschaftskritisch orientierten Pädagogik in Frankfurt war damit nach nur wenigen Jahren wieder beendet. *Tillich* emigrierte im November 1933 in die USA, lehrte dort als Professor für Theologie und Philosophie und gilt als eine der führenden Persönlichkeiten innerhalb der US-Emigration; erwähnenswert, daß der Nazi-Pädagoge *Krieck* 1933 ausgerechnet seinen Lehrstuhl erhielt. *Mennicke* lehrte nach seiner Vertreibung zunächst an der Internationalen Schule für Philosophie im niederländischen Amersfoort, wurde nach Einmarsch der Deutschen Wehrmacht von den Nazis in das KZ Sachsenhausen verschleppt und konnte Anfang der fünfziger Jahre (!) noch einmal für kurze Zeit an die Frankfurter Universität zurückkehren. *Hans Weil* schließlich gründete in Italien ein Landerziehungsheim, die „Schule am Mittelmeer" in Recco (bei Genua), und floh später weiter nach New York, wo er ein Foto-Atelier eröffnete. Der Wiedergutmachungsbescheid der

Frankfurter Universität über seine Wiedereinsetzung als Hochschullehrer, seit 1956 rechtskräftig, wurde dem inzwischen 68jährigen erst Ende 1966, also zehn Jahre später (!), zugeschickt, und zwar aufgrund eines „unverständlichen Versehens“, wie es im Schreiben des damaligen Frankfurter Rektors hieß.[28]

Zur Rolle der Pädagogenschaft im Prozeß der Gleichschaltung – Ein Fazit

Ziel dieses Bandes war es, Klarheit über die Vorgänge zu gewinnen, die 1933 binnen weniger Monate zur Nazifizierung des gesamten Bildungswesens führten. Dabei ging es vor allem um folgende Fragen: Warum haben sich Disziplin und Profession so rasch und reibungslos gleichschalten lassen? Wie war es möglich, daß die Nazis die aus politischen und rassistischen Gründen verfolgten Pädagogen und Pädagoginnen praktisch von heute auf morgen isolieren, ausgrenzen, sie entlassen und vertreiben oder inhaftieren konnten – (fast) ohne jeden Protest? Und nicht zuletzt: Wie ist es zu erklären, daß den zunächst diskriminierten und dann verfolgten Kindern und Jugendlichen so wenig Schutz von seiten ihrer Lehrer und Lehrerinnen, Betreuer und Betreuerinnen zuteil wurde?

Der Beantwortung dieser Fragen lag die Hypothese zugrunde, daß weder der Formierungsdruck noch das Ausmaß der Gewaltakte in der Phase der Gleichschaltung allein als Erklärung genügen, vielmehr eine Empfänglichkeit für spezifische Elemente der NS-Ideologie in der damaligen Pädagogenschaft wie eine daraus resultierende Bereitschaft zur Kooperation mit den Nazis hinzugekommen sein müssen. Diese Hypothese konnte im Verlaufe der Untersuchung für die unterschiedlichsten Bereiche des Erziehungswesens anhand einer Vielzahl von Beispielen erhärtet werden. Im pädagogischen Denken vor 1933 dominierten nachweislich antidemokratische, antiliberale, autoritäre und sexistische Tendenzen, und zwar trotz des demokratischen Anspruchs der Weimarer Verfassung. Damit korrespondierten problematische Zielvorstellungen, Organisationsformen, Inhalte wie Kommunikationsstrukturen im deutschen Bildungswesen; sie erschwerten eine Erziehung zur Demokratie und zur Völkerverständigung und vermittelten darüber hinaus eher Kastengeist als Erfahrungen von Gemeinsamkeit und Solidarität. Selbst die damals als fortschrittlich wahrgenommene Reformpädagogik, die Jugendbewegung oder die Neue Richtung der Erwachsenenbildung waren nicht frei davon, Sozial- und Sonderpädagogik erwiesen sich sogar als besonders anfällig für utilitaristische und rassistische Tendenzen.

Die ökonomischen und sozialen Folgen der Weltwirtschaftskrise reichten dann voll und ganz dazu aus, solche Dispositionen in Anpassungsbereitschaft an faschistische Zielvorstellungen umzusetzen. Eindrucksvolle Belege dafür sind – frei von jedem Zwang – abgegebene Stellungnahmen Sprangers und Flitners zum „März 1933" wie die Ergebenheitsadressen zahlreicher Repräsentanten aus allen Bereichen des deutschen Bildungswesens an die neuen Machthaber. Dieselbe Haltung stand hinter den freiwilligen Selbstauflösungen von Lehrer- und Lehrerinnenverbänden, von Erwachsenenbildungs- und Jugendorganisationen sowie deren oft bereitwilliger Selbst-Eingliederung in NS-Verbände und -Organisationen. Die Bedeutung des Faktors „ideologische Anfälligkeit" ließ sich besonders anschaulich anhand von Schulen der Reformpädagogik nachweisen. Zur Selbstgleichschaltung waren immer nur solche Schulen bereit, deren Gründer bereits vor 1933 spezifischen Elementen der NS-Ideologie nahestanden, etwa die Hermann-Lietz- oder Peter Petersens Jena-Plan-Schulen. Für Fritz Karsens Karl-Marx-Schule oder die Lebensgemeinschaftsschulen wäre ein solcher Akt undenkbar gewesen, schon wegen ihrer deutlichen Distanz zur NS-Ideologie und ihrer explizit demokratischen Grundpositionen. Wie nahtlos der Übergang zum Faschismus sich vollziehen konnte, zeigte das Beispiel der Sozialpädagogik, wo bereits *vor* dem 30. Januar 1933 Fürsorgeerziehung abhängig vom gesellschaftlichen Nutzen gemacht, ein halbes Jahr *danach* die Zwangssterilisation zum Zweck der „Reinigung des Volkskörpers" ermöglicht wurde.

Die demokratischen Tendenzen in der Pädagogenschaft vor 1933 wie alternative Reformmodelle in Schule, Hochschule, Erwachsenenbildung, Sozialpädagogik und außerschulischer Jugendbildung hatten, wie gezeigt, aufgrund der politischen Rahmenbedingungen keine Chance, richtungweisend für das gesamte Bildungswesen zu werden. Von den antidemokratischen Parteien und Verbänden wurden sie bekämpft, von der Sozialdemokratie teilweise nur halbherzig unterstützt, sieht man einmal von den Hochburgen der Arbeiterbewegung wie dem „roten Neukölln" ab.

Affinitäten und Schnittmengen im Denken der Pädagogenschaft, aber auch die Notlage, in die sie durch die Weltwirtschaftskrise geraten war, hätten ebensowenig allein zum Ziel geführt wie die ausschließliche Anwendung von Druck bis hin zum Terror. Nur die Wechselwirkung zwischen allen drei Faktoren kann letztendlich Tempo und Reibungslosigkeit der Gleichschaltung erklären. Wie dargestellt, haben viele Lehrer und Lehrerinnen, Erwachsenenbildner und Erwachsenenbildnerinnen, Sozialpädagogen und Sozialpädagoginnen die Repressionsakte der Nazis entweder am eigenen Leib oder in der unmittelbaren Nähe erlebt oder wenigstens aus Erzählungen und Presseberichten darüber erfahren. Wichtigste Instrumente zur Einschüchterung waren die Außerkraftsetzung von Grundrechten (z. B. des Rechtsschutzes), die Ersetzung rechtsstaatlicher durch totalitäre, nicht einklagbare Normen und die Statuierung von Exempeln, wie die Handhabung des Gesetzes zur Wiederherstellung des Berufsbeamtentums belegt.

Besonders schwer nachvollziehbar ist heute das damalige Verhalten von Kollegien, die von Entlassung und Vertreibung einzelner Mitglieder betroffen waren. Sie protestierten nur selten dagegen, und wenn sie es doch einmal taten, war ihr Widerspruch so schwach, daß er von den neuen Machthabern kaum als Gegendruck wahrgenommen zu werden brauchte. Erinnert sei an das Beispiel der Hamburger Universität, wo im Senat noch Ende April 1933 intern ein „aktives Vorgehen“ gegen die von den Nazis vorgenommenen Entlassungen gefordert wurde, man sich aber im Juli desselben Jahres bereits voll damit abgefunden hatte. Mir scheint, daß hier die Haltung des „Sich-nicht-Einmischens“ in administrative Vorgänge, des „Nur-auf-die-Rettung-der-eigenen-Haut-bedacht-Seins“ zum Tragen gekommen ist; typisch für Untertanenmentalität, die im Kaiserreich und selbstverständlich auch später noch Ziel der Erziehung war. Gerade diese Haltung dürfte den Nazis bei der Machtdurchsetzung ihres Herrschaftsanspruches in besonderem Maße zugute gekommen sein, und zwar nicht nur im Erziehungswesen.

Nicht zufällig scheint es deshalb auch, daß die Lehrer und Lehrerinnen, die den Mut zur Opposition und zum Widerstand fanden, zumeist schon aus Elternhäusern und aus Schulen kamen, in denen andere, demokratische Erziehungsvorstellungen und -konzepte praktiziert wurden. Sie hatten gelernt, kritisch zu denken, aber auch gesellschaftliche Prozesse und Verhältnisse rational zu analysieren.

Ebenso war ihnen eine Haltung eigen, angesichts von Unrecht nicht einfach wegzusehen, es geschehen zu lassen, sondern vielmehr aktiv zu werden; dies sowohl, wenn es sich um die Unterstützung von Bedrohten und Verfolgten handelte, als auch im Sinne gesamtgesellschaftlichen Engagements. Welche Schritte die oppositionellen und widerständigen Pädagogen und Pädagoginnen gingen und zu gehen bereit waren, um ihre Einsicht in den Unrechtscharakter des NS-Systems in konkretes Handeln umzusetzen, hing von vielerlei Voraussetzungen wie situativen Bedingungen ab, nicht zuletzt vom eigenen politischen bzw. weltanschaulichen Standpunkt, von der familiären Situation und von der eigenen Risikobereitschaft.

Einleitend ist nach Sinn und Nutzen einer Auseinandersetzung mit der NS-Zeit *heute* gefragt worden. Kann man in diesem Sinne Erkenntnisse aus der Analyse des Gleichschaltungsprozesses ziehen? Ich meine ja: Zum einen deutet vieles darauf hin, daß entsprechende Prozesse kollektiver Vereinnahmung und Unterdrükkung nur dann zu verhindern sind, wenn mehr Menschen lernen, die bloße Zuschauerrolle zu verlassen und aktiv für Menschenwürde und Menschenrechte sowie gegen deren Verletzung einzutreten. Zum anderen zeigt die Faschismus-Anfälligkeit der damals in Erziehungswissenschaft und Pädagogik verbreiteten Denkweisen, daß pädagogische Konzepte und Begründungszusammenhänge nicht beliebig sein dürfen, wie es die Postmoderne-Diskussion nahezulegen scheint. Aus den Erfahrungen des Jahres 1933 ebenso wie aus der aktuellen Neofaschismus-Gefahr ergibt sich für Pädagogik und Erziehungswissenschaft vielmehr die eindeutige Verpflichtung, sich an freiheitlichen, demokratischen wie auch sozialen Werten zu orientieren. Hier liegt eine Verantwortung für alle, die im Bildungswesen arbeiten. Daraus wiederum resultiert die Aktualität demokratischer Traditionen. Aus ihnen kann man nicht nur oppositionelles und widerständiges Verhalten dem Faschismus gegenüber lernen, sondern vor allem auch vielfältige Anregungen für eine Erziehung in demokratischem Geist gewinnen.

Anmerkungen

Anmerkungen zu Kapitel I

[1] Der damalige Rassismus führte zur Entwicklung zweier „Wissenschaftszweige“, der *Rassenanthropologie* und der *Rassenhygiene*. Während die Rassenanthropologie Gruppierungen von Menschen aufgrund phänotypischer Eigenschaften und Gemeinsamkeiten (z. B. ihrer Hautfarbe) vornahm, traf die Rassenhygiene entsprechende Unterscheidungen und Zuordnungen auf der Grundlage der angeblichen Wertigkeit ihrer Erbanlagen, wobei die Kriterien jeweils diffus, die Übergänge zwischen beiden Grundformen fließend blieben.

[2] Den „wichtigsten gemeinsamen Nenner der verschiedenen Formen des nationalsozialistischen Rassismus“ sieht Gisela Bock in der „Klassifikation und Behandlung ... von Menschengruppen nach einem von Menschen definierten unterschiedlichen 'Wert' – als 'Wertvolle', '(Lebens-)Unwerte', 'Minderwertige'. ... In diesem Sinn kommentierte Himmler 1936 das Sterilisationsgesetz: ‚Die deutschen Menschen ... haben wieder gelernt, Körper zu sehen und nun nach Wert oder Unwert diesen uns vom Herrgott gegebenen Leib und das uns vom Herrgott gegebene Blut und unsere Rasse heranzuziehen'“ (Bock 1986, S. 17; vgl. ebd., S. 59 ff.).

[3] Der Begriff „Antisemitismus“ bedeutet vom Wortsinn her *nicht* Judenfeindschaft (= Antijudaismus), sondern „feindselige Haltung gegenüber Menschen der semitischen, d. h. der arabisch-jüdischen Sprachgruppe“ insgesamt (Gamm 1990, S. 57). Trotz dieser falschen Wortbedeutung läßt sich der Begriff aufgrund seiner historischen Belastung sinnvollerweise kaum durch einen anderen, etwa Antijudaismus, ersetzen.

Vgl. zur Vorgeschichte des Antisemitismus: Herlitz/Kirschner 1927 (^{2}1987), Bd. I, Sp. 331–371; Hilberg 1982, S. 11–27; Gamm 1990, S. 57–104; zum Antisemitismus in der christlichen Ikonographie: Jochum 1993 (mit eindrucksvollen Bild-Beispielen und Erläuterungen).

Anmerkungen zu Kapitel II

[1] Bezeichnenderweise hat Eduard Spranger an der Berliner Friedrich-Wilhelms-Universität mehrfach (wie 1924 und 1930) die – anläßlich die-

ses Gedenktages fällige – Festrede gehalten (vgl. Spranger 1932, S. 34 u. 107).

[2] Ebenfalls bereits 1931 „kam es beispielsweise in Wien, Berlin, Greifswald, Halle, Hamburg, Breslau, Kiel, Königsberg und München zu antisemitischen Studentenunruhen" (Mosse 1991, S. 286).

[3] Zwar hat es in der Weimarer Republik auch bereits Philologinnen gegeben, doch wurden diese von ihren männlichen Kollegen eher bekämpft als akzeptiert. Dies zeigt z. B. die Tatsache, daß sich einige Regionalverbände der Philologenvereinigung völlig gegen die Aufnahme von Philologinnen als Mitglieder sperrten, während die Satzung des Deutschen Philologenverbandes ihre Mitgliedschaft zumindest einräumte. Aufgrund dieser Randstellung hatten sich die Lehrerinnen an höheren Schulen, die zumeist an Mädchenschulen unterrichteten, in einem Philologinnenverband organisiert, über den jedoch (noch) relativ wenig bekannt ist. Die Abwehr von Frauen im höheren Lehramt, vor allem ihr möglichst weitgehender Ausschluß von Verbandsangelegenheiten, wirft ein bezeichnendes Licht auf die antidemokratische wie antiemanzipatorische Grundeinstellung der überwiegenden Mehrheit der damaligen (männlichen) Philologenschaft (vgl. Hamburger 1974, S. 73–78).

[4] Der Berliner Arbeiter-Bezirk Neukölln, bis zur Bildung der Gesamtgemeinde Groß-Berlin im Jahre 1920 selbständige Großstadt mit weit über 250 000 Einwohnern, stellte in der Weimarer Zeit ein besonders interessantes „Versuchsfeld" demokratisch orientierter Schulreform dar (vgl. Radde u. a. 1993, Bd. I).

[5] Vgl. zu Honigsheim: Friedenthal-Haase 1991, Honigsheim 1991; zu Geiger: Geiger 1984; zu Heller, Hermberg, Hermes: Meyer 1969.

[6] Andere spezifische Elemente faschistischer Erziehungspolitik, die in die Zeit vor 1933 zurückreichen, waren insbesondere Militarismus und Sexismus (= Benachteiligungen und Diskriminierungen von Frauen aufgrund ihres Geschlechts); vgl. zu beiden Elementen Bd. II.

[7] In der Regel, wenngleich nicht ohne Ausnahmen, sprachen vor wie nach 1945 die Befürworter der Sterilisationspolitik von *„Sterilisierung"*, ihre Kritiker von *„Sterilisation"* (Bock 1986, S. 7, Sperrung W. K.).

[8] So lauteten z. B. die Überschriften im „Volkslehrer", meist zu ganz- oder sogar mehrseitigen Artikeln: „Wie lange noch Dr. Frick?" (12, 1930, Nr. 7, S. 81 f.); „Herr Dr. Frick bringt Hunger und Verzweiflung" (ebd., S. 82); „Die Lehrerverfolgungen in Thüringen" (12, 1930, Nr. 12, S. 173); „Braunschweig ein zweites Thüringen ..." (12, 1930, Nr. 21, S. 261 f.); „Aus dem Nazi-Braunschweig. Von der Tätigkeit des Ministers Franzen und der Haltung des Lehrervereins" (12, 1930, Nr. 25, S. 313); „Schulabbau in Braunschweig. Entlassung von 26 festangestellten dissidentischen Lehrern" (13, 1931, Nr. 2, S. 13 ff.); „Nazi-Angriff auf die Braunschweiger Technische Hochschule" (ebd., S. 15) usf.

[9] Die von Fritz Laack und Eduard Weitsch herausgegebene Zeitschrift

„Freie Volksbildung“ widmete der Frage „Erwerbslosigkeit und Erwachsenenbildung“ 1931 mit über 13 Beiträgen, darunter einem Themenheft (6, 1931, H. 1), fast ein Viertel aller Abhandlungen und Berichte. 1932 beschäftigten sich die Hefte 7/8, 9 und 10 fast ausschließlich mit dem Verhältnis der Erwachsenenbildung zu „Arbeitsdienst“, „Arbeitslager“ und „Siedlung“, u. a. mit Rezensionen zu 14 themenspezifischen Büchern und 23 Aufsätzen.

[10] Eugen Rosenstock (1888–1973), Sohn eines Berliner Bankiers, war von 1923 bis 1933 als Professor für Rechtsgeschichte, Bürgerliches Handels- und Arbeitsrecht an der Universität Breslau tätig. Bedeutung erlangte er als einer der profiliertesten Vertreter der Neuen Richtung Weimarer Erwachsenenbildung. 1933 kam er mit seiner Emigration in die USA Strafversetzung, Entlassung und Verfolgung aufgrund seiner jüdischen Herkunft zuvor; vgl. die Kurzbiographie in Wolgast/Knoll 1986, S. 329 ff.

Anmerkungen zu Kapitel III

[1] „Wort aus der Elektrotechnik; von der nationalsozialistischen Propaganda eingesetzt zur Bezeichnung der Ausrichtung von Verbänden, Organisationen, Parteien und schließlich jedes einzelnen Bürgers auf die Ziele der nationalsozialistischen Politik; geprägt von Reichsjustizminister Gürtner für die Formulierung des Gesetzes vom 31. 3. 33 zur Gleichschaltung der Länder mit dem Reich“ (Zentner/Bedürftig 1985, S. 216).

[2] In Berlin z. B. lag 1933 der Anteil der jüdischen an der Gesamtbevölkerung bei 3,8% (gegenüber 0,8% im Reichsdurchschnitt, vgl. Walk 1991, S. 14 f.). Der Prozentsatz jüdischer Schüler und Schülerinnen an öffentlichen höheren Schulen überstieg mit 8,2% diesen Anteil noch einmal um mehr als das Doppelte, wovon nur ein verschwindend kleiner Teil die einzige höhere jüdische Lehranstalt Berlins, die Adaß Jisroel-Schule, besuchte. Aufgrund des April-Gesetzes, allerdings auch aufgrund des seit dem 30. Januar 1933 andauernden offenen und versteckten Terrors gegenüber der jüdischen Bevölkerung, der auch vor den Schulen nicht haltmachte, reduzierte sich die Zahl jüdischer Schüler und Schülerinnen in Berlin von 5931 im Mai 1933 auf 2777 im Mai 1934 und auf 1172 im Mai 1936 (vgl. Benz 1988, S. 332).

[3] An den höheren Schulen Preußens mußten bis zum Sommer 1934 157 von 1065 Direktoren (= 15%), 37 von 515 Oberstudienräten (= 7%), 280 von 11 348 Studienräten (= 2,5%), 23 von 68 Direktorinnen (= 32%), 10 von 81 Oberstudienrätinnen (= 12%) und 75 von 1675 Studienrätinnen (=4%) gezwungenermaßen aus ihrem Amt ausscheiden (Eilers 1963, S. 68). Der überproportional hohe Anteil von Frauen in allen Gruppen verweist auf eine zur politischen und rassistischen hinzukommende sexistische Motivation der Nazis, aufgrund der Frauen aus dem Berufsleben, zumal aus gehobenen Beamtenpositionen, „entfernt“ werden sollten. An den preußischen

Hochschulen für Lehrerbildung wurden sogar 60% der Lehrkräfte ausgewechselt (vgl. Eilers 1963, S. 69).

[4] Biographische Anmerkungen von Ilse Thilo, geb. Miethke, im Besitz d. Verf.

[5] Wörtliches Zitat aus dem Brief eines ehemaligen Mitschülers Herbert Baums an Otto Geudtner, Hans Hengsbach und Sibille Westerkamp, alle Köln; Brief in ihrem Besitz.

[6] Der Vorsitzende des DLV, Georg Wolff, schreckte sogar nicht davor zurück, mit Rundschreiben vom 31. 3. 1933 „die Nachrichten über den nationalsozialistischen Terror im Deutschen Reich als ausländische Greuelpropaganda“ abzutun (Feidel-Mertz/Schnorbach 1981, S. 85; vgl. Schnorbach 1983, S. 75 ff.).

[7] Entsprechende Vorgänge aus Waldenburg (Schlesien), Magdeburg und Altona in: BA Potsdam, 49.01 REM 3228/31, S. 2-29, Zitate ebd., Bl. 8 f., 12 u. 7.

[8] Eigene Aufzeichnungen eines Gesprächs am 26. 2. 1987 mit Zeitzeugen und Zeitzeuginnen anläßlich der Tagung „Geschichte der Landerziehungsheime im Nationalsozialismus“ vom 26. 2. bis 1. 3. 1987 im Landschulheim am Solling.

[9] BA Potsdam 49.01 REM 3285/4, Bl. 119. Auch wenn sich das REM in den folgenden Jahren reservierter gegenüber Petersens Schulkonzept verhielt, es vor allem als „Grundlage einer nationalsozialistischen Schulreform“ ablehnte (ebd., Bl. 58) und die Zahl der Versuchsschulen begrenzte, behielt der Jena-Plan nach wie vor seine Bedeutung als eine Variante der in der Nazi-Zeit diskutierten Reformmodelle. Petersen selbst konnte uneingeschränkt publizieren, Vorträge halten und an NS-Einrichtungen lehren, z. B. an der „Akademie für Jugendführung“ in Braunschweig und – bis in die Kriegsjahre hinein – an der „Akademie der HJ (Mädel)“ in Luxemburg (vgl. Keim 1989; Rülcker/Kaßner 1992).

[10] „Hitler war 1929 gerade 40, Rosenberg 37, Heß 35, die Brüder Strasser 37 und 32, Goebbels 32 ..., Himmler gerade 30“ und von Schirach sogar erst 22 (Thamer 1986, S. 400).

[11] „Erwachsenenbildung“ wird im folgenden auf Heim- und Abendvolkshochschulen eingegrenzt; insbesondere das für die Weimarer Zeit wichtige „Volksbüchereiwesen“ kann nicht mitberücksichtigt werden; vgl. zum Gesamtkomplex Langewiesche 1989, zum Volksbüchereiwesen Boese 1987, dazu Keim 1990, S. 48 f.

[12] Ähnliche Diffamierungen lassen sich z. B. für die VHS Leipzig belegen. Überschriften der „Leipziger Neuesten Nachrichten“ aus dem Jahre 1931 lauteten etwa: „Volkshochschule in Gefahr“ (14. 1.), „Marxistische Bildungsarbeit auf Stadtkosten“ (14. 4.) oder „Marxistenspuk. Nette Früchte unseres ‚neutralen‘ Volksbildungsamtes“ (24. 10.) (vgl. Stadt A. Leipzig, VHS, Kap. 10, Nr. 408, Beih. 3, Bd. 2, Bl. 35, 104, 61).

[13] Vgl. Stadt A. Leipzig, Akten Fichtegesellschaft, Deutsche Volkshochschule, Kap. 33 A, Nr. 1, Bde. 1 u. 2.

[14] Vgl. zu Nürnberg: Fischer 1981, S. 68 ff.; Beispiel für Selbstauflösung und entsprechende Neugründung: Braunschweig, vgl. Aktennotiz in H. Keim/Urbach 1976, S. 145.

[15] Darauf lassen die Presseberichte anläßlich der Eröffnung der Herbst- und Winterabschnitte schließen, vgl. z. B. für Weimar: St.A. Weimar, Thür. Volksbildungsministerium C 723, Bl. 79 f.

[16] St.A. Weimar, Thür. Ministerium f. Volksbildung u. Justiz C680, Bl. 199.

[17] A. a. O., vgl. Fußnote 4 (Stadt A. Leipzig Akten Fichtegesellschaft ...).

[18] Vgl. Amtliches Nachrichtenblatt der Deutschen Arbeitsfront und der NSG „Kraft durch Freude", 2. Jg., Folge 17 v. 10. 6. 1936, S. 105 (Anordnungen 29/36 u. 30/36).

[19] Vgl. Anmerkung 7 zu Kap. II.

[20] Demgegenüber deutet für Jürgen Reyer (1991, S. 164) „alles darauf hin ..., daß nach Vorgabe des Preußischen Gesetzentwurfes von 1932 (auch ohne Nazis und Ausschaltung von Verfassung und Parlament, W. K.) ein Reichsgesetz die freiwillige Sterilisierung ermöglicht" hätte. Reyer vermutet sogar, daß der gesetzlich fixierten freiwilligen die gesetzlich fixierte Zwangssterilisation gefolgt wäre.

[21] Als Erbkrankheiten definiert wurden angeborener Schwachsinn, Schizophrenie, manisch-depressives Irresein, erbliche Fallsucht (Epilepsie), erblicher Veitstanz, erbliche Blindheit oder erbliche Taubheit, schwere erbliche körperliche Mißbildung und schwerer Alkoholismus. „Die Vererbbarkeit dieser Krankheiten war damals in keiner Weise bewiesen. Außer dem ‚Veitstanz' ... wird heute bei allen anderen Diagnosen nicht mehr von Vererbung gesprochen. Lediglich bei Epilepsie, Blind- oder Taubheit, z. Teil auch bei Schizophrenie lassen sich sog. ‚familiäre Häufungen' nachweisen. ... 1935 wurden 60% aller Zwangssterilisierten wegen angeborenen Schwachsinns und 20% wegen Schizophrenie sterilisiert. Damit machten die beiden ungenauesten Indikationen die Ursache für vier Fünftel aller Zwangssterilisierungen aus" (Kuhlmann 1989, S. 132).

[22] Vgl. zur Frage der Kontinuität zwischen rassenhygienischer Diskussion, Sterilisation und Euthanasie Reyer 1991, S. 176 ff.

[23] Die Erziehungswissenschaft hatte sich erst im Verlaufe der Weimarer Republik zur selbständigen wissenschaftlichen Disziplin an Universitäten und Pädagogischen Akademien entwickelt, wurde allerdings an den Universitäten mehrheitlich noch in Verbindung mit Philosophie, Psychologie, teilweise auch mit sozialwissenschaftlichen Fachgebieten vertreten. Im Mittelpunkt des folgenden Überblicks steht die universitäre oder sog. Kathederpädagogik; vgl. zu den quantitativen Veränderungen des wissenschaftlichen Personals zwischen 1930 und 1945: Tenorth 1986; als Überblick über die Entwicklung „pädagogischen Denkens" zwischen 1918 und 1945: Tenorth 1989.

[24] Ihr war bereits 1932 vom thüringischen NS-Innenminister Frick die Professur wegen Beteiligung an einer Unterschriftenaktion gegen die Absetzung des Heidelberger Statistik-Professors Emil Gumbel entzogen worden. Angesichts des faschistischen Terrors in ganz Deutschland nach dem 30. Januar und 5. März emigrierte sie am 15. März 1933 in die Schweiz, von wo aus sie vielen Flüchtlingen half und mit Aufsätzen und Broschüren den Nationalsozialismus – wie zuvor schon in Deutschland – bekämpfte. 1946 kehrte sie nach Hamburg zurück, um sich an der Neugestaltung des Hamburger Schulwesens zu beteiligen. Mit dem Argument der desolaten Finanzlage wurde ihr die Verbeamtung verwehrt, ihr lediglich zwei Sonderkurse zur Ausbildung von Volksschullehrern im Jahre 1947 sowie ein Lehrauftrag für europäische Literatur an der Hamburger Universität übertragen. Sie starb 1951 (vgl. Schmölders 1988, S. 355–359).

[25] Im September 1933 verlor Honigsheim seinen Direktoren-Posten an der Volkshochschule, deren Betreten ihm verboten wurde, am 19. März 1934 entzogen ihm die Nazis nach § 4 des GWBB ebenso die Lehrbefugnis an der Hochschule. Bereits im Herbst 1933 hatte er allerdings aufgrund der Aussichtslosigkeit seiner Situation Deutschland verlassen; zwischen 1934 und 1936 leitete er – auf Vermittlung von Max Horkheimer – das bereits aus Deutschland vertriebene Frankfurter Institut für Sozialforschung; 1934 erhielt er einen Ruf an die Universität Panama. Nach Abschluß seines „Wiedergutmachungsverfahrens“ im Jahre 1957 (!) durfte er sich als deutscher „emeritierter ordentlicher Professor“ bezeichnen. Eine Rückkehr nach Deutschland kam für den damals bereits über 70jährigen nicht mehr in Frage; er ist 1963 in Lansing im US-Staat Michigan gestorben (vgl. Golczewski 1988, S. 197 ff.; Friedenthal-Haase 1991, S. 326–345).

[26] Vgl. die biographischen Porträts bei Röder/Strauss 1980 ff., Bd. I, S. 763 ff. (*Tillich*); II, 2, S. 804 f. (*Mennicke*); zu *Mennicke*: seine Autobiographie (Mennicke 1995); zu *Weil*: Feidel-Mertz 1983, S. 107 ff., 250 f.; dies. 1992; als inhaltliche Gesamtanalyse der *Frankfurter Pädagogik*: Lingelbach 1992.

[27] Nicht zufällig ist die Untersuchung Weils 1967 ein zweites Mal aufgelegt worden (vgl. Weil 1967).

[28] Für diesen Hinweis danke ich Frau Hildegard Feidel-Mertz.

Abkürzungen

AFLD	Allgemeine Freie Lehrergewerkschaft Deutschlands
AG	Arbeitsgruppe
AWO	Arbeiterwohlfahrt
BDM	Bund Deutscher Mädel
BESch	Bund Entschiedener Schulreformer
DAF	Deutsche Arbeitsfront
DDP	Deutsche Demokratische Partei
DHV	Deutschnationaler Handlungsgehilfenverband (= rechtsstehende Angestelltenorganisation)
DLV	Deutscher Lehrerverein
DNVP	Deutschnationale Volkspartei
DVW	Deutsches Volksbildungswerk
DWEuV	Deutsche Wissenschaft, Erziehung und Volksbildung (vgl. Lit.verz.)
Gestapo	Geheime Staatspolizei
GfV	Gesellschaft für Volksbildung
GWBB	Gesetz zur Wiederherstellung des Berufsbeamtentums
GzVeN	Gesetz zur Verhütung erbkranken Nachwuchses
HJ	Hitler-Jugend
IOL	Interessengemeinschaft oppositioneller Lehrer
JV	Jungvolk
KdF	Kraft durch Freude
KJVD	Kommunistischer Jugendverband Deutschlands
KPD	Kommunistische Partei Deutschlands
KZ	Konzentrationslager
L. u. A.	Leben und Arbeit (vgl. Lit.verz.)
M. K.	Mein Kampf
NS	Nationalsozialismus
NSDAP	Nationalsozialistische Deutsche Arbeiterpartei
NSDDB	Nationalsozialistischer Deutscher Dozentenbund
NSDStB	Nationalsozialistischer Deutscher Studentenbund

NSKK	Nationalsozialistisches Kraftfahrkorps
NSLB	Nationalsozialistischer Lehrerbund
NSV	Nationalsozialistische Volkswohlfahrt
RAD	Reichsarbeitsdienst
REM	Reichsministerium für Wissenschaft, Erziehung und Volksbildung, abgek.: Reichserziehungsministerium
RGBl	Reichsgesetzblatt (vgl. Lit.verz.)
SA	Sturmabteilung der NSDAP
SAJ	Sozialistische Arbeiterjugend
SPD	Sozialdemokratische Partei Deutschlands
SS	Schutzstaffel der NSDAP
USPD	Unabhängige Sozialdemokratische Partei Deutschlands
VHS	Volkshochschule
W. V.	Weimarer Verfassung
ZBl.	Zentralblatt für die gesamte Unterrichts-Verwaltung

Quellen und Literatur

a) Archivalien

Bundesarchiv, Abteilung Potsdam (=BA Potsdam)
Akten des Reichserziehungsministeriums
- 49.01 REM/152
- 49.10 REM/3228/31
- 49.01 REM/3285/4

Staatsarchiv Weimar (= St.A. Weimar)
- Thür. Min. f. Volksbildung u. Justiz C 680
- Thür. Volksbildungsministerium C 723
- Heimvolkshochschule Tinz 100

Stadtarchiv Leipzig (= Stadt A. Leipzig)
- Fichtegesellschaft, Deutsche Volkshochschule, Kap. 33A, Nr. 1, Bde. 1 u. 2
- Volkshochschule, Kap. 10, Nr. 408, Beiheft 3, Bd. 2, S. 35,104,62

b) Veröffentlichungen

Abendroth, Wolfgang: Die deutschen Professoren und die Weimarer Republik. In: Tröger 1984, S. 11–25.

Alfken, Hans: Schulreform: Wandervogel und Arbeiterjugend (1918–1933). In: Jahrbuch des Archivs der deutschen Jugendbewegung 10 (1978), S. 55–58.

Amlung, Ullrich, u. a. (Hrsg.): „Die alte Schule überwinden“. Reformpädagogische Versuchsschulen zwischen Kaiserreich und Nationalsozialismus. Frankfurt a. M. 1993.

Andrich, Matthias/Martin, Guido: Schule im 3. Reich. Die Musterschule. Frankfurter Gymnasium 1933–39. Frankfurt a. M. 1983.

Arbeitsgruppe (AG) Pädagogisches Museum (Hrsg.): Heil Hitler, Herr Lehrer. Volksschule 1933–1945. Das Beispiel Berlin. Reinbek 1983.

Baeumler, Alfred: Männerbund und Wissenschaft. Berlin 1934.

Ders.: Politik und Erziehung. Reden und Aufsätze. Berlin 1937.

Baeumler, Marianne, u. a.: Thomas Mann und Alfred Baeumler. Eine Dokumentation. Würzburg 1989.

Baudert, W.: Ländliche Volksbildungsarbeit in Thüringen. Langensalza 1922.

Bäuerle, Theodor: Erwachsenenbildung und Arbeitsdienst. Grundsätzliches und Tatsächliches. In: Freie Volksbildung 7 (1932), S. 247–262.

Becker, Josef u. Ruth (Hrsg.): Hitlers Machtergreifung 1933. München [2]1992.

Becker-Jákli, Barbara (Hrsg.): Ich habe Köln doch so geliebt. Lebensgeschichten jüdischer Kölnerinnen und Kölner. Köln 1993.

Benz, Wolfgang (Hrsg.): Die Juden in Deutschland 1933–1945. Leben unter nationalsozialistischer Herrschaft. München 1988.

Berg, Christa: Familie, Kindheit, Jugend. In: Dies. (Hrsg.): Handbuch der deutschen Bildungsgeschichte Bd. IV: 1870–1918. Von der Reichsgründung bis zum Ende des Ersten Weltkrieges. München 1991, S. 91–145.

Dies.: Reformpädagogik im Zwielicht. Aus den Abgründen der Ratgeberliteratur. In: Neue Sammlung 32 (1992), S. 459–472.

Bernhard, Armin/Eierdanz, Jürgen (Hrsg.): Der Bund der Entschiedenen Schulreformer. Eine verdrängte Tradition demokratischer Pädagogik und Bildungspolitik. Frankfurt a. M. 1991.

Bildungszentrum Stadt Nürnberg (Hrsg.): 70 Jahre Volkshochschule. Ein Tummelplatz abwegiger Gelehrsamkeit? Nürnberg 1989.

Bittner, Stefan: Das „Gesetz zur Wiederherstellung des Berufsbeamtentums" vom 7. April 1933 und seine Durchführung im Bereich der Höheren Schule. In: Bildung und Erziehung 40 (1987), S. 167–181.

Blankertz, Herwig: Die Geschichte der Pädagogik. Wetzlar 1982.

Blättner, Fritz: Geschichte der Pädagogik. Heidelberg 1951.

Bock, Gisela: Frauen und ihre Arbeit im Nationalsozialismus. In: Kuhn, Annette/Schneider, Gerhard (Hrsg.): Frauen in der Geschichte I: Frauenrechte und die gesellschaftliche Arbeit der Frauen im Wandel. Fachwissenschaftliche und fachdidaktische Studien zur Geschichte der Frauen. Düsseldorf 1979, S. 113–149.

Dies.: Zwangssterilisation im Nationalsozialismus. Studien zur Rassenpolitik und Frauenpolitik. Opladen 1986.

Boese, Engelbrecht: Das öffentliche Bibliothekswesen im Dritten Reich. Bad Honnef 1987.

Böhm, Winfried: Lehrer zwischen Kulturkritik und Gemeinschaftsutopie: Der Bund entschiedener Schulreformer. In: Heinemann, Manfred (Hrsg.): Der Lehrer und seine Organisation. Stuttgart 1977, S. 191–200.

Bohrer, Rainer/Renner, Birgit: Historisch-kritische Untersuchung der pädagogischen Konzeption und organisatorischen Struktur der Hermann-Lietz-Schule. Diplomarbeit. Marburg 1982 (unveröffentl. Mskr.).

Bölling, Rainer: Volksschullehrer und Politik. Der Deutsche Lehrerverein 1918–1933. Göttingen 1978.

Ders.: Sozialgeschichte der deutschen Lehrer. Ein Überblick von 1800 bis zur Gegenwart. Göttingen 1983.

Bollmus, Reinhard: Das Amt Rosenberg und seine Gegner. Zum Machtkampf im nationalsozialistischen Herrschaftssystem. Stuttgart 1970.

Ders.: Zum Projekt einer nationalsozialistischen Alternativ-Universität: Alfred Rosenbergs „Hohe Schule". In: Heinemann 1980, Teil 2, S. 125–152.

Bottin, Angela: Enge Zeit. Spuren Vertriebener und Verfolgter der Hamburger Universität. Hamburg 1991.

Brandecker, Ferdinand: Kurt Löwenstein (1885–1939): Sozialistische Erziehung als Forderung und Tat. In: Ders., u. a.: Klassiker der sozialistischen Erziehung. Bonn 1989, S. 15–47.

Brandenburg, Hans-Christian: Die Geschichte der HJ. Wege und Irrwege einer Generation. Köln [2]1982.

Breyvogel, Wilfried: Die soziale Lage und das politische Bewußtsein der Volksschullehrer 1927–1933. Eine Studie zur Gewerkschaftsfrage in der Volksschullehrerschaft. Königstein/Ts. 1979.

Broszat, Martin: Der Staat Hitlers. Grundlegung und Entwicklung seiner inneren Verfassung. München [11]1986.

Carmon, Arye: Die Einführung des Führerprinzips in die deutsche Universität. Das Ende der akademischen Freiheit. In: Neue Sammlung 36 (1977), S. 553–574.

Cleve, Christoph: Die Geschichte der deutschen Landerziehungsheime während der Zeit des Nationalsozialismus – dargestellt am Beispiel der Hermann-Lietz-Schulen und der Odenwaldschule. Hausarbeit in Pädagogik Erstes Staatsexamen für das Lehramt an Volks- und Realschulen. Unveröffentl. Mskr. 1974.

Damberg, Wilhelm: Der Kampf um die Schulen in Westfalen 1933–1945. Mainz 1986.

Denzler, Georg/Fabricius, Volker: Die Kirchen im Dritten Reich. Christen und Nazis Hand in Hand? 2 Bde., Frankfurt a. M. 1984.

Depdollar, Philipp: Vererbungslehre und naturwissenschaftlicher Unterricht. In: Just 1930, S. 277–303.

Deutsche Wissenschaft, Erziehung und Volksbildung (DWEuV). Amtsblatt des Reichsministeriums für Wissenschaft, Erziehung und Volksbildung und der Unterrichtsverwaltungen der Länder 1 (1935) ff.

Dick, Lutz van: Oppositionelles Lehrerverhalten 1933–1945. Biographische Berichte über den aufrechten Gang von Lehrerinnen und Lehrern. Weinheim/München 1988.

Ders.: Oppositionelles Verhalten einzelner Lehrerinnen und Lehrer zwischen Nonkonformität und Widerstand in Deutschland 1933–1945. In: Keim 1991, S. 113–128.

Dörner, Klaus: Tödliches Mitleid. Zur Frage der Unerträglichkeit des Lebens oder: die Soziale Frage: Entstehung, Medizinisierung, NS-Endlösung heute, morgen. Gütersloh [2]1989.

Dräger, Horst: Erlebnis als unmittelbarer Weg der Führung. Perversion des Erlebens in der NS-Zeit. In: Pädagogisches Forum 5 (1992), S. 195–200.

Dudek, Peter: Erziehung durch Arbeit. Arbeitslagerbewegung und freiwilliger Arbeitsdienst 1920–1935. Opladen 1988.

Ebbinghaus, Angelika (Hrsg.): Opfer und Täterinnen. Frauenbiographien des Nationalsozialismus. Nördlingen 1987.

Eggemann, Maike: Frauenbildung in der Weimarer Republik am Beispiel der Abendvolkshochschulen Stuttgart und Leipzig. Paderborn 1992 (unveröffentl. Diplomarbeit).

Ehrentreich, Alfred: 50 Jahre erlebte Schulreform – Erfahrungen eines Berliner Pädagogen. Hrsg. u. m. Einführung von Wolfgang Keim. Frankfurt a.M. 1985.

Eilers, Rolf: Die nationalsozialistische Schulpolitik. Eine Studie zur Funktion der Erziehung im totalitären Staat. Köln/Opladen 1963.

Ellger-Rüttgardt, Sieglind: Hilfsschulpädagogik und Nationalsozialismus – Traditionen, Kontinuitäten, Einbrüche. Zur Berufsideologie der Hilfsschullehrerschaft im Kaiserreich und in der Weimarer Republik. In: Herrmann, Ulrich/Oelkers, Jürgen (Hrsg.): Pädagogik und Nationalsozialismus (22. Beiheft der ZfPäd.). Weinheim/Basel 1988, S. 147–165.

Engelhardt, Viktor: Erwerbslosigkeit und Erwachsenenbildung. In: Freie Volksbildung 6 (1931), S. 1-13.

Faust, Anselm: Professoren für die NSDAP. Zum politischen Verhalten der Hochschullehrer 1932/33. In: Heinemann 1980, Bd. 2, S. 31–49.

Fechner, Helmuth: Dr. Meinshausen. Stadtschulrat von Berlin. Berlin 1934.

Feidel-Mertz, Hildegard (Hrsg.): Schulen im Exil. Die verdrängte Pädagogik nach 1933. Reinbek 1983.

Dies.: Pädagogik im Exil nach 1933. Erziehung zum Überleben. Bilder und Texte einer Ausstellung. Frankfurt a.M. 1990.

Dies.: Pädagogik im Exil – zum Beispiel Hans Weil (1892–1972). In: Böhme, Edith/Motzkau-Valeton, Wolfgang (Hrsg.): Die Künste und die Wissenschaften im Exil 1933–1945. Gerlingen 1993, S. 379–399.

Dies./Schnorbach, Hermann: Lehrer in der Emigration. Verband deutscher Lehreremigranten (1933–39) im Traditionszusammenhang der demokratischen Lehrerbewegung. Weinheim/Basel 1981.

Feigenspann, Elke: Die Heimvolkshochschule Tinz als Beispiel sozialistischer Erziehung in der Weimarer Republik. Diplomarbeit Päd. Hochschule Rheinland. Köln o.J. (unveröffentl. Mskr.).

Feiten, Willi: Der nationalsozialistische Lehrerbund. Entwicklung und Organisation. Ein Beitrag zum Aufbau und zur Organisationsstruktur des nationalsozialistischen Herrschaftssystems. Weinheim/Basel 1981.

Fest, Joachim C.: Hitler. Eine Biographie. Frankfurt/Berlin/Wien 1973.
Fischer, Fritz: Bündnis der Eliten. Zur Kontinuität der Machtstrukturen in Deutschland 1871–1945. Düsseldorf 1973.
Fischer, Georg: Erwachsenenbildung im Faschismus. Eine historisch-kritische Untersuchung über die Stellung und Funktion der Erwachsenenbildung zwischen 1930 und 1945. Bensheim 1981.
Ders.: Grenzen und Wirkung der personalen Interpretation von Volk und Volksbildung. In: Schepp, Heinz-Hermann, u. a.: Zum Demokratieverständnis der „Neuen Richtung". Bonn 1988, S. 29–38.
Flitner, Wilhelm: Plan einer Deutschen Schule für Volksforschung und Erwachsenenbildung (1927). In: Ders.: Erwachsenenbildung. Gesammelte Schriften, Bd. 1, hrsg. v. Karl Erlinghagen u. a. Paderborn 1982, S. 159–175 (zit. Flitner 1927).
Ders.: Die deutsche Erziehungslage nach dem 5. März 1933. In: Die Erziehung 8 (1932/33), S. 406–416.
Ders.: Erinnerungen 1889–1945. Gesammelte Schriften, Bd. 11. Paderborn 1986.
Freie Volksbildung. Zweimonatsschrift für die gesamte Erwachsenenbildung, hrsg. v. Fritz Laack u. Eduard Weitsch 6 (1931) – 8 (1933).
Friedenthal-Haase, Martha: Erwachsenenbildung im Prozeß der Akademisierung. Der staats- und sozialwissenschaftliche Beitrag zur Entstehung eines Fachgebiets an den Universitäten der Weimarer Republik unter besonderer Berücksichtigung des Beispiels Köln. Frankfurt a. M. 1991.
Friedländer, Walter: Autobiographie. In: Pongratz, Ludwig J. (Hrsg.): Pädagogik in Selbstdarstellungen, Band IV. Hamburg 1982, S. 58–80.
Frontabschnitt Hochschule. Die Gießener Universität im Nationalsozialismus. Gießen 1982.
Gamm, Hans-Jochen: Führung und Verführung. Pädagogik des Nationalsozialismus. Eine Quellensammlung. 2. Aufl. mit einer neuen Einleitung und einer Ergänzungsbibliographie. Frankfurt a. M./New York 1984.
Ders.: Das Judentum. Eine Einführung. Frankfurt a. M./New York 1990.
Geiger, Theodor: Erwachsenenbildung aus Distanz und Verpflichtung, hrsg. v. Johannes Weinberg. Bad Heilbrunn/Obb. 1984.
Gemein, Gisbert Jörg: Politiker und Direktor – Schule in Weimarer Republik und Drittem Reich. Dr. Hans Ellenbeck – Ein Porträt. In: Lipski, Stephan (Hrsg.): Festschrift des Humboldt-Gymnasiums Düsseldorf zum 150jährigen Bestehen der Schule (1838–1988). Düsseldorf 1988, S. 48–65.
Gesellschaft für Volksbildung (GfV): 60. Jahresbericht (1930/31); 61. Jahresbericht (1931/32); 62. Jahresbericht (1932/33); 63. Jahresbericht (1933/34); 64. Jahresbericht (1934/35), alle Berlin o.J.
Geudtner, Otto, u. a.: „Ich bin katholisch getauft und Arier". Aus der Geschichte eines Kölner Gymnasiums. Köln 1985.
Giovannini, Norbert: Zwischen Republik und Faschismus: Heidelberger Studentinnen und Studenten 1918–1945. Weinheim 1990.

Golczewski, Frank: Kölner Universitätslehrer und der Nationalsozialismus. Personengeschichtliche Ansätze. Köln/Wien 1988.
Götz von Olenhusen, Albrecht: Die „nichtarischen" Studenten an den deutschen Hochschulen. Zur nationalsozialistischen Rassenpolitik 1933–1945. In: Vierteljahreshefte für Zeitgeschichte 14 (1966), S. 175–206.
Götz von Olenhusen, Irmtraud: Jugendreich – Gottesreich – deutsches Reich. Junge Generation, Religion und Politik 1928–1933. Köln 1987.
Graml, Hermann: Reichskristallnacht. Antisemitismus und Judenverfolgung im Dritten Reich. München 1988.
Grüttner, Michael: „Ein stetes Sorgenkind für Partei und Staat". Die Studentenschaft 1930 bis 1945. In: Krause u. a. 1991, Bd. I, S. 201–236.
Günnigmann, Manfred: Montessori-Pädagogik in Deutschland. Bericht über die Entwicklung nach 1945. Freiburg/Brsg. 1979.
Gutschalk, Rolf (Red.): 60 Jahre Schulfarm Insel Scharfenberg 1922–1982. Jubiläums-Festschrift anläßlich des 60jährigen Bestehens. Berlin 1982.
Gütt, Arthur, u. a.: Gesetz zur Verhütung erbkranken Nachwuchses vom 14. Juli 1933 nebst Ausführungsverordnungen. München [2]1936.
Hamburger Volkshochschule 1919–1959. Hamburg 1960.
Hamburger, Franz: Lehrer zwischen Kaiser und Führer. Der Deutsche Philologenverband in der Weimarer Republik. Eine Untersuchung zur Sozialgeschichte der Lehrerorganisation. Phil. Diss. Heidelberg 1974 (unveröffentl.).
Hansen-Schaberg, Inge: Minna Specht – Eine Sozialistin in der Landerziehungsheimbewegung (1918–1951). Untersuchung zur pädagogischen Biographie einer Reformpädagogin. Frankfurt a. M. 1992.
Hartnacke, Wilhelm: Naturgrenzen geistiger Bildung. Inflation der Bildung – Schwindendes Führertum – Herrschaft der Urteilslosen. Leipzig 1930.
Ders.: Bildungswahn – Volkstod! Vortrag, gehalten am 17. Febr. 1932 im Auditorim Maximum der Universität München für die Deutsche Gesellschaft für Rassenhygiene. München 1932.
Ders.: Die Ungeborenen. Ein Blick in die geistige Zukunft unseres Volkes. München 1936.
Harvey, Elizabeth: Die Jugendfürsorge in der Endphase der Weimarer Republik. Das Beispiel der Fürsorgeerziehung. In: Otto, Hans-Uwe/Sünker, Heinz (Hrsg.): Soziale Arbeit und Faschismus. Frankfurt a. M. 1989, S. 198–227.
Haubfleisch, Dietmar: Schulfarm Insel Scharfenberg. Reformpädagogische Versuchsschularbeit im Berlin der Weimarer Republik. In: Amlung u. a. 1993, S. 65–88.
Hecker, Margarete: Sozialpädagogische Forschung: Der Beitrag der Deutschen Akademie für soziale und pädagogische Frauenarbeit. In: Soziale Arbeit 33 (1984), S. 208–217.

Heinemann, Manfred (Hrsg.): Erziehung und Schulung im Dritten Reich, 2 Bde. Stuttgart 1980.
Hellfeld, Matthias von: Bündische Jugend und Hitler-Jugend. Zur Geschichte von Anpassung und Widerstand 1930–1939. Köln 1987.
Hellfeld, Matthias von/Klönne, Arno: Die betrogene Generation. Jugend im Faschismus. Quellen und Dokumente. Köln 1985.
Herlitz, Georg/Kirschner, Bruno (Hrsg.): Jüdisches Lexikon. Ein enzyklopädisches Lexikon in 4 Bden. Berlin 1927; Reprint: Frankfurt a.M. 1987.
Herrlitz, Hans-Georg, u.a.: Deutsche Schulgeschichte von 1800 bis zur Gegenwart. Eine Einführung. Weinheim/München ²1993.
Herrmann, Ulrich: „Die Herausgeber müssen sich äußern". Die „Staatsumwälzung" im Frühjahr 1933 und die Stellungnahmen von Eduard Spranger, Wilhelm Flitner und Hans Freyer in der Zeitschrift „Die Erziehung". Mit einer Dokumentation. In: Ders./Oelkers, Jürgen (Hrsg.): Pädagogik und Nationalsozialismus. Zeitschrift für Pädagogik, 22. Beiheft. Weinheim/Basel 1988, S. 281–325.
Heske, Henning: „... und morgen die ganze Welt ...". Erdkundeunterricht im Nationalsozialismus. Gießen 1988.
Hilberg, Raul: Die Vernichtung der europäischen Juden. Die Gesamtgeschichte des Holocaust. Berlin 1982.
Himmelstein, Klaus: „Wäre ich jung, wäre ich Nationalsozialist ...". Anmerkungen zu Eduard Sprangers Verhältnis zum deutschen Faschismus. In: Keim u.a. 1990, S. 60–72.
Hitler, Adolf: Mein Kampf. 538.–542. Aufl. München 1940.
Hochmuth, Ursel/de Lorent, Hans-Peter (Hrsg.): Hamburg: Schule unterm Hakenkreuz. Hamburg 1985.
Hoffmann, Volker: Die Rütlischule zwischen Schulreform und Schulkampf (1908–1950/51). Selbstverlag 1991.
Homann, Matthias: Von der Heckerschen Realschule zur Keppler-Oberschule. Berliner und Neuköllner Schulgeschichte von 1747–1992. Unveröffentl. Mskr. 1992.
Ders.: Der Philologenverband und Dr. Felix Behrend. In: Radde u.a. 1993, Bd. I, S. 358–365.
Honigsheim, Paul: Orientierung in der Moderne. Erwachsenenbildung und sozialwissenschaftlich reflektierter Humanismus, zusammengestellt u. hrsg. v. Martha Friedenthal-Haase, Bad Heilbrunn/Obb. 1991.
Horn, Klaus-Peter/Tenorth, Heinz-Elmar: Remigration in der Erziehungswissenschaft. In: Krohn, Claus-Dieter, u.a. (Hrsg.): Exil und Remigration. Exilforschung. München 1991, S. 171–195.
Huhn, Gustav: Westthüringische Bauernschule Oberellen. Ein Bericht für die Freunde des Werkes von der seitherigen Tätigkeit der Schulgemeinde Ellena. Langensalza 1925.
Jahnke, Karl Heinz/Buddrus, Michael (Hrsg.): Deutsche Jugend 1933–1945. Eine Dokumentation. Hamburg 1989.

Jens, Walter: Mein Lehrer Ernst Fritz. In: Reich-Ranicki, Marcel (Hrsg.): Meine Schulzeit im Dritten Reich. Erinnerungen deutscher Schriftsteller. Köln ^{2}1988, S. 105–114.

Jochum, Herbert: Ecclesia und Synagoga. Das Judentum in der christlichen Kunst. Ausstellungskatalog Alte Synagoge Essen/Regionalgeschichtliches Museum Saarbrücken. Ottweiler 1993.

Jung, Ulrich: Eugen Rosenstocks Beitrag zur deutschen Erwachsenenbildung in der Weimarer Zeit. Frankfurt a. M. 1970.

Das junge Deutschland. Berlin 27 (1933).

Just, Günther (Hrsg.): Vererbung und Erziehung. Berlin 1930.

Kahlert, Helmut: Schulen unter Sparzwang. Die finanziellen Auswirkungen der Weltwirtschaftskrise. In: Pädagogik der Weimarer Zeit. Sonderheft der Pädagogischen Rundschau: Pädagogik der Weimarer Zeit. O. O. u. o. J. [1974], S. 3–30.

Kansteiner, Heinrich: Der kurze Weg vom Städtischen Gymnasium zum Hitler-Gymnasium – das Gymnasium in der Zeit des Nationalsozialismus. In: Dobbelmann, Hanswalter/Löher, Jochen (Hrsg.): Eine gemeine Schule für die Jugend. 450 Jahre Stadtgymnasium Dortmund. Essen 1993, S. 149–168.

Kanz, Heinrich (Hrsg.): Der Nationalsozialismus als pädagogisches Problem. Frankfurt a. M. 1984.

Karsen, Sonja Petra: Bericht über den Vater. Fritz Karsen (1885–1951). Demokratischer Schulreformer in Berlin. Emigrant und Bildungsexperte. Mit einer schulhistorischen Notiz von Gerd Radde. Berlin 1993.

Kater, Michael H.: Hitlerjugend und Schule im Dritten Reich. In: Historische Zeitschrift 228 (1979), S. 572–623.

Ders.: Die Studenten auf dem Weg in den Nationalsozialismus. In: Tröger 1984, S. 26–37.

Kawerau, Siegfried: Denkschrift über die deutschen Geschichts- und Lesebücher vor allem seit 1923. Berlin 1927.

Keim, Helmut/Urbach, Dietrich (Hrsg.): Volksbildung in Deutschland 1933–1945. Einführung und Dokumente. Braunschweig 1976.

Keim, Wolfgang: Verfolgte Pädagogen und verdrängte Reformpädagogik. In: Zeitschrift für Pädagogik 32 (1986), S. 345–360.

Ders.: Kursunterricht auf der Oberstufe von Wilhelm Blumes Schulfarm Insel Scharfenberg. In: Ders. (Hrsg.): Kursunterricht – Begründungen, Modelle, Erfahrungen. Darmstadt 1987, S. 111–150.

Ders.: Peter Petersens Rolle im Nationalsozialismus und die bundesdeutsche Erziehungswissenschaft. Kritische Anmerkungen zu Peter Kaßners Beitrag in diesem Heft. In: Die Deutsche Schule 81 (1989), S. 133–145.

Ders.: Erziehung im Nationalsozialismus. Ein Forschungsbericht. Beiheft 1990 zur „Erwachsenenbildung in Österreich". Wien 1990.

Ders. (Hrsg.): Pädagogen und Pädagogik im Nationalsozialismus – Ein unerledigtes Problem der Erziehungswissenschaft. Frankfurt a. M. ^{3}1991.

Ders.: Hans Alfken. In: Radde u.a. 1993, Bd. II, S. 175–178 (1993 a).
Ders.: Alfred Ehrentreich. In: Radde u.a. 1993, Bd.II, S. 197–200 (1993 b).
Ders., u.a.: Erziehungswissenschaft und Nationalsozialismus – Eine kritische Positionsbestimmung (Forum Wissenschaft – Studienheft Nr. 9). Marburg 1990.
Kelly, Reece C.: Die gescheiterte nationalsozialistische Personalpolitik und die mißlungene Entwicklung der nationalsozialistischen Hochschulen. In: Heinemann 1980, Bd. 2, S. 61–76.
Klafki, Wolfgang: Die Pädagogik Theodor Litts. Eine kritische Vergegenwärtigung. Königstein/Ts. 1982.
Klattenhoff, Klaus/Wißmann, Friedrich: Lehrer und Schule im Jahre 1933. Dokumente/Kommentare. Oldenburg ²1987.
Klee, Ernst: „Die SA Jesu Christi". Die Kirche im Banne Hitlers. Frankfurt a.M. 1989.
Klewitz, Marion: Lehrersein im Dritten Reich. Analysen lebensgeschichtlicher Erzählungen zum beruflichen Selbstverständnis. Weinheim/München 1987.
Klönne, Arno: Jugend im Dritten Reich. Die Hitler-Jugend und ihre Gegner. München 1990.
Kramer, David: Das Fürsorgesystem im Dritten Reich. In: Landwehr, Rolf/Baron, Rüdiger (Hrsg.): Geschichte der Sozialarbeit. Hauptlinien ihrer Entwicklung im 19. und 20. Jahrhundert. Weinheim/Basel 1983, S. 173–217.
Kramer, Rita: Maria Montessori. Leben und Werk einer großen Frau. München 1977.
Krause, Eckart, u.a.: Hochschulalltag im „Dritten Reich". Die Hamburger Universität 1933–1945. 3 Bde., Hamburg 1991.
Krieck, Ernst: Philosophie der Erziehung. Jena 1922.
Kuhlmann, Carola: Erbkrank oder erziehbar? Jugendhilfe als Vorsorge und Aussonderung in der Fürsorgeerziehung in Westfalen von 1933–1945. Weinheim/München 1989.
Kühnl, Reinhard (Hrsg.): Der deutsche Faschismus in Quellen und Dokumenten. Köln ²1977.
Kupffer, Heinrich: Gustav Wyneken. Stuttgart 1970.
Laack, Fritz: Arbeitsdienst und Siedlung. In: Freie Volksbildung 7 (1932), S. 241–247.
Langewiesche, Dieter/Tenorth, Heinz-Elmar (Hrsg.): Handbuch der deutschen Bildungsgeschichte Bd.V: 1918–1945. Die Weimarer Republik und die nationalsozialistische Diktatur. München 1989.
Langewiesche, Dieter: Erwachsenenbildung. In: Langewiesche/Tenorth 1989, S. 337–370.
Leaman, Georg: Heidegger im Kontext. Gesamtüberblick zum NS-Engagement der Universitätsphilosophen. Hamburg 1993.

Leben und Arbeit. Zeitschrift der Bürger und Freunde der Deutschen Landerziehungsheime, begründet von Hermann Lietz 25 (1932/33) ff.

Lehberger, Reiner: Der „Umbau" der Hamburger Volksschule: Eine Dokumentation schulpolitischer Maßnahmen in der Frühphase der NS-Zeit. In: Lehberger/de Lorent 1986, S. 15–33.

Lehberger, Reiner/de Lorent, Hans-Peter (Hrsg.): „Die Fahne hoch". Schulpolitik und Schulalltag in Hamburg unterm Hakenkreuz. Hamburg 1986.

Lenz, Fritz: Über die biologischen Grundlagen der Erziehung. München 1925; [2]1927.

Leschinsky, Achim: Waldorfschulen im Nationalsozialismus. In: Neue Sammlung 23 (1983), S. 255–283.

Lingelbach, Karl Christoph: Erziehung und Erziehungstheorien im nationalsozialistischen Deutschland. Ursprünge und Wandlungen der 1933–1945 in Deutschland vorherrschenden erziehungstheoretischen Strömungen; ihre politischen Funktionen und ihr Verhältnis zur außerschulischen Erziehungspraxis des „Dritten Reiches". Überarb. Zweitausgabe mit drei neueren Studien und einem Diskussionsbericht. Frankfurt a. M. 1987.

Ders.: Unkritische Bildungshistorie als sozialwissenschaftlicher Fortschritt? In: Keim u. a. 1990, S. 125–136.

Ders.: „Erziehung" unter der NS-Herrschaft – methodische Probleme ihrer Erfassung und Reflexion. In: Keim 1991, S. 47–63.

Ders.: Lernen für eine humane Gesellschaft. Frankfurter Pädagogen zum Verhältnis von Gegenwart und Zukunft im Erziehungsprozeß. In: Lehmann, Monika/Schnorbach, Hermann (Hrsg.): Aufklärung als Lernprozeß. Festschrift für Hildegard Feidel-Mertz. Frankfurt a. M. 1992, S. 180–196.

Losemann, Volker: Zur Konzeption der NS-Dozentenlager. In: Heinemann 1980, Bd. 2, S. 87–109.

Löwenstein, Dyno: Kurt Löwenstein. Eine biographische Skizze. In: Betz, Gerald, u. a.: Wie das Leben lernen ... Kurt Löwensteins Entwurf einer sozialistischen Erziehung. Beiträge und Dokumente. Berlin 1985.

Löwith, Karl: Mein Leben in Deutschland vor und nach 1933. Ein Bericht, Frankfurt a. M. 1989.

Lukács, Georg: Die Zerstörung der Vernunft. Der Weg des Irrationalismus von Schelling zu Hitler. Berlin 1955.

Lüpke, Hans von: Die deutsche Volkshochschule für das Land. Langensalza 1919.

Machtergreifung und Gleichschaltung: Kölner Schulen 1933–1935. Unterrichtsmaterialien, hrsg. v. Historischen Archiv der Stadt Köln/NS-Dokumentationszentrum. Köln 1991.

Meier, Ekkehard: Geschlossene Gesellschaft – Zur Mentalität deutsch-nationaler Gymnasiallehrer. In: Radde u. a. 1993, Bd. 1, S. 102–115 (1993 a).

Ders.: Wer immer strebend sich bemüht ... Kurt Schwedtke – eine deutsche Beamtenkarriere. In: Radde u. a. 1993, Bd. 1, S. 330–345 (1993 b).

Mennicke, Carl: Das sozial-pädagogische Problem in der gegenwärtigen Gesellschaft. In: Tillich, Paul (Hrsg.): Kairos. Zur Geisteslage und Geisteswerdung. Darmstadt 1926, S. 311–344.

Ders.: Die sozialen Lebensformen als Erziehungsgemeinschaften. In: Nohl, Herman/Pallat, Ludwig (Hrsg.): Handbuch der Pädagogik. Bd. II, Langensalza 1929, S. 281–299.

Ders.: Zeitgeschehen im Spiegel persönlichen Schicksals. Ein Lebensbericht, hrsg. v. Hildegard Feidel-Mertz. Weinheim 1995.

Meyer, Klaus: Arbeiterbildung in der Volkshochschule. Die „Leipziger Richtung“. Ein Beitrag zur Geschichte der deutschen Volksbildung in den Jahren 1922–1933. Stuttgart 1969.

Meynert, Joachim: Was vor der „Endlösung“ „geschah“. Antisemitische Ausgrenzung und Verfolgung in Minden-Ravensberg 1933–1945. Münster 1988.

Michael, Berthold/Schepp, Heinz-Hermann (Hrsg.): Schule in Staat und Gesellschaft. Dokumente zur deutschen Schulgeschichte im 19. und 20. Jahrhundert. Göttingen/Zürich ²1993.

Milberg, Hildegard: Schulpolitik in der pluralistischen Gesellschaft. Die politischen und sozialen Aspekte der Schulreform in Hamburg 1890–1935. Hamburg 1970.

Mischon-Vosselmann, Doris: Machtübernahme an den Schulen. In: Radde u. a. 1993, Bd. 1, S. 310–326.

Mosse, George L.: Die völkische Revolution. Über die geistigen Wurzeln des Nationalsozialismus. Frankfurt a. M. 1991.

Müller, Ernst: Der Einbruch des Faschismus in die Pädagogik. In: Neue Erziehung 13 (1931), S. 413–419.

Müller, Gerhard: Ernst Krieck und die nationalsozialistische Wissenschaftsreform. Motive und Tendenzen einer Wissenschaftslehre und Hochschulreform im Dritten Reich. Weinheim/Basel 1978.

Müller, Wolfram: Sprechchöre, Goebbels-Reden und Flaggenappelle. Die Feierpraxis in den höheren Schulen Hamburgs 1933–1939. In: Lehberger/de Lorent 1986, S. 34–48.

Die Neue Erziehung, hrsg. v. Paul Oestreich. Jena 12 (1930) – 15 (1933).

Nohl, Herman: Landbewegung, Osthilfe und die nationale Aufgabe der Pädagogik. In: Die Erziehung 7 (1932), S. 65–76 (1932 a).

Ders.: Die pädagogische Osthilfe. In: Die Erziehung 7 (1932), S. 449–461 (1932 b).

Ders.: Die pädagogische Bewegung in Deutschland. In: Ders./Pallat, Ludwig (Hrsg.): Handbuch der Pädagogik, Bd. 1, Langensalza 1933, S. 302–374.

Oberheide, Elke: Weltliche Schule Fröbelstraße. Hannover-Linden 1987.

Olbrich, Josef: Konzeption und Methodik der Erwachsenenbildung bei Eduard Weitsch. Stuttgart 1972.

Otto, Reinhard: Wie haste det jemacht? Lebenslauf von Hanna Grunwald-Eisfelder. Soltau 1992.

Pache, Christel: Theodor Bäuerles Beitrag zur deutschen Erwachsenenbildung. Stuttgart 1971.
Peiffer, Lorenz: Turnunterricht im Dritten Reich – Erziehung für den Krieg? Der schulische Alltag des Turnunterrichts an den höheren Jungenschulen der Provinz Westfalen vor dem Hintergrund seiner politisch-ideologischen und administrativen Funktionalisierung. Köln 1987.
Petersen, Peter: Pädagogik (Die philosophischen Hauptgebiete in Grundrissen, hrsg. v. Arthur Liebert). Berlin 1932.
Ders.: Bedeutung und Wert des Politisch-Soldatischen für den deutschen Lehrer und unsere Schule. In: Deutsches Bildungswesen 2 (1934), S. 1–17.
Ders.: Die erziehungswissenschaftlichen Grundlagen des Jenaplanes im Lichte des Nationalsozialismus. In: Die Schule im nationalsozialistischen Staat 11 (1935), Nr. 6, S. 1–5.
Peukert, Detlev J. K.: Grenzen der Sozialdisziplinierung. Aufstieg und Krise der deutschen Jugendfürsorge 1878–1932. Köln 1986.
Ders.: Sozialpädagogik. In: Langewiesche/Tenorth 1989, S. 307–335.
Ploetz, Alfred: Die Tüchtigkeit unserer Rasse und der Schutz der Schwachen. Ein Versuch über Rassenhygiene und ihr Verhältnis zu den humanen Idealen. Besonders zum Sozialismus. Zugleich Teil I von Grundlinien einer Rassenhygiene. Berlin 1895.
Pöggeler, Franz: Friedrich Wilhelm Foerster – Aus Deutschland vertrieben und nicht wieder angeeignet. In: Keim u. a. 1990, S. 73–86.
Poliakov, Léon/Wulf, Josef: Das Dritte Reich und seine Denker. München 1978.
Poste, Burkhard: Schulreform in Sachsen 1918–1923. Eine vergessene Tradition deutscher Schulgeschichte. Frankfurt a. M. 1993.
Potthoff, Willy: Einführung in die Reformpädagogik. Von der klassischen zur aktuellen Reformpädagogik. Freiburg/Brsg. 1992.
Quitzow, Wilhelm: Sozialdarwinismus und Rassismus. Zur Entwicklung von Feindbildern durch biologistische Ideologien. In: AG „Lehrer und Krieg" (Hrsg.): Lehrer helfen siegen. Kriegspädagogik im Kaiserreich mit Beiträgen zur NS-Kriegspädagogik. Berlin 1987, S. 130–146.
Radde, Gerd: Fritz Karsen. Ein Berliner Schulreformer der Weimarer Zeit. Berlin 1973.
Ders.: Ansätze eines Kursunterrichts an Berliner Lebensgemeinschaftsschulen der Weimarer Zeit. In: Keim, Wolfgang (Hrsg.): Kursunterricht – Begründungen, Modelle, Erfahrungen. Darmstadt 1987, S. 177–193.
Ders.: Die Schulreformer Löwenstein und Karsen. In: Kolland, Dorothea (Hrsg.): Zehn Brüder waren wir gewesen ... Spuren jüdischen Lebens in Berlin-Neukölln. Berlin 1988, S. 185–194.
Ders., u. a. (Hrsg.): Schulreform – Kontinuitäten und Brüche. Das Versuchsfeld Berlin-Neukölln. 2 Bde., Opladen 1993.
Rang, Adalbert: Spranger und Flitner 1933. In: Keim 1991, S. 65–78.

Raveh, Karla: Überleben. Der Leidensweg der jüdischen Familie Frenkel aus Lemgo. Lemgo [3]1987.

Recknagel, Anne-Christel: 70 Jahre Volkshochschule Stuttgart 1919–1989. Ein Beitrag zur Geschichte der Volksbildung. Stuttgart 1989.

Reese, Dagmar: Straff, aber nicht stramm – herb, aber nicht derb. Zur Vergesellschaftung von Mädchen durch den Bund Deutscher Mädel im sozial-kulturellen Vergleich zweier Milieus. Weinheim/Basel 1989.

Reichsgesetzblatt; hrsg. v. Reichsministerium des Innern. Berlin 1933 ff.

Reulecke, Jürgen: Jugend und „junge Generation" in der Gesellschaft der Zwischenkriegszeit. In: Langewiesche/Tenorth 1989, S. 86–110.

Reyer, Jürgen: ‚Rassenhygiene' und ‚Eugenik' im Kaiserreich und in der Weimarer Republik: Pflege der ‚Volksgesundheit' oder Sozialrassismus? In: Herrmann, Ulrich/Oelkers, Jürgen (Hrsg.): Pädagogik und Nationalsozialismus. Zeitschrift für Pädagogik, 22. Beiheft. Weinheim/Basel 1988, S. 113–145.

Ders.: Alte Eugenik und Wohlfahrtspflege. Entwertung und Funktionalisierung der Fürsorge vom Ende des 19. Jahrhunderts bis zur Gegenwart. Freiburg/Brsg. 1991.

Rodenstein, Heinrich: Emigration (1933–1945). Erinnerungen – Gedanken. Braunschweig 1975 (unveröffentl. Mskr.).

Röcher, Ruth: Die jüdische Schule im nationalsozialistischen Deutschland 1933–1942. Frankfurt a. M. 1992

Röder, Werner/Strauss, Herbert A. (Hrsg.): Biographisches Handbuch der deutschsprachigen Emigration nach 1933. 4 Bde., München/New York/London/Paris 1980/83.

Röhrs, Hermann (Hrsg.): Die Schulen der Reformpädagogik heute. Handbuch reformpädagogischer Schulideen und Schulwirklichkeit. Düsseldorf 1986.

Rogler, Rudolf: Alfred Lewinnek, Frontkämpfer und Reformpädagoge. In: Kolland, Dorothea (Hrsg.): Zehn Brüder waren wir gewesen ... Spuren jüdischen Lebens in Berlin-Neukölln. Berlin 1988, S. 195–206.

Ders.: Mit dem Wind im Rücken – Porträt des Reformpädagogen Alfred Lewinnek. In: Radde u. a. 1993, S. 232–242.

Rosenberg, Hans: Große Depression und Bismarckzeit. Wirtschaftsablauf, Gesellschaft und Politik in Mitteleuropa. Berlin 1967.

Rossmeissl, Dieter: „Ganz Deutschland wird zum Führer halten ...". Zur politischen Erziehung in den Schulen des Dritten Reiches. Frankfurt a. M. 1985.

Rülcker, Tobias: Erziehung für die Volksgemeinschaft. Die Funktion von Petersens völkisch-realistischer Erziehungswissenschaft in der NS-Zeit. In: Rülcker/Kaßner 1992, S. 193–246.

Rülcker, Tobias/Kaßner, Peter (Hrsg.): Peter Petersen: Antimoderne als Fortschritt? Erziehungswissenschaftliche Theorie und pädagogische Praxis vor den Herausforderungen ihrer Zeit. Frankfurt a. M. 1992.

Salomon, Alice: Charakter ist Schicksal. Lebenserinnerungen. Weinheim/Basel 1983.

Sandfuchs, Uwe: Die weltlichen Schulen im Freistaat Braunschweig: Schulpolitischer Zankapfel und Zentren der Schulreform. In: Amlung u.a. 1993, S. 221–246.

Sandvoß, Hans-Rainer: Widerstand in Neukölln. Berlin 1990.

Scheibe, Wolfgang: Die Reformpädagogische Bewegung 1900–1932. Weinheim/Basel ^{9}1984.

Schlemmer, Hans: Vererbungslehre und geisteswissenschaftlicher Unterricht. In: Just 1930, S. 304–325.

Schmidt, Hannelore: Gezwungen, früh erwachsen zu sein. In: Schmidt, Helmut, u.a.: Kindheit und Jugend unter Hitler. Berlin 1992, S. 19–68.

Schmidt, Rainer: Nationalsozialismus und Erwachsenenbildung. Diplomarbeit Philipps-Universität Marburg 1980 (unveröffentl. Mskr.).

Schmölders, Ralf: Anna Siemsen (1882–1951). In: Lösche, Peter, u.a. (Hrsg.): Vor dem Vergessen bewahren. Lebenswege Weimarer Sozialdemokraten. Berlin 1988, S. 332–361.

Schmuhl, Hans-Walter: Rassenhygiene, Nationalsozialismus, Euthanasie. Von der Verhütung zur Vernichtung ‚lebensunwerten Lebens', 1890–1945. Göttingen 1987.

Schnorbach, Hermann (Hrsg.): Lehrer und Schule unterm Hakenkreuz. Dokumente des Widerstands von 1930–1945. Königstein/Ts. 1983.

Ders.: Lehrer im Internationalen Gewerkschaftsbund. Entstehung und Entwicklung des Internationalen Berufssekretariats der Lehrer von 1918–1945. Weinheim/München 1989.

Schoen, Paul: Armenfürsorge im Nationalsozialismus. Die Wohlfahrtspflege in Preußen zwischen 1933 und 1939 am Beispiel der Wirtschaftsfürsorge. Weinheim/Basel 1985.

Scholtz, Harald: Erziehung und Unterricht unterm Hakenkreuz. Göttingen 1985.

Schonig, Bruno: Krisenerfahrung und pädagogisches Engagement. Lebens- und berufsgeschichtliche Erfahrungen Berliner Lehrerinnen und Lehrer 1914–1961. Frankfurt a.M. 1994.

Schottlaender, Rudolf: Verfolgte Berliner Wissenschaft. Ein Gedenkwerk. Berlin 1988.

Schreiber, Adele (Hrsg.): Das Buch vom Kinde. Ein Sammelwerk für die wichtigsten Fragen der Kindheit. 2 Bde. Leipzig/Berlin 1907.

Schwerdt, Ulrich: Martin Luserke (1880–1968). Reformpädagogik im Spannungsfeld von pädagogischer Innovation und kulturkritischer Ideologie. Eine biographische Rekonstruktion. Frankfurt a.M. 1993.

Ders.: Martin Luserke und die „Schule am Meer" am Übergang zur NS-Zeit. In: Lehberger, Reiner (Hrsg.): Weimarer Versuchs- und Reformschulen am Übergang zur NS-Zeit. Hamburg 1994, S. 128–139.

Schwersenz, Jizchak: Die versteckte Gruppe. Ein jüdischer Lehrer erinnert sich an Deutschland. Berlin 1988.
Seier, Helmut: Der Rektor als Führer. Zur Hochschulpolitik des Reichserziehungsministeriums 1934–1945. In: Vierteljahreshefte für Zeitgeschichte 12 (1964), S. 105–146.
Seydel, Otto/Vogel, Johann Peter: Die Geschichte der Landerziehungsheime im Nationalsozialismus. Berichte über eine Tagung der Pädagogischen Arbeitsstelle der Vereinigung Deutscher Landerziehungsheime. In: Deutsche Landerziehungsheime. Konzepte und Erfahrungen 1986, S. 65–70.
Shirley, Dennis: The Politics of Progressive Education. The Odenwaldschule in Nazi Germany. Cambridge/London 1992.
Siewert, Regina/Ingwersen, Kay: 75 Jahre Hamburger Volkshochschule 1919–1994. Hamburg 1994.
Sontheimer, Kurt: Antidemokratisches Denken in der Weimarer Republik. Die politischen Ideen des deutschen Nationalismus zwischen 1918 und 1933. München 1962; ²1978.
Spranger, Eduard: Volk – Staat – Erziehung. Gesammelte Reden und Aufsätze. Leipzig 1932.
Ders.: März 1933. In: Die Erziehung 7 (1933), S. 401–408.
Ders.: Mein Konflikt mit der national-sozialistischen Regierung 1933. In: Universitas 10 (1955), S. 457–473.
Stambolis, Barbara: Der Mythos der jungen Generation. Ein Beitrag zur politischen Kultur der Weimarer Republik. Phil. Diss. Bochum 1982.
Stern, Fritz: Kulturpessimismus als politische Gefahr. Eine Analyse nationaler Ideologie in Deutschland. Bern/Stuttgart 1963; München ²1986.
Stuchlik, Gerda: Goethe im Braunhemd. Universität Frankfurt a. M. 1933–1945. Frankfurt a. M. 1984.
Tenorth, Heinz-Elmar: Deutsche Erziehungswissenschaft 1930 bis 1945. Aspekte ihres Strukturwandels. In: Zeitschrift für Pädagogik 32 (1986), S. 299–321.
Ders.: Pädagogisches Denken. In: Langewiesche/Tenorth 1989, S. 111–153.
Thamer, Hans-Ulrich: Verführung und Gewalt. Deutschland 1933–1945. Berlin 1986.
Theiss, Ilse: Bericht über Erwerbslosenbildung im Rahmen der Volkshochschule. In: Freie Volksbildung 6 (1931), S. 37–43; 109 f.
Tillich, Paul: Die sozialistische Entscheidung. Offenbach ²1948.
Titze, Hartmut: Hochschulen. In: Langewiesche/Tenorth 1989, S. 209–240.
Tröger, Jörg (Hrsg.): Hochschule und Wissenschaft im Dritten Reich. Frankfurt a. M./New York 1984.
Unsere Schule. Schulzeitung der Schule Helgolander Straße 1922–1933. Zusammengestellt, neu hrsg. u. eingel. v. Hermann Stöcker. Bremen 1989/90.

Vogel, Barbara: Anpassung und Widerstand. Das Verhältnis Hamburger Hochschullehrer zum Staat 1919–1945. In: Krause u.a. 1991, Bd.1, S.3–83.

Der Volkslehrer, hrsg. v. d. Allgemeinen Freien Lehrergewerkschaft Deutschlands. Langensalza 12 (1930) – 15 (1933).

Vorländer, Herwart: Erich Hilgenfeldt – Reichswalter der NSV. In: Smelser, Ronald, u. a. (Hrsg.): Die braune Elite II. Darmstadt 1993, S.166–178.

Walberer; Ulrich (Hrsg.): 10. Mai 1933. Bücherverbrennung in Deutschland und die Folgen. Frankfurt a.M. 1983.

Walk, Joseph: Jüdische Schule und Erziehung im Dritten Reich. Frankfurt a.M. 1991.

Weber, Bernd: Pädagogik und Politik vom Kaiserreich zum Faschismus. Zur Analyse politischer Optionen von Pädagogikhochschullehrern von 1914–1933. Königstein/Ts. 1979.

Ders.: Zwischen Gemütsbildung und Mündigkeit. 1690–1990. 300 Jahre Annette-von-Droste-Hülshoff-Gymnasium Münster. Münster 1990.

Wehler, Hans-Ulrich: Das deutsche Kaiserreich 1871–1918. Göttingen 1973.

Weigelt: Die erste Thüringer Bauernhochschule in Neudietendorf. Bericht über die ersten vier Jahre. Langensalza 1925.

Weil, Hans: Die Entstehung des deutschen Bildungsprinzips. Bonn ²1967.

Weitsch, Eduard: Arbeitslose als Heimschüler. In: Freie Volksbildung 6 (1931), S.13–28.

Widerstand in Neukölln, hrsg. v. VVN-Westberlin – Verband der Antifaschisten u. Neuköllner Kulturverein. Berlin ²1987.

Wieler, Joachim: Er-Innerung eines zerstörten Lebensabends. Alice Salomon während der NS-Zeit (1933–1937) und im Exil (1937–1948). Darmstadt 1987.

Winkler, Heinrich August: Der Weg in die Katastrophe. Arbeiter und Arbeiterbewegung in der Weimarer Republik 1930–1933. Berlin/Bonn 1987.

Wittrock, Christine: Die „Akademie der Arbeit" in Frankfurt a.M. und ihre Absolventen. Frankfurt a.M. 1991.

Wittwer, Wolfgang W.: Die sozialdemokratische Schulpolitik in der Weimarer Republik. Ein Beitrag zur politischen Schulgeschichte im Reich und in Preußen. Berlin 1980.

Wolgast, Günther/Knoll, Joachim H. (Hrsg.): Biographisches Handwörterbuch der Erwachsenenbildung. Erwachsenenbildner des 19. und 20. Jahrhunderts. Stuttgart/Bonn 1986.

Wortmann, Michael: Baldur von Schirach. Hitlers Jugendführer. Köln 1982.

Ders.: Baldur von Schirach – Studentenführer, Hitlerjugendführer, Gauleiter in Wien. In: Smelser, Ronald/Zitelmann, Rainer (Hrsg.): Die braune Elite I. 22 biographische Skizzen. Darmstadt 1989, S.246–257.

Zentner, Christian/Bedürftig, Friedemann (Hrsg.): Das große Lexikon des Dritten Reiches. München 1985.

Zentralblatt für die gesamte Unterrichtsverwaltung in Preußen, hrsg. v. Ministerium f. Wissenschaft, Kunst und Volksbildung, Berlin 72 (1930) – 76 (1934).

Zimmer, Hasko: Bildung, Bürgertum und Bücherverbrennung. Die „Aktion wider den undeutschen Geist" 1933. In: Zeitschrift für Pädagogik 29 (1983), S. 711–724.

Zorn, Gerda: Widerstand in Hannover. Gegen Reaktion und Faschismus 1920–1946. Frankfurt a. M. 1977.

Zymek, Bernd: Schulen. In: Langewiesche/Tenorth 1989, S. 155–208.

Zymner, Bernd: Die Bildungskonzeption der Heimvolkshochschule Tinz als eigenständiger demokratisch-sozialistischer Reformansatz in der Erwachsenenbildung der Weimarer Republik. Paderborn 1994 (unveröffentlichte Diplomarbeit).

Register

Personen